JN298690

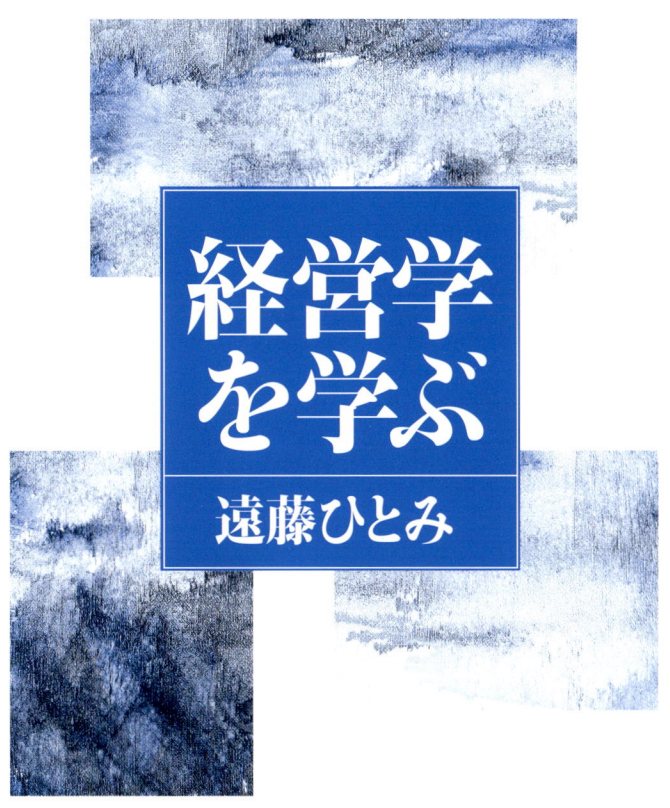

経営学を学ぶ

遠藤ひとみ

勁草書房

はじめに

　本書は，初めて大学や短大で経営学を学ぶ人たち，経営学に興味をもった人たちを対象に，基礎的な知識や理論を学んでもらうことを目的としている。

　高校を卒業したばかりの学生にとって，経営学は馴染みがなく身近ではないように感じると思う。しかし，私たちが生活をしていくために必要な生活必需品などは企業が提供している商品・サービスである。学生時代にアルバイト経験をする人も多いと思うが，そのアルバイト先の多くは企業であり，私たちの雇用も生み出している。近年では，企業は，文化やスポーツ，環境，地域社会への社会貢献活動も行っている。このように，私たちの生活において，企業という存在は必要不可欠であり，生活をより豊かなものにしていくために欠くことのできない組織なのである。

　また，経営学の対象は企業だけではなく，学校，政府，自治体，病院，NPOなどの諸組織に幅広く適応されている。もっと身近な例を挙げるとすれば，部活動やゼミナールなども組織の一つである。また，大学を卒業すると，企業，政府，自治体などへと進路をとることになる。私たちは病院で生まれ，幼稚園，小学校，高校，大学，企業といった組織と関わりながら成長し，生きているのであり，つまり私たちの人生には，「組織」が一生ついてまわるのである。このような多様な組織は，ある目的を達成するために集まった人間集団であり，そこでは必ず「マネジメント」が行われている。マネジメントには，「経営」，「管理」，「経営管理」などの訳語が用いられる。そして，私たちの生活に密接に関わり合う「組織」の「マネジメント（経営，管理，経営管理）」について，その方法や戦略などを研究していく学問が「経営学」なのである。その意味で，経営学は私たちにとって極めて身近な学問だと認識してもらえたら幸いである。

　本書は，次のとおりⅢ部11章で構成されている。

第1章　現代社会と企業経営
第Ⅰ部　経営組織論
　　第2章　経営学説の源流
　　第3章　行動科学への発展
　　第4章　リーダーシップ論とその展開
　　第5章　近代組織論
　　第6章　現代企業の組織構造と組織文化
第Ⅱ部　経営戦略と人的資源管理
　　第7章　経営戦略論の学説と展開
　　第8章　日本的経営と人的資源管理
　　第9章　女性の雇用
第Ⅲ部　現代経営学の新潮流
　　第10章　新しい公共経営
　　第11章　ソーシャルビジネス

　本書では，企業の事例，アンケート調査，統計資料などの図表，用語解説，参照，コーヒーブレイクなどのコラムを通して，より具体的で身近な話題を提供し，経営学に対する親近感をもってもらえるように努めた。また，各章の終わりには，「学習を深めるために」という，各章の内容と関連した文献のリストも挙げている。ぜひ，これらの文献にも目を通していただきたい。

　最後に，本書出版にあたっては，勁草書房の宮本詳三氏に多大なるご尽力を賜った。この場を借り，心より御礼申し上げたい。

平成23年4月1日

遠藤　ひとみ

目　次

はじめに

第1章　現代社会と企業経営 …………………………………………3
- 1.1　経営学とは　3
- 1.2　現代企業の基本機能　5
- 1.3　企業と社会変化　7
- 1.4　企業経営の目標　11
- 1.5　企業の社会的責任　15
- 1.6　公企業と私企業　20
- 1.7　会社法による会社形態の分類　22
- 1.8　コーポレート・ガバナンスと会社機関　25
  - 1.8.1　コーポレート・ガバナンス　25
  - 1.8.2　株式会社の会社機関　27
  - 1.8.3　会社機関とコーポレート・ガバナンス　29
  - 1.8.4　株式会社の組織階層　30
- 1.9　環境経営　31
- 1.10　企業の国際化　37

コーヒーブレイク　企業名の由来　40

第Ⅰ部　経営組織論

第2章　経営学説の源流 ………………………………………………43
- 2.1　成行管理　43
- 2.2　テイラーと科学的管理法　44
  - 2.2.1　フレデリック・テイラー　44

2.2.2　テイラーの科学的管理法　44
2.3　ヘンリー・フォードとフォーディズム　47
　2.3.1　ヘンリー・フォード　47
　2.3.2　フォーディズムとフォード・システム　48
2.4　ファヨールと管理過程論　49
　2.4.1　ファヨールの管理職能と管理原則　49
　2.4.2　ファヨールと管理過程論　51
2.5　ウェーバーと官僚制組織　53
　2.5.1　官僚制組織　53
　2.5.2　官僚制組織の逆機能　54
2.6　メイヨーと人間関係論　55
　2.6.1　ホーソン実験　55
　2.6.2　ホーソン実験の成果から人間関係論へ　58
　コーヒーブレイク　SPAの導入　59

第3章　行動科学への発展　　60

3.1　フォレットと状況の法則　61
　3.1.1　フォレット　61
　3.1.2　コンフリクトマネジメントとしての状況の法則　61
3.2　マズローの欲求階層説　62
3.3　マグレガーのX理論・Y理論　64
3.4　アージリスの統合（未成熟‐成熟）理論　67
3.5　リッカートの監督方式と連結ピン　69
3.6　ハーズバーグの動機づけ‐衛生理論　71
3.7　モチベーション理論　73
　3.7.1　内容論と過程論　74
　3.7.2　外発的動機づけと内発的動機づけ　77
　3.7.3　動機づけの個人差　77
　コーヒーブレイク　モチベーションの実践例　78

第4章 リーダーシップ論とその展開 ……………………………………79
4.1 組織とリーダーシップ 79
4.2 資性論 80
4.3 行動論 81
4.4 類型論 83
4.5 二要因論 84
4.6 コンティンジェンシー理論 87
4.7 新しいリーダーシップ像 90
コーヒーブレイク コミュニケーション 97

第5章 近代組織論 ……………………………………………………98
5.1 チェスター・バーナード 98
5.2 ハーバード・サイモン 101
5.3 コンティンジェンシー理論 103
5.4 組織間関係論 105
  5.4.1 組織間関係論とその諸研究 105
  5.4.2 組織間関係論の多様性 110
  5.4.3 わが国における組織間関係 111
コーヒーブレイク 1% for the Planet 115

第6章 現代企業の組織構造と組織文化 …………………………117
6.1 現代企業の組織構造 117
  6.1.1 組織の仕組み 117
  6.1.2 基本的(集権的)な組織形態の構造 119
  6.1.3 多様な組織形態の構造 121
6.2 組織文化 126
  6.2.1 シャインの組織文化 127
  6.2.2 組織文化研究の主要業績 128
6.3 グーグルの組織構造と組織文化:事例 132
  6.3.1 グーグルの組織構造 132

  6.3.2 グーグルの意思決定 132
  6.3.3 グーグルの組織文化 133
 コーヒーブレイク 組織文化 136

第Ⅱ部　経営戦略と人的資源管理

第7章　経営戦略論の学説と展開 …………………………………… 139
 7.1 経営戦略とは何か 139
 7.2 1960年代の経営戦略論 140
  7.2.1 チャンドラーの経営戦略論 140
  7.2.2 アンゾフの経営戦略論 140
 7.3 1970年代の経営戦略論 143
  7.3.1 プロダクト・ポートフォリオ・マネジメント（PPM） 143
  7.3.2 ミンツバーグ 145
 7.4 1980年代における競争戦略論の展開 146
  7.4.1 製品ライフサイクル 146
  7.4.2 マイケル・ポーターの経営戦略論 147
 7.5 資源ベース論 150
 7.6 経営戦略の仕組み 152
  7.6.1 経営戦略の階層構造 152
  7.6.2 経営戦略の構成要素 152
  7.6.3 事業ドメイン 153
  7.6.4 経営戦略の分析手法 154
 7.7 M＆Aと戦略的提携 155
  7.7.1 M＆A 155
  7.7.2 戦略的提携 156
 コーヒーブレイク ファストファッション 158

第8章　日本的経営と人的資源管理 …………………………………… 159
 8.1 日本的経営とは 159

8.2　日本的経営の特質　161
8.3　日本的経営の長所と短所　163
8.4　成果主義　164
8.5　少子高齢社会と人的資源管理　166
　8.5.1　高齢者と雇用　166
　8.5.2　若年者と雇用　170
　8.5.3　障害者と雇用　171
　8.5.4　外国人と雇用　173
コーヒーブレイク キャリアデザイン　175

第9章　女性の雇用　　176
9.1　女性の社会参加とその動向　177
　9.1.1　女性のライフスタイルの変化　177
　9.1.2　女性の社会参加の背景　177
9.2　わが国における女性の社会参加に関する取り組み　180
　9.2.1　男女雇用機会均等法の成立と法改正　181
　9.2.2　国際労働機関による政策　182
　9.2.3　ポジティブ・アクションの取り組み　185
　9.2.4　CSRの推進　186
　9.2.5　ファミリー・フレンドリー企業　187
9.3　少子高齢社会における女性の役割と就業支援策　188
　9.3.1　高齢者介護と介護休業制度の問題点　188
　9.3.2　育児に関する就業支援策　190
9.4　多様化する就業形態と格差　192
　9.4.1　多様化する就業形態　192
　9.4.2　多様化する就業形態と課題　194
9.5　女性の社会参加と今後の課題　195
コーヒーブレイク 生涯賃金について　198

第Ⅲ部　現代経営学の新潮流

第10章　新しい公共経営 …………………………………… 201

- 10.1　公共性と公益　202
  - 10.1.1　公共性の生成　202
  - 10.1.2　公益とは　202
- 10.2　新しい公共経営の構造　203
  - 10.2.1　新しい公共経営とNPOの役割　206
  - 10.2.2　新しい公共経営におけるパートナーシップ　207
- 10.3　NPOの先行研究　209
  - 10.3.1　レスター・サラモン　209
  - 10.3.2　ドラッカー　209
- 10.4　わが国におけるNPOの台頭とその実情　211
  - 10.4.1　NPO活動の生成　211
  - 10.4.2　NPOの現状　212
  - 10.4.3　NPOの類型　213
  - 10.4.4　アンペイドワークの評価基準　214

　【コーヒーブレイク】　日本社会と寄付　217

第11章　ソーシャルビジネス …………………………………… 219

- 11.1　日本におけるソーシャルビジネス　220
  - 11.1.1　ソーシャルビジネス研究のアプローチと社会起業家　220
  - 11.1.2　コミュニティビジネスとは　221
- 11.2　ソーシャルビジネスの概要　223
  - 11.2.1　ソーシャルビジネスとは　223
  - 11.2.2　ソーシャルビジネスの類型　225
  - 11.2.3　ソーシャルビジネス事業の発展過程　227
- 11.3　ソーシャルビジネスと女性　229
  - 11.3.1　女性起業家の現状　230

11.3.2　NPOと女性　230
　　11.3.3　ワーカーズ・コレクティブと女性　231
　　11.3.4　女性起業家とその支援策　234
　11.4　ソーシャルビジネスとアクティブシニア　234
　　11.4.1　アクティブシニアの多様な社会参画　234
　　11.4.2　アクティブシニアの事例　235
　11.5　ソーシャルビジネスとその支援策　237
　　11.5.1　融資システム　238
　　11.5.2　社会参画の契機としての支援活動　239
　11.6　ソーシャルビジネスでのパートナーシップ形成　242
　　コーヒーブレイク　ムハマド・ユヌス　245

人名索引　……………………………………………………247
事項索引　……………………………………………………249

経営学を学ぶ

第1章 現代社会と企業経営

1.1	経営学とは

　経営学は，若い学問だと言われ，その生誕については，多様な見解がある。たとえば，経営学者の加護野（1997）は，1911年に「経営学の父」と呼ばれる米国のテイラー（Taylor, F. W.）の著作『科学的管理の原則』，同年のドイツのシェアー（Schar, J. F.）の『一般商事経営学』が出版されたことで，1911年に経営学と商学がほぼ同時に誕生したと述べている。

　経営学と商学の違いは，簡潔に述べると，「商学」は，金融，流通，交通，保険，会計などに関わる取引関係が対象となる学問である。一方，「経営学」は，さまざまな組織の運営や管理方法などを検討していく学問である。具体的なテーマとしては，ソニー，ドコモ，ユニクロなどのような企業組織に焦点を当て，「顧客に対して，どのような商品をどのように提供していくのか」を考察したり，また，組織構成員に焦点を当て，効果的な「モチベーション」，「リーダーシップ」の方法論などを研究したりするものである。これらのテーマを，経営組織論，経営管理論，経営戦略論などの理論のもと，具体的かつ実践的に検討していくことが求められる。

　「経営学」は，そもそも企業経営の研究としてスタートしたという事情，また，一般に「経営」という言葉からは「企業経営」を想起しやすいということなどから，「営利企業」をもっぱらの研究対象とするものと思われやすい。そして，実際に「営利企業」が中心的な対象であった時期もあるが，昨今非営利組織（Non Profit Organization：NPO）などを中心に「非営利」の風潮が高まりを見せるにつれ，「経営」という言葉が根本に立ち返って考えられるようにな

り,「経営」は,おおよそすべての組織(たとえば,行政,非営利組織,大学,病院など)に共通するものであるとの認識から,「経営学」の研究対象は,ありとあらゆる「組織」へと拡大するとともに,この学問の可能性も無限の広がりを示しつつあるといっても過言ではないであろう。

「企業」以外の多様な経営組織については,本書の後半で詳細に取り扱うこととし,まず第1章では,長く経営学の中心を成してきた「企業」に焦点を当て,その活動や諸問題などを取り上げる。

> **参照**
> (1) 社会科学と経営学
> 　社会科学とは,経済学,政治学,法律学,社会学といった,人間社会を科学的に研究する分野であり,その研究アプローチは,経験的,実証的などの手法が用いられる。経営学はこの社会科学の一分野に位置づけられている。そして,経営学を学んでいくためには,さまざまな学問領域にわたる知識やアプローチを理解することが求められる。
> 　たとえば,人的資源を管理するためには,労働法などの法律に関する知識,従業員のモチベーションには,心理学などの知識も求められる。国際経営といった海外進出を遂げる企業を研究対象とするならば,他国の文化や慣習,コミュニケーション,その国の法律や政治,経済についての知識も必要となる。消費者行動を理解するためには,心理学はもちろん,統計学などの分析手法も必要である。このように,経営学を学んでいくためには,隣接する他の学問領域の知識やアプローチも用いられることから,学際的な学問と位置づけられている。
> (2) 経営学とマネジメント
> 　「マネジメント」は一般的には「経営(学)」と同義に用いられることが多い用語であるが,技術的には,たとえば,経営能力開発センター編(2009)は「人々を通じて物事をなさしめること」と広義の解釈を用い,このマネジメント機能を担当する「マネジャー」は,「経営者」,「管理者」,「監督」など,多様な意味を含んでいるとしている。また,伊丹・加護野(2010)は,マネジメントについて,「戦略よる統御」,「経営システムによる統御」,「理念と人による統御」の3つの経営の働きかけであると,専門的な観点に拠る著述をしている。いずれにしても,この用語を用いる人次第で,多様な解釈が可能であるといえよう。
> 　近年では,いわゆる「ドラッカー・ブーム」に乗って,「マネジメント」という用語が脚光を浴びているかの様を呈しているが,そのドラッカー(1973,

1974）においては，①自らの組織に特有の使命を果たすこと，②仕事を通じて働く人たちを生かすこと，③自らが社会に与える影響を処理するとともに，社会の問題について貢献することが，最も重要なマネジメントの役割であるとしている。

1.2 現代企業の基本機能

(1) 企業の役割とイノベーション

　企業は消費者である私たちの生活を豊かにするため，さまざまな商品やサービスを提供している。たとえば，衣食住に関わることはもちろん，生活していく上で欠かせない電気，ガス，交通，病院といった，市民生活にとって大切な社会基盤である「インフラ（インフラストラクチャー：infrastructure）」の整備の大半は，企業などの組織が担っている。

　企業の役割の一つとして，消費者が求め，必要としている商品やサービスを提供していくことが挙げられる。企業はこれらの開発に力を注ぎ，国内外に存在する他社と競合しながら，日々新たな商品・サービスの開発や改善などに取り組んでいる。

　このような新商品やサービスの開発には，当然のことながら多くの時間を費やし，多額の研究開発費を投資することになる。しかし，多額の研究費を投資し，新商品開発に成功しても，顧客がそれを購入しなければ，企業努力は報われることはない。つまり，「蓋を開けてみないと結果はわからない」のである。

　日本社会のように商品やサービスがあふれている成熟社会では，社会環境変化に対応し，既存の商品・サービスが陳腐化をするまえに，企業はイノベーション（innovation：技術革新，経営革新）を通して，継続的に新たな商品・サービスによる社会的価値を創造していくことが求められる。

　ドラッカー（Drucker, P. F.）は，企業の目的について「顧客の創造」であるとし，目的達成のための基本機能として，この「イノベーション」と並んで「マーケティング」を挙げている。

(2) マーケティング活動の重要性

　現代企業には，消費者の多様なニーズを満たしていく商品・サービスを提供

していく努力（イノベーション）が欠かせない。その顧客のニーズを見出す方法として，「マーケティング」が挙げられる。

　マーケティング研究で著名なコトラー（Kotler, P. 1989）は，「マーケティングとは，個人や集団が，製品および価値の創造と交換を通じて，そのニーズや欲求を満たす社会的・管理的プロセスである」と定義している。日本マーケティング協会は，「マーケティングとは，企業および他の組織がグローバルな視野に立ち，顧客との相互理解を得ながら，公正な競争を通じて行う市場創造のための総合活動である」としている。さらに，消費者のニーズを把握するための方法として，マーケティングリサーチが必要となってくる。マーケティングリサーチに関して，コトラーは「調査をせずに市場参入を試みるのは，目が見えないのに市場に参入しようとするようなものだと」とし，「効果的なマーケティング意思決定の第一歩であり，基盤であることを忘れないで欲しい」と，その調査の重要性を指摘している。また，調査のための基盤づくりとして「マーケティング・ミックス」を提唱している。

　マーケティング・ミックスは，1961年にアメリカのマーケティング学者，マッカーシー（McCarthy, E. J.）によって提唱され，頭文字から「4P」と呼ばれている。その主な内容は次のとおりである。

①製品（Product）：特徴，種類，ブランド，品質，デザイン，サービスなど
②価格（Price）：希望価格，値引き・割引，支払い条件，優遇条件，信用払いなど
③チャネル（Place：製品やサービスの流通経路）：チャネル，運送，品ぞろえ，在庫など
④プロモーション（Promotion）：販売促進，広告宣伝，ダイレクトマーケティング，オンラインマーケティングなど

　マーケティングリサーチを通じて，特定の市場状況の分析，顧客のニーズやウォンツ，需要などに関するデータと調査結果に基づく分析などが行われる。その調査の一例としては，企業が提供している商品やサービスに関する顧客満足（Customer Satisfaction：CS）や不満などの観点から調査を実施する「顧客満足度調査」などが挙げられる。

　企業は，自社の製品やサービスを購入している既存の顧客の満足を高めなが

ら，新規顧客を開拓し，同様に満足度を高めていくことが課題である。このような顧客との関係性の構築のことを「カスタマー・リレーションシップ・マネジメント（Customer Relationship Management：CRM）」と呼ぶ。そして，良好な関係性を構築していくことは，「顧客シェア」の拡大にもつながっていく。

　顧客シェアとは，顧客一人ひとりが購入した特定の商品に対する，自社商品の消費額の比率のことである。たとえば，ある顧客が携帯電話をソフトバンクのみと契約すれば，顧客シェアは 100％ ということになる。顧客シェアを拡大するための戦略の一例としては，ポイントカードの発行などが挙げられる。

1.3	企業と社会変化

(1) 企業とライフスタイルの変化

　わが国は，戦後，高度経済成長を遂げ，先進諸国の仲間入りを遂げることができた。このような経済状況の変化は，賃金水準の向上など，人々の日常における多様なライフスタイルの変化を及ぼすことになる。

　たとえば，経済大国へと発展を遂げつつあったわが国は，1964 年の東京オリンピックなどを期に，電化製品が急速に普及していく。1970 年代には，洗濯機，冷蔵庫，テレビがほとんどの家庭に普及し，それにともない女性の家事労働は軽減していく。その後も，エアコン，ビデオデッキ，電子レンジ，DVD プレーヤー，デジタルカメラ，携帯電話などが普及し，最近では薄型テレビ，食器洗い乾燥機，スマートフォンなども新たに登場し，生活を快適にする製品が次々と生み出されている。そして，20 世紀終わりころから，物質的な豊かさに代わって精神的な豊かさを求める傾向もあり，旅行や娯楽，保険，教育といったサービス支出なども増加してきている。

　このような企業による商品やサービスの提供，普及は，私たちの生活を一変させた。たとえば，ヤマト運輸は，クール宅急便など新たなサービスを提供した。これにより自宅に居ながら地方の商品を取り寄せることが可能となり，旬の食材などを食べることができるようになった。海外旅行，ゴルフ，スキーなどに関連するサービスも次々に生み出され，重い荷物を運ぶ手間が省かれ，手ぶらで行くことも可能となった。また，インターネットショッピングなど，

IT技術を活用し，代金支払いなどの不安に「コレクト」サービスで対応したり，共働き夫婦などの増加に伴い，時間帯指定ができる「時間帯お届け」サービスを生み出したりしている。

　しかし，その一方で便利な生活を手に入れることで失われつつある伝統文化やコミュニケーションなどがある。

　たとえば，テレビを一家に数台持っている家庭もあり，家族が一つの部屋でテレビを見る機会が減少し，家族間のコミュニケーションに大きな変化をもたらした。また，携帯電話の普及も，私たちの生活に大きな変化をもたらすことになる。当初は高額な利用料であったが，その急速な普及に伴い，誰もが手軽に持てるようになった。そして，そのサービスも電話にとどまらず，インターネットやメールなどへと拡大している。その一方，固定電話や公衆電話などは減少傾向にある。また，携帯電話やパソコンの利用は「対面」でのコミュニケーションの希薄化などの諸問題を生み出している。

　食事についていえば，従来は家庭で作ることが大半であったが，近年では家庭外で食事をする「外食」はもちろん，スーパーやコンビニの弁当や総菜などを外で購入して自宅で食事をする「中食」も一般的になった。しかし，このような便利さを追求した結果，家族の団欒や家庭の味といった文化が崩壊しつつあるという懸念もある。

　このように，企業が開発し，提供した商品・サービスが私たちのライフスタイルに大きな変化をもたらすことになるのである。

(2) ITの普及

　近年では，IT（Information Technology：情報技術）の発展が社会に与えた影響もある。企業活動には，販売，生産，物流，財務，人事などに関わるさまざまな情報がある。身近なところでは，顧客に関する個人情報なども含まれ，「情報流出事件」なども相次いでいることから，情報の収集，活用方法はもちろん，顧客情報の守秘義務の従業員教育など，その管理に対する対策が課題となってくる。

　1980年代後半になると，企業の競争優位性を実現するために，「戦略的情報システム（Strategic Information System：SIS）」という経営戦略が注目を集めた。

　わが国の具体例として，上述のヤマト運輸の「荷物追跡システム」，セブ

ソーイレブンの『POSシステム（point of sale system：販売時点情報管理）』などがあり，革新的なシステムの例として取り上げられることが多い。インターネットの普及により，インターネットカフェ，mixi，FacebookといったSNS（ソーシャルネットワークサービス）が登場した。また，楽天，ヤフー，アマゾンなどのインターネットショッピングなどの買い物ができるサービスも普及し，私たちの生活に便利さと新たな価値を与えている。一方，このような無店舗販売の増加は，小売店に危機感を与えている。ITの進歩によって，「得られたもの」もあれば「失われたもの」もあることはいうまでもない。

参照

(1) 事業の再構築

　私たちの生活は，高度経済成長，ライフスタイルの変化によって，商品・サービスに対するニーズも変化を遂げている。そのような変化にもかかわらず長寿を誇る企業がある一方で，市場原理にもとづき，自然淘汰されてきた企業も少なくない。当然，各企業は「淘汰」を回避すべく努力することになるが，近年では，企業は自社の生き残りをかけて，コスト削減，整理解雇などの「リストラ」を実施する傾向もある。しかし，リストラの本来的な意味は「事業の再構築（restructuring：リストラクチャリング）」であり，事業存続に向けての新規事業の立ち上げや，多角化といった新たな事業への進出などが具体的内容として挙げられる。

　たとえば，GE（ゼネラル・エレクトリック）では，ジャック・ウェルチが1981年から2000年に至るまでCEOを務め，「ナンバー1・ナンバー2戦略」によって，事業の「選択と集中」を意識したスピード経営を実践した。具体的には，ナンバー1，ナンバー2に入っていない不採算部門は，M&A（Merger and Acquisition）などを通じてナンバー1，ナンバー2に移行させるか，売却，撤退などを行うというものである。この戦略により事業を再編成させ，経営資源を適切に再配分することで，事業の再構築をはかり，業績は飛躍的に向上した。

　ちなみに，M&Aとは，企業の合併や買収の略称であり，このメリットとしは，買い手企業としては，事業規模の拡大や既存事業の強化などが挙げられる。売り手としては，雇用の確保や後継者対策などが挙げられる。企業には，それぞれ「強み」と「弱み」がある。それを相互に補完することによって，「シナジー効果（synergy effect）」と呼ばれる相乗効果を生み出すことにつながることも，M&Aへの期待の一つとして挙げられる。

(2) 老舗大国

　帝国データーバンク資料館・産業調査部編（2009）によると，わが国は創業から100年以上を経ている老舗企業が約2万社ある「老舗大国」である。長きにわたり伝承されてきた技術力によって，戦災，震災，恐慌などの幾多の危機を乗り越えてきた。同書の「老舗に関するアンケート調査」によると，老舗の強みは，「信用」，「伝統」，「知名度」であり，弱みは「保守性」，「社員の高齢化（後継者難）」，「設備の老朽化」などであった。また，危機を乗り越えることができた理由としては，「個人資産の投入」，「家族，社員が一丸となって問題に立ち向かう」，「代替品や原料を代替してしのいだ」などが挙げられている。また，危機的状況において，「事業を縮小することで対応した」という回答が多いなか，「いつも苦しいときになぜか誰かが手を差し伸べてくれた」，「各代の当主が，希望を失わず明るく先頭に立って生きたから」などの回答もあり，経営者の日ごろの心の持ちよう，経営者の「徳」をもって「運」を招き寄せた企業もあることがうかがえる。経営者たるもの，危機に際しても決して諦めない前向きな姿勢が求められるのであろう。

　世界最古の会社はわが国に現存する。大阪の寺社建築業「金剛組」である。578年に，聖徳太子の命で，百済の国から3人の工匠を日本に招き，日本最初の官寺である四天王寺を建築した。その一人が金剛組の創業者，金剛重光である。彼の技術と精神は二代目から三代目，そしてさらに後世へと脈々と受け継がれていくことになる。1990年代初頭のバブル崩壊で経営危機に陥ったが，2006年に高松建設の支援を受け，債務を切り離した上で，新会社を設立，新生・金剛組として再建した。現存する金剛組は，創業以来の伝統技術を引き継ぎつつ，新たなスタートを切った古くて新しい会社である。

　江戸中期に金剛組を率いた32代金剛喜定が遺言書に家訓「職家心得之事」を記している。その内容は，①儒仏神三教の考えをよく考えよ，②主人の好みに従え，③修行に励め，④出すぎたことをするな，⑤大酒は慎め，⑥身分に過ぎたことはするな，⑦人を敬い，言葉に気をつけよ，⑧憐れみの心をかけろ，⑨争ってはならない，⑩人を軽んじて威張ってはならない，⑪誰にでも丁寧に接しなさい，⑫身分の差別をせず丁寧に対応せよ，⑬私心なく正直に対応せよ，⑭入札は廉価で正直な見積書を提出せよ，⑮家名を大切に相続し，仏神に祈る信心を持て，⑯先祖の命日は怠るな，となっている。利益のことなどには一切触れず，人としての心掛けを重んじており，これが，長きにわたってこの老舗企業を支えてきた理由の一つだとも考えられよう。

参考文献：帝国データーバンク資料館・産業調査部編『百年続く企業の条件』朝日新書，2009年。
金剛組，http://www.kongogumi.co.jp/takumi.html，OBT人材マネジメント（2010.9.8），
http://www.obt-a.net/web_jinzai_magazine/person/2010/09/1400.html

1.4	企業経営の目標

　企業経営の目標には，さまざまな考え方がある。前述したように商品やサービスを提供し，より豊かな生活を提供することもその一つである。一方，その商品やサービスを顧客が購入，利用することにより，企業はその対価として，売上高，利益を上げることができる。当然のことながら，顧客が商品やサービスを購入しなければ，売上高はもちろん，利益を上げることができず，事業を存続していくことは困難な状況に追い込まれることになるため，利益追求が目標であるとする捉え方もある。ここでは，企業目標について，代表的な概念を取り上げる。

(1) アンゾフとドラッカーの多目標論

　企業目標の代表的な研究として，「単一目標論」（利益を極大化すること），「制限利潤説」（利益追求は必要だが，適切な水準にすること）などがある。その他，「多目標論」を主張した研究者として，経営学者のアンゾフ（Ansoff, H. I.）とドラッカーが挙げられる。

① アンゾフの「ROI目標体系」とは，基本目標として長期的な投資をした資本に対して得られる利益の割合である「投資利益率（Return On Investment：ROI）」の上昇という経済的目標を掲げ，二次的目標に社会的責任，一般大衆のイメージといった「非経済的目標」を挙げている。

② ドラッカーは，最上位の目標を「存続と成長」とし，下位目標としては，社会的責任，作業者の業績と態度，経営管理者の業績と育成，収益性，物的および財務的資源，生産性，イノベーション，市場における地位の8つを挙げている。

(2) 営利追求と経営資源

　企業活動の目的の一つとして，商品・サービスの生産活動を営むことで「営利性」を追求することが求められる。営利活動とは，経済的な利益を得ること

を目的とした活動のことを意味している。

　企業は，利益を獲得し，事業組織を成長・発展させていくための経営資源を獲得することが求められる。経営資源は，人材，資金，原材料，製品，技術，企業文化，商標，著作権，技術，ノウハウといったさまざまな資源が挙げられ，とくに，3大経営資源と称される人的資源，物的資源，資金的資源の3つの有形資源が，「ヒト，モノ，カネ」と称され，最重視されている。

　近年では，この3つの有形資源に，無形資源として「情報」も加えられるようになってきた。これらの具体的な内容は，下記のとおりである。

①ヒト：経営者，管理者，技術者，従業員，アルバイトなどを含む人的資源。
　さらに，日本社会は少子高齢社会を迎えていることから，女性，高齢者，外国人労働などの人材活用が課題である。
②モノ：建物，施設，工場，機械設備，配送機器，原材料，備品を含む物的資源。
③カネ：企業活動に欠かせない事業運営費，人件費などを含む資金的資源。
④情報：特許，著作権，ノウハウ，ナレッジ・マネジメントなど，知識を含む情報的資源。

　企業は経営資源を活用しながら，①企業活動に必要な「資金調達」，②従業員の「雇用」，商品の生産，製造に必要な原材料や部品，生産設備，備品，消耗品などの「購買」，③商品の「製造」，④顧客への「販売」，⑤売上からの資金「回収」，新たな機械の購入や原材料の調達，株主への配当金支払いを行う。このような一連のプロセスにより，商品やサービスを提供することを可能としている。

> **参照：ナレッジ・マネジメント**
>
> 　ナレッジ・マネジメント（knowledge management）は，組織構成員が持つ知識を共有化することで，技術，ノウハウなどを開発に役立て，企業の競争力を高める経営手法である。知識は，①暗黙知：言葉では表現できないレベルの身体的な知，②形式知：言葉や文章で表現できる理性的な知に分類することができる。野中・竹内（1996）は，組織内で形式知と暗黙知が循環する知識交換のスパイラルのことを「SECIモデル」と呼んでいる。SECIモデルは，下記の4つの過程の循環スパイラルである。

①共同化（Socialization）：社内外から暗黙知を獲得，共有，伝達するプロセス，②表出化（Externalization）：得られた暗黙知を，形式知に変換するプロセス，③連結化（Combination）：形式知となった知を組み合わせ，新たな形式知を創造するプロセス，④内面化（Internalization）：利用可能となった形式知を基に，暗黙知として個人や組織が行動，実践のレベルで伝達し，新たな暗黙知として，組織内部に浸透させるプロセスのこと。

図1.1　SECI モデル

①共同化：暗黙知→暗黙知	②表出化：暗黙知→形式知
③連結化：形式知→形式知	④内面化：形式知→暗黙知

参考文献：野中郁次郎・竹内弘高著，梅本勝弘訳『知識創造企業』東洋経済新報社，1996年。

(3) 社会性の追求

戦後，企業の成長とともに，日本経済の発展，日本社会におけるさまざまな進歩，ライフスタイルの変化をもたらすこととなった。同時に，①公害問題，②消費者問題，③環境問題など，企業活動は社会に対する影響力も高めることとなった。

①公害問題

たとえば，1960年代後半の，水俣病，新潟水俣病，富山イタイイタイ病，四日市ぜんそくといった「四大公害」が挙げられる。光化学スモッグや自動車の排気ガスなどにより，喘息を引き起こすなどの健康を害するといった問題が顕在化し，企業に対する非難が高まったこともある。

これらの反省から，近年では，経済合理性の追求，営利追求だけでなく，「社会性」を重視することも企業活動に求められる。

②消費者問題

近年の問題としては，商品・サービスの取引をめぐり消費者が被害，不利益を被る「消費者問題」が取り沙汰されることが多い。その中でも，食品の偽装表示事件，製品の欠陥などは記憶に新しい。このような現状からも「コンプライアンス（compliance：法令遵守）」などが問われている。コンプライアンスとは，文字どおりの解釈をすると「法律や条例などの規則を遵守すること」，という意味合いであるが，それだけにとどまらず，自主行動規範，社会的規範，企業倫理，社会貢献などを守ることで，社会秩序，社会から非難される行動を

しない環境整備まで含んだ概念である。

　もちろん，コンプライアンスに違反をし，不正，不祥事が発覚すれば，企業は倒産に追い込まれ，事業を継続していくことは困難となる。コンプライアンスを守ることにより，企業は事業存続ができ，従業員が社会的な信頼のもとで職務を遂行することができる。

　現在，市場経済社会は競争社会でもある。事業が順風満帆であっても，企業を取り巻く環境変化が著しく，些細な事業運営のミスなどにより，営利性の追求を阻害し，損失に変化し，やがて経営危機に陥ることもある。このように，企業活動は，マニュアルでは対応できない不測の事態も起こり，さまざまなリスクを抱えていることも現実である。事業にはさまざまなリスクがあるが，それが現実となった場合に備えて，その影響を最小限にとどめるようにすることを「リスクマネジメント（risk management）」と呼ぶ。

③環境問題

　環境問題については，オゾンホールの破壊，地球温暖化，異常気象など，気候変化にともない人々の関心が高まっている。このような状況から，「地球に優しい」，「環境に優しい」といった製品やサービスなどが注目されるようになってきた。このような傾向は「エコブーム」などと呼ばれている。そして，持続可能性，「サステナビリティ（sustainability）」という概念が登場し，環境保護や社会貢献活動などを通じて，企業そのもの，ひいては地球全体の維持をも視野に入れた活動が求められるようになってきた。

　近年よく耳にするようになった「ロハス（Lifestyles of Health and Sustainability：LOHAS）」という言葉がある。ロハスとは健康と環境，持続可能な社会生活に配慮したライフスタイルという意味の造語であるが，ここにもサステナビリティという「持続可能」という用語が用いられていることがわかる。

　また，健康的で快適な環境を維持していくため「トリプルボトムライン（Triple Bottom Line）」と呼ばれる，経済的側面，社会的側面，環境的側面という３つの側面から評価をする考え方がある。これは，1997年にイギリスのジョン・エルキントン（Elkington, J.）によって提唱され，企業のサステナビリティ報告に関する国際的なガイドラインの作成や普及を目的とした，オランダに本部を置く非政府組織（Non Governmental Organization：NGO）であり，国連

環境計画（UNEP）の公認協力機関である「GRI（Global Reporting Initiative）」が作成する持続可能性報告ガイドラインの骨格となり，環境レポートなどに発展していくこととなる。

企業にとって，営利性を追求しながら，エネルギーの使用量，自然エネルギーの利用，資源の消費などの軽減をあらゆる側面において配慮し，商品・サービスを提供していくことが求められる。現代企業は，企業倫理にのっとり，健全な経営を実行し，豊かな社会を実現していくため，環境，福祉，教育などの社会貢献活動も問われている。「利益のためなら何でも厭わない」といった過渡な利己主義は問題である。現代企業は，社会性，社会的責任にも配慮しなければ，企業成長や利益はもとより，存続自体が危うくなるであろう。

1.5　企業の社会的責任

企業が地域にオフィス，工場，店舗を設置，出店することで，多くの従業員や顧客の交通機関や周辺の店舗などの利用が増加し，地域活性化などにつながる可能性がある。一方，騒音問題，工場などの排煙など，地域社会の市民生活を脅かす事態が生じる危険性も無視できない。

企業は，その地域社会の行政，学校，市民などとの信頼関係を構築し，共存共栄していくことが課題である。このように，企業が事業運営をしていくうえで，「ステークホルダー（利害関係者：Stakeholder）」が存在する。企業が成長・発展し，グローバル企業へと進展していくにつれ，その利害関係者の範囲も拡大する。多様な価値観，文化などを持つ利害関係者に対して，企業が責任を果たしていくことが求められる。

(1) ステークホルダー

現代社会における企業経営を考えるうえで，企業がさまざまな人や組織と利害関係を共にしていることを認識する必要がある。商品が，消費者である顧客の手に届くためには，企業活動に必要な資金を株主や銀行などから調達し，供給業者であるサプライヤーからの原材料調達，企業で多くの従業員が働くことによる製造，その製造された製品を物流業者によって小売店などの店舗に届け，顧客へ提供するといった多様な関係性とプロセスがある。さらに，国内におい

ても競合他社が存在し，海外に事業拠点を移せば，企業はその国のルールや文化に従い事業運営をすることが求められ，現地政府との関係性も重要となる。

このように，企業には，企業の経営活動，企業の存続や発展に対して利害関係を有する個人や法人が存在しており，各企業は外部と隔絶された単独組織として存在するわけではない。これらの利害関係者のことを「ステークホルダー」と呼び，具体的には，消費者（顧客），従業員，株主，債権者，仕入先，得意先，地域社会，行政機関など，企業を取り巻くあらゆる個人や法人を指している（図1.2参照）。企業はステークホルダーとの関わりのなかで，どのような経営活動を行っていくのかを考える必要がある。

図1.2　ステークホルダー

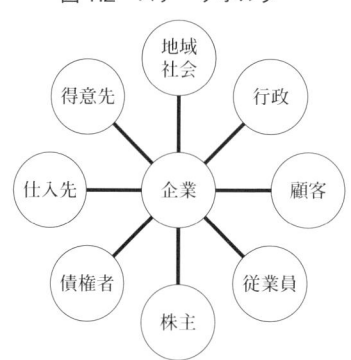

(2) 企業の社会的責任

21世紀に入り，エンロンやワールドコムなどの不正行為が発生することにより，情報開示や経営の透明性を確保すること，コンプライアンスやリスクマネジメントへの取り組みが求められるようになる。2002年10月に日本経団連が「企業行動憲章」を改定し，企業の社会的責任（Corporate Social Responsibility：CSR）」への関心が高まりをみせ，2003年がわが国における「CSR元年」と呼ばれることになる。投資に関しても，従来の投資基準に加え，投資先の企業の社会的責任の状況を考慮した「社会的責任投資（Socially Responsible Investment：SRI）」が注目された。

企業はいままでも，さまざまな社会貢献活動への責任を果たしてきた。たと

えば，企業倫理や法令を守る「コンプライアンス」だけでなく，良い製品やサービスを提供すること，雇用の創出とその維持，税金の納付，「フィランソロピー（philanthropy：企業の慈善活動，社会貢献活動の総称）」や「メセナ（mecenat：企業の文化支援活動の総称）」などが挙げられる。

近年では，企業は事業活動を行なうなかで，社会的な公正さや環境などに配慮し，ステークホルダーに対し責任ある行動を取るべきだという考え方が重要視されつつある。具体的な法整備も進展し，1995年7月には，被害者の救済を目的とし，欠陥製品による損害が生じた際，製造業者等の損害賠償責任について定めた「製造物責任法（PL法）」が施行された。また，環境に対する関心の高まりによって，環境基準を盛り込んだ国際標準化機構（International Organization for Standardization：ISO）が発行した「ISO14000」などの環境規格が挙げられる。

(3) 事例：社会貢献・社会責任に関する活動

日本経団連では，1990年11月から1％（ワンパーセント）クラブを設立している。このクラブ会員は，経常利益や可処分所得の1％相当額以上を，自主的に社会貢献活動のために支出している。

サントリーは，1899年に創業して以来，創業者の鳥井信治郎氏の「利益三文主義」の精神に基づき，「顧客へのサービス」，「事業拡大」，「社会への還元」に利益を使うという信念があり，社会福祉活動や慈善活動に積極的に取り組んでいる。たとえば，文化の振興を目的とし，コンサートホール，美術館などの運営にも貢献している。具体的にはサントリーホールやサントリー美術館などが挙げられ，「メセナ大賞」も受賞している。

(4) 先人に学ぶ

わが国では，相次ぐ企業不祥事などにより企業の理念，企業の社会的責任が問われることの多い現代，企業の社会的責任に通じる概念として，たとえば，近江商人の「三方よし」が取り上げられることが多い。近江商人は他国に行商を行う際，信頼を得ることが重要であった。その心得として，「売り手よし，買い手よし，世間よし」という三方よしが挙げられる。この原典は，1754年中村治兵衛宗岸の書置である。その他，日本の経済発展に貢献してきた先人の道徳規範などに耳を傾けるべきものも多い。

①渋沢栄一(1840-1931年)

渋沢栄一氏は明治を代表する実業家であり，「日本資本主義の父」と呼ばれている。彼は近代企業の創設と発展に寄与し，その関連する企業は，第一国立銀行，東京ガス，東京海上火災保険，王子製紙，帝国ホテル，京阪電気鉄道など，その数は約500社とされている。また，社会，文化，教育といった社会公共事業にも尽力し，関連事業は600を上回るともいわれ，近代日本の無数の礎を築いている。渋沢は，「論語と算盤とは一致しなければならない。わずかも道徳と経済と相離るべからざるもの」と述べ，豊かな社会を構築していくためには，「善い行い」(論語)と「良い商い」(算盤)は一致すべきと教えている。

②松下幸之助(1894-1989年)

松下電器産業の創始者である松下幸之助氏は「経営の神様」と呼ばれた。彼は，1946年に「社会の公器」という言葉を初めて使用した。企業活動に必要な人，金，土地，といったものは，公のものであり，企業が社会から預かったものだという。そして，企業は社会と共に発展していく必要がある。また，利益そのものの追求によってではなく，さまざまなかたちで社会貢献をし，社会生活を向上させていく「共存共栄」なくしては，真の発展，繁栄はないことを述べている。

③本田宗一郎(1906-1991年)

本田技研工業の創業者である本田宗一郎氏は，「理念なき行動は凶器であり，行動なき理念は無価値である」という言葉を残している。

企業経営には，「経営目的」，「経営理念」，「経営目標」，「社是・社訓」などを明確に示したうえ，経営戦略を立案し，組織成長を遂げることが不可欠である。当然のことながら，これらの目標や理念などを従業員に共有化させ，浸透させること，そして，日常業務，事業運営に反映させる行動の必要性を改めて考えさせられる言葉である。

用語解説
(1) 経営目的
　主に定性的な価値的側面(経営理念，ビジョン，信念，社是，社訓など)と定量的な事実的側面(目標売上高，目標利益率など)がある。

> (2) 経営理念
>   自社は「何のために存在しているのか」,「どのような企業でありたいか」など, 社会や市場に対する組織の存在意義や社会的な使命などを明文化した内容である。経営理念は, 以下のように社是, 社訓, クレドなどで表現されることが多い。
> ・社是：創業者の企業精神など, 企業で働く社員の経営上の指針, 理念や心構えのこと。
> ・社訓：企業で守るべき, 従業員の行動指針・行動規範などの基本的な指針のこと。
> ・クレド（Credo：信条）：企業の信条や行動指針など, 企業理念や行動規範などを表した内容のこと。
> (3) コーポレートアイデンティティ
>   企業の持つ特徴や経営理念などを簡潔に表わしたものとして,「コーポレートアイデンティティ（Corporate Identity：CI）」がある。たとえば, ①社名・ブランド名, ②社章・ブランドのロゴ（シンボルマークなど）, ③コーポレートコピー（キャッチコピーなど）などで表現されることが多い。

(5) コンビニエンスストアの事例

　日本のコンビニ業界で「市場占有率（market share）」の1位に「セブン-イレブン」が挙げられる。その原型は, 1927年にアメリカのテキサス州で創業した氷小売販売「サウスランド・アイス」であるが, 顧客から「氷だけでなく, 卵や牛乳, パンなどを扱ってくれると便利」という要望から, 次第に卵や牛乳などの食料品, 雑貨などを取り扱うようになった。1946年に店名を7-ELEVENに変更した。

　ローソンは1939年, オハイオ州の牛乳販売点を営んでいた。このことは, ミルク缶をあしらったデザインにも通じている。そして, 牛乳だけでなく日用品や生活必需品なども販売し, 米国北東部を中心としてチェーン展開をし, 1959年, 米国食品業界のコンソリデーテッド・フーズ社の傘下となり, オハイオ州を中心として店舗を拡大し, コンビニエンスストアの運営システムを確立していくことになる。

　このように, 時代のニーズとともに, 取り扱う商品やサービスが変容し, より便利性を追求し発展してきたコンビニエンスストアであるが, 近年のわが国における環境変化は著しく, 生き残りをかけた戦略を各社が打ち出している。

たとえば，以前は，若年層が来客の多くを占めるコンビニ業界であったが，人口構造の変化，社会環境の変化，消費者のニーズなどに対応するため，高齢者や女性もターゲットにし，生鮮食品などを取り入れたりして新たな商品・サービスを提供している。たとえばローソンストア100では，生鮮食品や台所用品などを取り扱う新業態を展開して，主婦層などを対象とした顧客開拓につなげている。

コンビニ業界は飽和状態であるため，24時間営業のスーパーなど他業種との競争も激化している。その生き残りをかけ，「ローソンとマツモトキヨシ」のように他業種との共同出店など，時代の変化とともに新たな店舗が出現する可能性がある。事業を成長させていくことはもちろん，社会のさまざまな問題に対応していく姿勢も重要であることはいうまでもない。

コンビニ業界は，商品・サービスの提供以外にもさまざまな環境対策に着手している。たとえば，食品廃棄物の削減・リサイクルを目指し，エコ物流システムを構築している。身近な例では，レジ袋の薄肉化や容器包装の削減などが挙げられる。その他，セーフティステーション活動，災害発生時の地域支援などの社会貢献にも取り組んでいる。近年では「買い物難民」が問題となり，足の不自由な高齢者などに商品を提供するため，軽トラックなどで移動コンビニを実施するなど，各社がさまざまな解決策を検討している。時代の変化にともない，店舗数も増加傾向にあるコンビニ業界には，多様な観点からの企業の社会的責任が問われている。

1.6	公企業と私企業

法人登録されている企業は，出資者の構成や出資方法などの違いにより，「公企業」と「私企業」に分類することができる（図1.3参照）。
(1) 公企業

公企業とは，出資者が国や地方公共団体などの公的な組織であり，公共の利益を優先した事業形態のことを指す。具体的な内容としては，①国営（国有）企業，②独立行政法人（国立印刷局，統計センター，国立病院など），③特殊法人（事業団，公庫，特殊会社など），④地方公営企業（地方自治体が経営する，水道事

第1章　現代社会と企業経営　　21

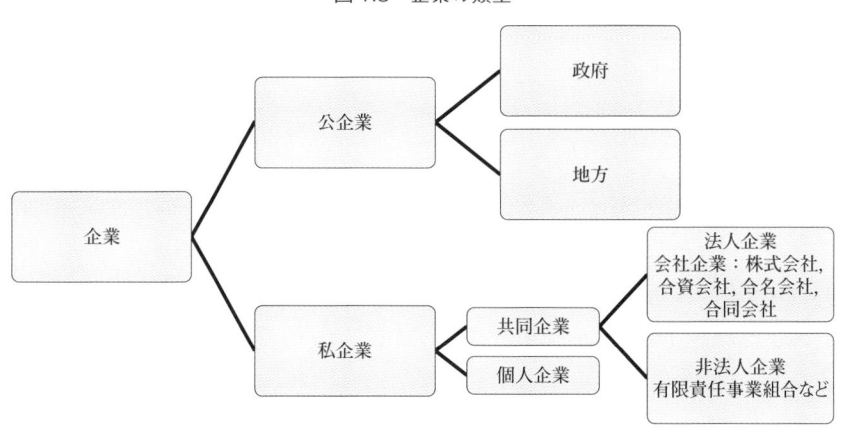

図1.3　企業の類型

業，電気事業，ガス事業，交通事業など）などがある。

たとえば，JRの前身である日本国有鉄道，NTTの前身の日本電信電話公社，JTの日本専売公社，最近では，民営化前の日本郵政公社などが典型として挙げられるが，いずれにしても，公企業から私企業化（民営化）が進展し，公企業は，廃止される傾向にある。

(2) 私企業

私企業とは，出資者が民間人であり，営利追求を目的とした事業形態であり，具体的には，①個人企業（法人を設立していない個人商店などの個人事業主で，その責任は無限である），②共同企業などに類型できる。共同企業は法人格があるか否かで，「法人企業」と「非法人企業」に分類することができる。法人企業の代表的なものが，株式，合名，合同，合資，有限の会社法人であり，非法人企業には，匿名組合，権利能力のない社団，有限責任事業組合（Limited Liability Partnership：LLP）などが入る。法人とは，法律の規定によって，「人」としての権利能力を認められた団体のことである。

出資形態も，①無限責任社員，②有限責任社員に分類される。会社の出資者のことを「社員」と称し，その責任の範囲は，以下のとおりである。

①無限責任社員：経営に関与できるが，会社の損失について，債権者に対して無限に責任を負う出資者のこと。

②有限責任社員：原則として経営に関与できない出資者であり，会社の損失について，債権者に対して出資額を限度として責任を負う。

1.7 会社法による会社形態の分類

ここでは，以下，会社法で「会社」と定められている株式会社，合資会社，合名会社，合同会社，有限会社を取り上げることにする。「会社」とは，法律上，具体的には「会社法」の規定に基づいて設立された，営利を目的とする法人を意味している。また，「社員」という言葉は，一般的に企業の組織構成員である「従業員」，「労働者」のことを意味しているが，法律上による「社員」とは，出資者のことを意味している。

(1) 株式会社

株式会社は，株式を発行することにより多数の出資者を募ることができ，多額の資金を調達することに適している。株式会社の社員である株主は，株主総会への参加を通じて経営にも参加することができる。また，事業が順調であれば株価が上昇し，株数に応じた配当金を得ることができる。一方，事業がうまく展開できないときは，当然のことながら株価は下落し，配当金もなくなる。

株式会社では，株主はすべてが有限責任であり，出資額を限度として，債権者に対して責任を負う義務が発生するが，その売買は自由であるため，危険を回避することも可能である。出資額に応じて配分される株式は，証券市場において売買取引が自由である。株主の権利の大きさは株式保有率で決定され，株式保有率が最も高い人を「筆頭株主」と呼び，大きな発言権を得ることになる。

この株主が，各株式会社を「所有」していることになるが，組織を取り巻く環境変化，組織運営などを課題とする現代企業の「支配（経営）」の実際については，優れた知識や能力のある「専門経営者」に委ねることが一般的である。このように，「所有と支配の分離」という考えのもとに成立する法人形態が株式会社である。

株式会社の代表機関として，「株主総会」があり，その総会を通じて代表取締役の選任，会社の基本方針などの事項が決められる。

表 1.1 会社法による会社形態の分類

	株式会社	合資会社	合名会社	合同会社
会社類型	株式会社	持分会社	持分会社	持分会社
最低資本金	規制なし	規制なし	規制なし	規制なし
出資者の責任	有限責任（株主）	無限責任，有限責任（社員）	無限責任（社員）	有限責任（社員）
譲渡制限	◆公開：原則譲渡自由 ◆非公開：譲渡につき会社の承認が必要	◆無限責任社員：他の社員全員の承認が必要 ◆有限責任社員：無限責任社員全員の承諾が必要	他の社員全員の承諾が必要	他の社員全員の承諾が必要
意思決定 最高	株主総会	総社員の同意	総社員の同意	総社員の同意
意思決定 重要な業務 業務執行	取締役会 ◆公開：代表取締役（委員会設置会社では代表執行役） ◆非公開：取締役（取締役会設置は任意）	無限責任社員の過半数（ただし，業務執行役員を定めたときは，その者の過半数）	総社員の過半数（ただし，業務執行役員を定めたときは，その者の過半数）	総社員の過半数（ただし，業務執行役員を定めたときは，その者の過半数）
取締役数と監査	◆公開：取締役3名以上，代表取締役1名以上（委員会設置会社では代表執行役），監査役1名以上（委員会設置会社にはなし。代わりに監査委員会がある） ◆非公開：取締役1名または2名以上（代表取締役設置は任意），監査役は任意	不要	不要	不要
決算公告	必要	不要	不要	不要
株式公開	できる	できない	できない	できない
備考	変更あり：株式会社と有限会社が統合（既存の有限会社は「特例有限会社」として存続，新設不可）	従来通り	従来通り	新設（日本版LLC）

資料出所：岸田雅雄『ゼミナール会社法入門』日本経済新聞社，2006年を引用，一部加筆しまとめている。

> **参照：所有と支配の分離**
>
> 　株式会社は，株式市場を通じて不特定多数の人たちから資金調達を可能にするシステムを有している。出資者である株主には，投資と言う意味での有限責任は生じるが，企業の実権などは経営の専門家である「専門経営者」に委任している。このように，株式会社において，出資者である株主と，会社経営者が別々であること，「所有と支配（経営）の分離」と呼ぶ。
>
> 　近代企業における経営者支配（management control）の出現を指摘したのは，法学者のバーリ（Berle, A. A.）と経済学者ミーンズ（Means, G. C.）であった。1930年，彼らはアメリカの大企業200社の株式所有形態を調査し，1932年に『近代株式会社私有財産』において，この概念を指摘した。

(2) 合資会社

　合資会社とは，無限責任社員と有限責任社員で構成される形態である。無限責任社員は経営を担う出資者であり，無限連帯責任を負うことになる。一方，有限責任社員は経営を委任し，出資額に応じた有限責任を負うことになる。

(3) 合名会社

　合名会社とは，無限責任社員で構成される会社であり，債権者に対して全員が無限連帯責任を負う。一方，社員は等しく経営機能を担当し，所有と支配は分離していない企業形態である。

(4) 合同会社（Limited Liability Company：LLC）

　合同会社とは，2006年5月の会社法施行に伴い，新たに設立できるようになった会社形態である。この形態は，全社員が出資額を限度として，有限責任を負うものである。

> **参考：有限責任事業組合（Limited Liability Partnership：LLP）**
>
> 　合同会社（LLC）に似た形態として，2005年8月1日から新たに導入されたLLPが挙げられる。共通点としては，LLCと同様，出資額の範囲を限度とした「有限責任」であること，損益の分配などが自由に決められること，相違点としては，LLCは法人であるのに対し，LLPは法人格のない組合であることなどが挙げられる。法律に関しては，LLCは会社法，LLPは有限責任事業組合契約法であること，課税については，LLCは法人課税があるのに対し，LLPは構成員課税であるという税制上の違いなどがある。

(5) 有限会社

有限会社とは，旧有限会社法に基づき設立された会社形態の一つである。設立条件として，最低資本金300万円以上，社員50名以内が設立条件で，出資額に応じて責任を負う形態である。2006年5月の新会社法の施行にともない，有限会社法が廃止され，新規設立はできない。しかし，新会社法施行後も，「特例有限会社」として，実質的にはいままでどおりの事業継続ができる。有限会社は，株式会社よりも，最低資本金と社員数が少なくても設立ができたため，中小企業などの設立に適した形態であった。

(6) 会社法

従来，日本には，会社法（平成17年法律第86号）と名打つ法令は存在せず，「商法第2編会社」，「有限会社法」，「株式会社の監査等に関する商法の特例に関する法律（商法特例法）」など，会社に関係する法律の総称として，「会社法」と呼んでいた。

2005年，これらを統合，再編成するために新たな「会社法」が制定された。新会社法の特徴としては，①条文のカタカナからひらがなへの変更，②企業設立の簡易化，③資本金制度の改正（以前は株式会社が1,000万円であったが，現行は規定なし），④取締役の人数の改正（株式会社は以前は最低3人から，現行は1人）などがある。そして，⑤有限会社制度が撤廃されて，新たに合同会社が規定され，⑥合資会社，合名会社，合同会社が，「持分会社」と総称され，3者には原則として，定款自治などが認められるようになった。

定款自治とは，新会社法で初めて導入された理念であり，法律で許された範囲内であれば，会社の内容，組織の運営，利益の配当など，自ら定めた定款に従い，自らの判断と責任で事業運営に反映させることができる。たとえば，株式会社と比較すると，株式会社の配当は出資額に比例するが，合同会社は，出資額に比例するのではなく，独自に利益の配当基準を決めることも可能となる。

1.8 コーポレート・ガバナンスと会社機関

1.8.1 コーポレート・ガバナンス

企業は，不測の事態や一部の不道徳な従業員によって，予期せぬ事態に追い

込まれることもある。たとえば，2001年，米国で，巨額の不正経理，不正取引によって経営破綻したエンロン事件，わが国では，2006年，虚偽の有価証券報告書の提出，証券取引法違反容疑などが発覚したライブドア事件などがある。後者に関連して，村上ファンドはニッポン放送の株式をめぐるインサイダー取引事件で逮捕された経緯もある。

インサイダー取引とは，内部者取引とも呼ばれ，企業の内部情報に接する関係者など，内部者（インサイダー）しか知りえない重要な情報を知り，その情報が公表される前に，その会社の株式等の証券取引を行うことである。

これらの問題を回避し，企業の健全性を確保するため，コンプライアンス，リスクマネジメントだけでなく，企業の内部統制の仕組みや不正行為を防止する機能の充実を課題とした「コーポレート・ガバナンス」が重要視される傾向がある。

コーポレート・ガバナンスとは，「企業統治」と訳され，簡潔には，企業の経営を監視する仕組みのことを意味している。小島（2004, 2009）によれば，一般的にその目的は，①企業競争力の強化，②企業不祥事の防止の解決である。コーポレート・ガバナンスの広義の意味と概念として，①企業経営機構内部における業務執行機関や監督機関などの構成や統制，統治などに関する「企業経営機構」，②企業と利害関係者とをつなぐための制度設計や実施，監督などの内容の「情報開示・透明性の確保」，③株主の権利などを定立するだけでなく，地域市民などへ企業が行うべき対応などについての内容を含む「利害関係者との適切な関係性」に関するシステムの確立である。狭義の概念として，「企業経営機構」に主眼が置かれている。近年では，コーポレート・ガバナンスに，企業倫理や企業の社会的責任を加えた形で，総合的にコーポレート・ガバナンスを構築していく必要があるとしている。

さらに，投資者や債権者などの利害関係者に対する経営や財務などの情報公開（ディスクロージャー：disclosure），投資家や金融機関が求める必要な情報を適時公平に開示していく活動「インベスター・リレーションズ（Investor Relations：IR）」なども重要である。

第 1 章　現代社会と企業経営　　　27

> **用語解説：内部統制（internal control）**
> 　内部統制とは，企業の組織内において違法行為や不正などが行われず，業務が適切に行われ，組織が健全性を確保できるよう，業務の有効性や効率性，財務報告の信頼性，事業活動に関わる法令遵守，資産の保全を目指すための，企業内部を管理する一連のシステムを意味する。

1.8.2　株式会社の会社機関

　株式会社を運営する組織，役職として，株主総会，取締役，取締役会，監査役，監査役会，会計監査人などがあり，大企業や中小企業といった規模，株式の公開企業か非公開企業かなど，会社の状況に応じて，その機関構成は異なってくる。しかし，どのような株式会社においても，株主総会と取締役会は設置が義務づけられている。

(1)　株主と株主総会

①株主

　株主とは，株式の所有者であり，「投資家」，「出資者」などと呼ばれ，法律上は，株式所有者のことを「社員」と呼んでいる。株主は，株式会社の利益の一部を配当として得る権利や，株主総会を通じて企業の管理・運営に参加する権利もある。株主の権利は，株式の所有数に比例する。その会社の株式を最も多く所有している者を「筆頭株主」と呼んでいる。

　近年では，M&A が盛んに行われている。株式を 50% 以上取得することで，経営の実権を握ることもでき，「友好的買収」，「敵対的買収」などが行われている。

　株主は，その所有の株価や株式の配当に不満を感じれば，株式市場で自由に売買することが可能である。企業の投資収益性や効率性を評価する指標として，投下した資本から得られる利益の比率である「ROI（投下資本利益率）」，企業の収益性を測る「ROE（株主資本当期純利益率）」などにより企業力を判断している。また，多くの投資家は，株価が安い時に購入をし，高値になったら売却するといった，株式などの価格変動による利益（譲渡益）である「キャピタルゲイン（capital gain）」を目的に株式を購入しているともいえる。ちなみに，株価が下がり，損をした場合は「キャピタルロス（capital loss）」と呼ばれてい

る。また，売却をせず，株式を保有し続けて得られる配当，預金の受取利子の現金配当などの総称を「インカムゲイン（income gain）」と呼ぶ。
② 株主総会

一般的に，6月下旬頃に開催されることが多い株主総会は，株式会社の「最高意思決定機関」である。株主総会は，毎決算期に1度開催される「定時株主総会」と，必要に応じて開催される「臨時株主総会」がある。その議決案としては，①会社の組織・業態に関する事項（定款変更，資本減少，解散，合併など），②機関の構成員の選任，解任に関する事項（取締役，監査役などの選任・解任など），③事業運営，株主の利益等に関する事項（配当その他）などが議論される。

株主は保有株式数に応じて議決権を持つ。株主は賛否を投票することが可能で，株主総会に参加し「もの言う株主」となることができる。その投票には，株主総会への出席のほか，議決権行使書，インターネットを用いる方法がある。株主総会は，総株主議決権の過半数以上に達する株主の出席で成立し，決議案はその議決権の過半数（特別決議は3分の2以上）が賛成することで決議される。

日本の多くの企業は3月期決算であるため，6月中に株主総会を開催しなければならず，6月の下旬に総会が集中している。また，6月の集中開催は，「総会屋」による被害を抑えるための対策だったといわれ，「シャンシャン総会」などと批判された経緯もある。

総会屋とは，株主の権利を濫用し，不当な利益を得る者を指す。商法改正によって，その人数は減少傾向にある。総会屋には「与党総会屋」と「野党総会屋」の2通りがある。与党総会屋とは，株主総会の進行を円滑に進めるが，その見返りとして金銭などの利益を得る者，野党総会屋とは，株主総会の進行を阻害し，金銭を要求したり，悪評を広めたりする者のことである。

(2) 取締役と取締役会

取締役会は，株主総会で選任された「取締役」で構成される。株主総会の権限に関する事項以外についての決定，業務執行に関する会社の意思決定を行うことから「最高業務執行機関」である。その会議における決議によって，会社を運営する上での重要事項を決定し，公正かつ効率的な業務が遂行できているかなど，代表取締役の業務執行を監督する役割もある。また，この監督が形骸化しないように社外取締役を置くケースが多い。新会社法により，株式公開会

社は取締役会の設置義務があるが，それ以外は任意機関となり，設置しないことも可能となっている。
(3) 監査役と監査役会
　株主総会で選任された「監査役」は，業務執行を監査する第三者機関である。監査役には，取締役が法律や定款などに違反した不正行為などをしていないか，その業務監督権限を有している「業務監査」，株主総会に提出する決算書類などに偽りや誤りがないかをチェックする「会計監査」がある。

1.8.3　会社機関とコーポレート・ガバナンス

　日本の大規模な株式会社は，2002年の商法改正に伴い，以下のように，①監査役設置会社，②委員会設置会社のどちらかを任意で選択することができる。現行の会社法による大会社は，資本金が5億円以上，または資本金額に関わりなく，負債が200億円以上の会社である。
(1) 監査役設置会社
　業務監査権限を有している監査役会を置くことが義務付けられている。具体的には，最高意思決定機関の株主総会，株主総会で選任される取締役で構成される取締役会，取締役会によって選任される業務執行を行う代表取締役，そして，株主総会で選任される，業務監査，会計監査を行う監査役会で構成されている（図1.4参照）。

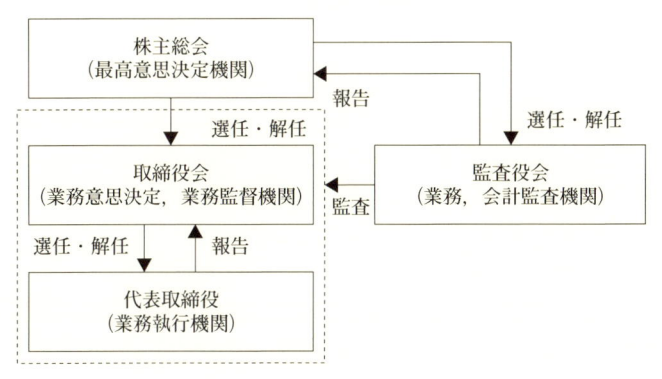

図1.4　監査役設置会社

(2) 委員会設置会社

委員会設置会社は，2003年施行の商法で導入され，現行会社法に引き継がれ定められている。監査役制度に代わり，社外取締役が過半数を超え，指名，監査，報酬という3つの委員会が設置されている株式会社のことを意味している。指名委員会は，取締役の選任と解任を決定する権限を有し，監査委員会は，取締役と執行役の職務執行に関する監査をする。報酬委員会は，取締役と執行役の個人別の報酬を決定する（図1.5参照）。

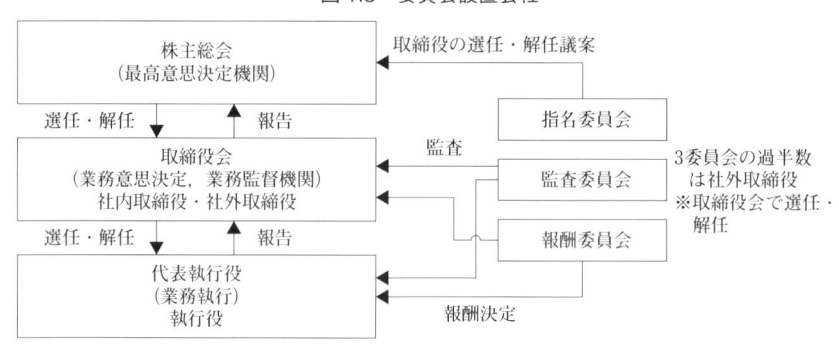

図1.5 委員会設置会社

1.8.4 株式会社の組織階層

株式会社には，以下の組織階層がある（図1.6参照）。

①トップ・マネジメント

経営の最上位層であり，企業全体の経営方針や経営計画を策定する経営者層である。

②ミドル・マネジメント

トップ・マネジメントの下に位置し，中間管理層，中間管理職などといわれている。トップによって定められる経営方針や経営計画の実現のため，部門ごとに業務の実施計画の指揮を担当する。

③ロワー・マネジメント

ミドル・マネジメントの下に設置される現場管理に関する階層で，その指示に従い，末端の一般従業員への指揮，現場管理を担当する。

図1.6 株式会社の組織階層

- 取締役会（最高意思決定機関）
- 社長・常務会（全般的管理）
    } ① トップ・マネジメント（経営者層）
- 部長・課長 } ② ミドル・マネジメント（中間管理層，部門管理層）
- 係長・職長 } ③ ロワー・マネジメント（現場管理層）

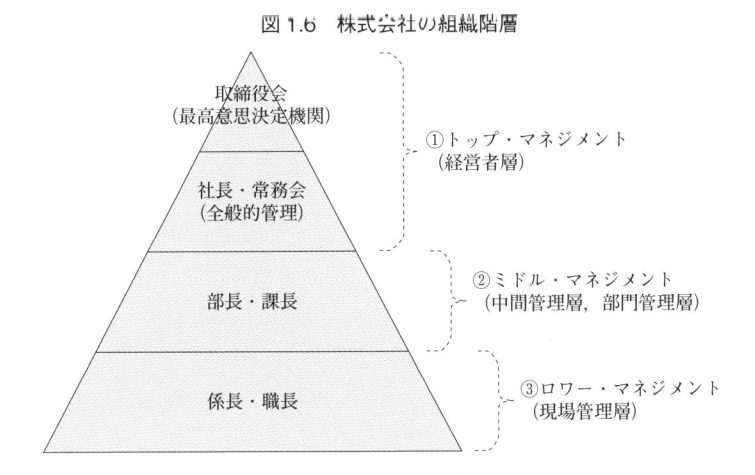

参照：米国のトップ・マネジメント

米国では，業務の監督を担う取締役と，業務執行を行う役員に区分されている。下記のように，業務別にその責任の範囲が明確化されている。

① CEO（Chief Executive Officer：最高経営責任者）
　業務執行の最高責任者であり，取締役会から委託され，その意思決定にもとづき，業務執行を総括する担当者のこと。

② COO（Chief Operating Officer: 最高執行責任者）
　CEOの決定により，日常の業務執行を行う担当者のこと。

　その他，業務別の例として，CFO（Chief Financial Officer：最高財務責任者），CIO（Chief Information Officer：最高情報責任者），CTO（Chief Technology Officer：最高技術責任者），CKO（Chief Knowledge Officer：最高知識責任者），CAO（Chief Accounting Officer：最高会計責任者）などがある。

1.9	環境経営

　経済成長期のような大量生産，大量消費，大量廃棄の時代は去り，これからの新たな時代には，地球温暖化対策，廃棄物減量など，地球環境との調和を目指し，環境に配慮した商品やサービスを提供することが求められ，持続可能な発展を遂げるために「環境経営」を実践することが課題である。

企業の環境経営の実践事例としては，有害物質の使用・排出の削減，エネルギー使用量の低減，産業廃棄物の削減，循環型社会に向けたリデュース（発生抑性：Reduce），リユース（再使用：Reuse），リサイクル（再利用：Recycle）の3Rの推進などが挙げられる。

このような環境経営が注目されるようになった世界的な経緯として，1992年，ブラジルのリオデジャネイロで開催された地球サミットが挙げられる。

また，1997年に京都で開催されたCOP3において採択された「京都議定書」では地球環境維持に関する具体的な方策が示され，2005年2月に発効され，二酸化炭素，温室効果ガスの削減の義務づけ，環境汚染物質の排出量を低減，抑性するための排出権取引などが取り上げられた。これを契機として，積極的な地球温暖化防止策など環境経営に取り組み始めた企業も多い。

これまでの公害対策基本法や自然環境保全法の限界から，新たな枠組を盛り込んだ環境に関する法制度が整備され，環境保全についての基本理念と施策の基本事項を定める法律，「環境基本法」が1993年に公布，施行されている。環境基本法の内容としては，①環境の恵沢の享受と継承，②環境への負荷の少ない持続可能な社会の構築，③国際的協調による地球環境保全の積極的推進などが掲げられ，国，地方公共団体，事業者，国民の責務を明確化し，環境保全に関する施策，環境基本計画，環境基準，公害防止計画，経済的措置などを規定している。また，毎年，6月5日を環境の日とすることも定められている。

環境基本法を補うための法律として，循環型社会の構築に向け，廃棄物処理やリサイクルを推進するための基本方針を定めた「循環型社会形成促進基本法」が2002年に成立した。この法律において，3Rである「リデュース，リユース，リサイクル」，熱回収，適正処分という処理の優先順位を明確にし，廃棄物等のなかでも有用なものを循環資源とするように規定された。また，従来の関連法が改正されて「廃棄物処理法」（2001年4月改正），「資源有効利用促進法」（2001年4月改正）が施行され，その他，個別のリサイクル関連法として，「容器包装リサイクル法」（2000年4月施行），「家電リサイクル法」（2001年4月施行），「食品リサイクル法」（2001年5月施行），「建設リサイクル法」（2002年5月施行），「自動車リサイクル法」（2005年1月施行）などが施行され，生産者と消費者による責任も規定された。

このように，環境経営の重要性はますます増大してきてはいるものの，環境に配慮した商品のR&D（Research and Development：研究開発）には長い年月を要する。シャープによる太陽電池の開発が好例である。その研究開発を手掛けたのは，1959年からであり，グリーンエネルギーに対する先見の明があったと同時に，半世紀にわたる研究開発が近年になって急速に普及を遂げ拡大傾向にある。さらに，「1959年から1983年にかけての太陽電池の商業化および産業化」が電気・電子・情報・通信分野における世界的な学会「IEEE」によって評価され，「IEEEマイルストーン」に認定されている。

この例からもわかるように，環境経営は，企業にとってひとつの流行として表面的に唱えればよいお題目ではなく，すぐに結果が出て消費者に受け入れられるかどうかもわからないままに，堅実に，長い年月をかけて取り組まねばならない事業なのである。

その他，環境推進のためのシステムとしてISO14001，ゼロエミッションなどが挙げられる。

(1) ISO14001

ISO（International Organization for Standardization：国際標準化機構）は，各国の国際標準の規格を策定している機関であり，1947年に設立され，スイスのジュネーブに本部がある。

具体的施策には，顧客に良い品やサービスを提供していくために，継続的な改善システムの構築を目的とした「ISO9001（品質マネジメントシステム）」，商品・サービス等の環境負荷を軽減していくためのシステム構築を目的とした「ISO14001（環境マネジメントシステム）」，消費者に安全な食品を届ける食品安全を目的とした「ISO22000（食品安全マネジメントシステム）」，個人や企業などの情報漏洩を防止するためのシステム構築を目的とした「ISO27001（情報セキュリティマネジメントシステム）」などがある。

ISOは，世界中で同じものが使用できるようにすることなどを目的とし，具体例として，ネジの規格や，現在では用紙サイズの統一などがある。後者に関し，わが国ではB4，B5サイズからA4，A3が主流になっていることも身近な例として挙げられる。

ISOシリーズの中で，環境に関連したものの代表がISO14001である。

ISO14001は，組織において環境負荷がどの程度あるのか現状を把握し，環境負荷を低減し，改善していくための環境方針に則り，「計画（Plan）」を策定。その計画に基づき，「実施（Do）」をし，その状況を「評価（Check）」し，さらにその結果を「改善（Act）」し，それをフィードバックさせ，新たに計画，実施方法を見直し，継続的に改善させていく「PDCAサイクル」を導入したシステムのことである。ISO14001の認証認定により，ゴミの廃棄削減，省エネルギー，リサイクルの推進，資源・エネルギーの削減による経費削減だけでなく，施設の手順などを見直すことによる作業効率の向上など，さまざまな効果が期待されている。

(2) ゼロエミッション

　資源循環型社会の構築に向けた概念の一つとして「ゼロエミッション」が挙げられる。国連大学によると，その概念は，1995から1998年に毎年開催されたゼロエミッション国際会議などによって，産業界，政府，市民団体へと浸透していったとしている。国連大学は，ゼロエミッションを「加工過程における廃棄物および副産物の，他過程での再利用もしくは変換」と定義した。このように，その概念は，産業界から排出されるすべての廃棄物を，他の産業の資源として活用していく考え方のことであり，一般的に，産廃物を排出しないことを目指す考え方として用いられ，リサイクルによる資源の有効利用だけでなく，廃棄物処理にともなう温室効果ガスの削減など，循環型社会の構築を目指す活動である。

> **参照：環境経営の事例**
> (1) ホンダ
> 　ホンダは，1946年，本田宗一郎氏による静岡県浜松市の本田技術研究所の設立を沿革とする。当時は，従業員34名からのスタートであった。その後，1957年に東京証券取引所に株式を上場，「スーパーカブ」などで知られる二輪車の生産・販売を中心に展開していた。また，1961年にはマン島TTレースで125cc，250ccクラスで5位までを独占したこともある。その後，1963年に四輪事業を開始した。
> 　1966年には，大気汚染に対して低公害エンジンを専門とする研究室を設置した。1970年12月にアメリカで排気ガス規制法（マスキー法）が成立し，当時の業界

の技術では，その条件をクリアーすることは現実的ではないといわれていた。しかし，ホンダは，1972 年にはマスキー法を世界で初めてクリアーした低公害エンジンの CVCC エンジンを発表している。ホンダは時代の変化，消費者のニーズの変化とともに，柔軟に，そして迅速に対応をし，成長・発展を遂げてきている。とくに，環境技術に関しても，世界を牽引してきたということができる。

(2) FUKU-FUKU プロジェクト

　無印良品などは，日本環境設計株式会社の 100％繊維リサイクル「FUKU-FUKU プロジェクト」への参加経緯がある（2010 年 6 月）。このプロジェクトは，綿繊維をバイオエタノールとして再生する新たな技術を中心に，衣料品の 100％リサイクルを目指し発足された企業連携プロジェクトである。

参考文献：ホンダ，http://www.honda.co.jp/，FUKU-FUKU PROJECT，http://fukufuku-project.jp/index.html

(3) 環境経営と市場規模

　環境省が 2003 年 5 月に「わが国の環境ビジネスの市場規模および雇用規模の現状と将来予測についての推計について」を発表した。その資料によると，環境ビジネスの市場規模は，2000 年が 29 兆 9 千億円，2010 年が 47 兆 2 千億円，2020 年が 58 兆 4 千億円になると推計，雇用規模に関しては，2000 年 76 万 9 千人，2010 年 111 万 9 千人，2020 年 123 万 6 千人になると推計している。

　このような現状は，「グリーンコンシューマー」をターゲットとした経営戦略，投資などにも影響を及ぼしている。

①グリーンコンシューマー

　グリーンコンシューマー（Green Consumer：GC）とは，環境に配慮した行動を行う消費者，環境を考えて買い物をする消費者のことを意味している。この「グリーンコンシューマー活動」は，1988 年 9 月，イギリスのジョン・エルキントン（Elkington, J.）とジュリア・ヘインズ（Hailes, J.）が共著で出版した『グリーンコンシューマー・ガイド（The Greenconsumer Guide）』を機に広まったと考えられる。当時のヨーロッパは，チェルノブイリの原発事故，北海でのアザラシ大量死，酸性雨の問題など，さまざまな環境問題が相次ぎ，環境への関心が高まりを見せていた。そこで，商品がどのように生産されて，使用時，廃棄後にどのような環境への影響があるか，どのスーパーチェーンが環境対策に熱心かなどを調査し，公表した内容となっている。

グリーンコンシューマー全国ネットワーク（1999）では，その10原則として，①必要なものを必要な量だけ買う，②使い捨て商品ではなく，長く使えるものを選ぶ，③包装はないものを最優先し，次に最小限のもの，容器は再使用できるものを選ぶ，④作るとき，使うとき，捨てるとき，資源とエネルギー消費の少ないものを選ぶ，⑤化学物質による環境汚染と健康への影響の少ないものを選ぶ，⑥自然と生物多様性を損なわないものを選ぶ，⑦近くで生産・製造されたものを選ぶ，⑧作る人に公正な分配が保証されるものを選ぶ，⑨リサイクルされたもの，リサイクルシステムのあるものを選ぶ，⑩環境問題に熱心に取り組み，環境情報を公開しているメーカーや店を選ぶ，を挙げている。
　グリーンコンシューマーは商品を選択する基準として，価格，機能，安全性などだけではなく，環境に配慮した商品，たとえばエコマークがついた商品や，省エネルギー製品など，製品が高価であっても，より環境に配慮された商品を購入するといった消費者のことを指す。日本では，1991年の京都のごみ問題市民会議による『かいものガイド・この店が環境にいい』，1994年の『地球にやさしい買い物ガイド』などがある。近年では，マイバック，エコバック，マイ箸など消費者の環境に対する関心が高まり，その活動が広がりつつある。
②環境と投資
　社会的責任投資などの考え方を背景として，エコファンドというものが生まれた。エコファンドとは，環境問題の対策に積極的に取り組む企業の株式などに投資することである。従来の投資基準だけでなく，環境技術，環境問題への取り組みも考慮し，投資対象を選別する投資信託のことである。また，環境対策などに熱心に取り組む企業の銘柄を選択する，環境意識の高い投資家のことを「グリーンインベスター」と呼ぶ。わが国では，1999年8月に日興証券による「日興エコファンド」が初めて登場した。環境対策に積極的に取り組むことは，企業にとって強力なブランド力の構築につながっていく。

参照：環境対策注力イメージ企業のランキング（MM総研2011年2月発表）
　この調査は一般消費者会員のモニターを使い，環境対策に対する消費者意識を調査し，環境対策に力を入れていると思われる企業のランク付けを行うものである。全業種中，1位トヨタ自動車（36.3%），2位パナソニック（12.4%），3位サントリー（9.6%），4位東京電力（8.6%），5位本田技研工業（7.3%），6位日産自

動車（6.9%），7位シャープ（6.7%），8位イオン（6.4%），9位東芝（4.8%），10位日立製作所（4.1%）という調査結果であった。
　1位のトヨタは，「ハイブリッドカーを販売」していること，また，前回の11位から支持を上げた日産自動車も，「電気自動車の開発，販売」と回答して，2010年のLEAFなどが環境イメージの向上につながったと考えられるなど，自動車業界は，電気自動車やハイブリッドカーによるエコカーの効果が高い。また，パナソニックは，「省エネ製品を多く販売している」，「エコナビ」，「CMのイメージ」など，サントリーは，「森林，水水源の保全」，「CMイメージ」，東京電力は，「CMのイメージ」，「オール電化」などの意見が挙げられた。(2011年3月の震災前に関する記述。以降は，電力消費に対する国民の価値観が少なからず変容を遂げていくことも予想される。)

資料出所：MM総研，http://www.m2ri.jp/index.php

1.10　企業の国際化

　近年，日本国内にとどまらず，世界を相手に事業活動を展開している企業も少なくない。そのような企業は「グローバル企業」などと呼ばれることがある。グローバル（global）とは，「地球規模」，「地球全体」などの意味があり，グローバル企業は，地球全体を一つの市場とし，世界の経営資源を活用し，経営の効率化を目指して事業活動を行い，グローバルレベルでの経営の最適化を図り，グローバルな人材を擁する企業のことである。
　類似した用語で，「多国籍企業（multinational company）」と称される企業もある。一般的に，多国籍企業とは，海外の子会社や現地法人といったように，多数の国々において生産，販売拠点をもち，経営の最適化をしている企業のことを意味する。多国籍企業の多くでは，①国内志向，②現地志向，③地域志向，④世界志向と発展していく傾向がある。
　企業が国際化を遂げることのメリットとしては，海外での安価な経営資源の獲得，海外のマーケットシェアの獲得，タックス・ヘイブン（tax haven）地域などがある。タックス・ヘイブンとは，租税回避地という税制上の優遇措置をとる国・地域のことである。そして，潜在的なマーケットがあり，国内の成熟したマーケットよりも，海外マーケットの方がより大きな利益を獲得する可能

性がある。一方，政治的なリスク，通貨のリスク，文化や慣習の相違などさまざまな障壁が生じることもある。

(1) 異文化マネジメント

海外の子会社などでは，本国と言葉，習慣，文化，価値観などが異なり，お互いにその違いを理解し，共生していくことが求められる。たとえば，イスラム教圏に拠点を置いた場合は，現地従業員の礼拝時間や礼拝施設などを敷地内に設けることが求められる。食事に関しても，豚肉を食べないことで知られ，その従業員には，食堂などのメニューも，豚肉を一切使用しないなどの工夫が求められる。2001年には，インドネシアで「味の素事件」が発生した。インドネシア現地法人が化学調味料で，イスラム教徒が口にできない豚の酵素を使ったとして，消費者保護法違反に問われ，現地法人の日本社長，副社長らの逮捕という事態に至った。

(2) グローバル・スタンダード

特定の国や企業だけに限定された基準ではなく，世界的に共通するルールや基準のことを「グローバル・スタンダード」，世界基準などと呼ぶ。日本でも米国流のビジネス手法や国際会計基準，企業の経済的価値を測定する指標の「EVA（Economic Value Added：経済的付加価値）」，時価会計制度，ISO，コーポレート・ガバナンス，事実上の標準を意味する「デファクト・スタンダード」などが注目されるようになった。

一方，グローバル・スタンダードに対置されるのが日本型の標準であり，日本企業が国内と海外とでその基準を使い分けることを「ダブル・スタンダード」と呼ぶ。

参照：マンダム

男性化粧品の「ギャツビー」などで知られるマンダムは，日本の少子化に伴うマーケットシェアの縮小が懸念されることから，中国，インドネシアなどの8カ国に生産拠点と販売拠点を展開している。海外生産拠点は，人件費削減といったコストダウンだけが目的ではなく，顧客に満足してもらえる商品提供を目標としている。たとえば，所得水準が低い東南アジアでは，整髪料は高価格で購入することができない人もいる。そこで，サンプル品のように小分けをした「サチェット」を販売させて，商品の浸透を図っている。また，アジア7つの国・地域の学

生が競う「ギャツビースタイリングダンスコンテスト」なども開催し，ダンスだけでなく，ヘアスタイルやファッションなども評価対象にするなど，若者の認知度を高めるための取り組みもある。
参考文献：マンダム，http://www.mandom.co.jp/

❏❏❏ 参考文献

キヤノン，http://canon.jp/
Drucker, P. F., *Manegement : Tasks, Responsibilities*, Practices, Tuttle-Mori Agency, 1973, 1974（上田惇生訳『マネジメント—基本と原則』ダイヤモンド社，2010 年）．
FUKU-FUKU PROJECT，http://fukufuku-project.jp/index.html
グリーンコンシューマー全国ネットワーク『グリーンコンシューマーになる買い物ガイド』1999 年。
ホンダ，http://www.honda.co.jp/
伊丹敬之・加護野忠男『ゼミナール経営学入門』日本経済新聞出版社，2010 年。
加護野忠男『鋭い刃物が切り残すもの』『経済セミナー』505 号，1997 年，14-17 頁。
環境省，http://www.env.go.jp/
経営能力開発センター編『経営学の基本』中央経済社，2009 年。
経営能力開発センター編『マネジメント』中央経済社，2009 年。
岸田雅雄『ゼミナール会社法入門』日本経済新聞社，2006 年。
小島大徳『世界のコーポレート・ガバナンス原則』文眞堂，2004 年。
小島大徳『企業経営原理』財務経理協会，2009 年。
国連大学，http://unu.edu/hq/japanese/
金剛組，http://www.kongogumi.co.jp/takumi.html
Kotler, P. and G. Armstrong, *Principles of Marketing*, 4th ed., Prentice-Hall, 1989（和田充夫・青井倫一訳『新版マーケティング原理』ダイヤモンド社，1995 年）．
ローソン，http://www.lawson.co.jp/index.html
マンダム，http://www.mandom.co.jp/
MM 総研，http://www.m2ri.jp/index.php
日本マーケティング協会，http://www.jma2-jp.org/
OBT 人材マネジメント（2010 年 9 月 8 日），http://www.obt-a.net/web_jinzai_magazine/person/2010/09/1400.html
パナソニック，http://panasonic.co.jp/index3.html
セブン‐イレブン，http://www.sej.co.jp/
シャープ，http://www.sharp.co.jp/index.html
総務省，http://www.soumu.go.jp/johotsusintokei/statistics/statistics05a.html
サントリー，http://www.suntory.co.jp/
帝国データーバンク資料館・産業調査部編『百年続く企業の条件』朝日新書，2009 年。

学習を深めるために

書籍

伊丹敬之・加護野忠男『ゼミナール経営学入門』日本経済社，2003年。

上林憲雄・奥林康司・團泰雄・開本浩矢・森田雅也・竹林明『経験から学ぶ経営学入門』有斐閣ブックス，2007年。

経営学辞典

片岡信之・斉藤毅憲・佐々木恒男・高橋由明・渡辺峻編『ベーシック経営学辞典』中央経済社，2004年。

二神恭一『ビジネス・経営学辞典』中央経済社，2006年。

日本経営教育学会編『経営教育辞典』学文社，2006年。

経営学検定の受験対策

経営学検定試験公式テキスト各種（経営能力開発センター編，中央経済社出版）：『経営学の基本』，『マネジメント』，『マーケティング』，『経営財務』，『人的資源管理』

雑誌（週刊誌）

『日経ビジネス』日経BP社，『週刊東洋経済』東洋経済新報社，『週刊ダイヤモンド』ダイヤモンド社，『エコノミスト』毎日新聞社

新聞

日本経済新聞

コーヒーブレイク　企業名の由来

　企業の命名の由来はさまざまであるが，ここではその一部を紹介しよう。「ブリヂストン」は，「Bridge」「stone」からも連想できるように，創業者の石橋正二郎氏の姓を英訳したといわれている。セブン‐イレブンは，AM7：00〜PM11：00の営業時間であったことで知られる。

　シャープは創業者の早川徳次氏の発明品である「シャープペンシル」に由来している。キヤノンは，世界に通用するブランド名が必要となり，Canonは「聖典」，「規範」，「標準」という意味で，精密機器の商標としてふさわしいということ，また，カメラの最初の試作機が「KWANON（カンノン）」であり，これと発音が似ていて，名称の交代に違和感がないことで名づけられた。

参考資料：キヤノン，http://canon.jp/

第Ⅰ部　経営組織論

第2章 経営学説の源流

| 2.1 | 成行管理 |

19世紀後半までの米国における経営は，目分量管理（rule of thumb method）による仕事の割りつけであり，科学的な根拠に基づくものではなく，現場での経験と勘を優先していた。このように，決まったルールや一定の理念に従った管理ではなく，成り行き任せの管理という意味で，「成行管理（drifting management）」と呼ばれている。当時は，監督者（経営者）が親方という熟練工を雇い，労働者のマネジメントはすべて親方に一任されるシステム「内部請負制」が導入されていた。

また，作業現場では，作業者の能率を向上させるためのインセンティブとして，作業量に応じて比例的に給与を増加させる単純出来高払い（piece rate plan）が採用されていた。しかし，この制度も賃率（wage rate）の基準の不在ゆえ，もろもろの問題を引き起こすことになる。

作業者が高賃金を得るために工夫を凝らし，生産量を高めていくと，全体の労働コストは必然的に増大していく。ところが，労使双方が納得する賃率の基準がなかったため，作業者全体の賃金水準が上がると，監督者は人件費を抑えるために賃率を切り下げていった。そのため，作業者は，どれだけ働いても賃率は切り下げられ，努力をしても賃金が上がらないことから，「働けば働くほど損をする」と不満感を募らせていく。また，周囲が一所懸命に働き，生産性を向上させているときに，自分だけが生産量が低く，出来が悪いと賃金が下がってしまう。そこで，組織内に「仕事をしすぎてはならない」という感情，「働きものは迷惑」という感情が生まれ，やがて，「働きもの」に対して集団圧

力をかけることとなった。そして，賃金の支払い制度に不満を抱えた作業者は，集団で生産ラインのスピードを落としたり，サボタージュ[1]を行い，組織的怠業（systematic soldiering）の蔓延となっていく。組織的怠業は，人間が生まれつきの本能として楽をしたがる自然的怠業とは異なり，他者や集団との関係で意図的に怠けることを意味している。

2.2　テイラーと科学的管理法

2.2.1　フレデリック・テイラー

　工場内では組織的怠業が横行し，その低能率を回避することを目的として，科学的根拠をもって客観的に管理する方法を考案したのが，科学的管理法の発案者，フレデリック・テイラー（Taylor, F. W., 1856-1917）である。テイラーは「アメリカ経営学の父」，「科学的管理法の父」などと呼ばれている。

　テイラーは，アメリカのフィラデルフィアの裕福な弁護士の家庭に生まれた。父と同じく弁護士を目指すため受験勉強をし，ハーバード大学法学部を受験，優秀な成績で合格したが，視力を悪くし，入学を断念することとなった。その後，1874年にフィラデルフィアにあるエンタプライズ・ポンプ工場に無給の見習い工として入社した。1878年，ミッドベール・スチール社に，一般労働者として就職をする。最初は，機械工であったが，1890年までの12年間で，旋盤作業の組長，職長，主任技術者に昇進している。また，1883年には，スティーヴンス工科大学から工学修士の学位も取得し，アメリカ機械技師協会（ASME）の会員になっている。

　テイラーの主著は，『工場管理論』（1903），『科学的管理の原理』（1911）などが挙げられる。

2.2.2　テイラーの科学的管理法

　テイラーは，組織的怠業の原因は，「仕事をしすぎると賃率を削られるので

---

1) サボタージュ（sabotage）とは，機械を破損すること，労働者が団結し作業能率を低下させるなど，労働争議の戦術の一つである。わが国では，後者の意味を用いて怠業と訳されることが多い。サボタージュは，フランスの労働者が木靴（sabot）を使い，機械を破損したことが語源である。

はないか」等と労働者が感じていたからだとの結論を出した。これを解決するために，経験と勘よる管理，つまり成行管理を科学的に改善しようと試みた。そして，より高い賃金を求める労働者や組合の経済的欲求に応えて，経営の合理化と生産性の向上をはかることを目指したのである。こうした彼の管理手法や管理思想のことをテイラーリズム（Taylorism）といい，その主たる内容は，下記のとおりである。

(1) 課業管理と作業研究

仕事の内容と質を客観的に算定して規定し，労使双方が互いに理解することを目指した。まず，組織的怠業の問題を回避するために考え出されたのが課業管理（task management）である。課業管理は，標準作業と管理方法を決定し，一日の標準作業量を決め，それに基づいて賃金を支払うように定めたものである。さらに，一日に完了すべき仕事量である課業（task）を設定した。課業は，工場内の労働者の地位にかかわらず，毎日明確に規定された。この課業を規定するためにテイラーは，作業研究（work study）を実施した。作業研究とは，課業の設定のために，作業内容と量を「時間研究（time study）」と「動作研究（motion study）」により分析する研究のことである。

(2) 時間研究と動作研究

熟練工の作業を観察し，無駄のない合理的な作業過程を検出し，未熟練工に伝授することが目的であった。

①時間研究：一連の作業を，一つ一つの動作（構成要素）に分解し，それぞれに要する時間をストップ・ウォッチを用いて計測し，作業全体の標準時間を算出，決定する研究。

②動作研究：作業がどのような動作からなるかを分析し，無駄な動作を省き，効率的な作業方法を見出す研究。

テイラーは，時間研究と動作研究の結果から，作業に対して必要な時間を検証し，課業を科学的に設定した。そして，各作業者には，一日がかりの仕事で，課業を完了させるための標準条件と用具を与えた。

(3) 差別的出来高給制

テイラーは，課業に定められた作業を達成した人には高い賃率，達成しない人には低い賃率を適用した。このような賃金制度を「差別的出来高給制」と呼

ぶ。この制度により，成行管理の問題点を排し，高い賃金と低い労務費を同時に実現することができた。しかし，課業は一流の作業者でなければ達成できない困難なものであった。

(4) 組織改革

テイラーは組織の構造も見直している。課業管理を導入する以前は，内部請負制に基づいていたが，導入後は，より厳密な管理が要求されるようになってくる。そこで，テイラーは，計画部を設置し，時間研究や課業の設定，各工程の管理などの仕事をこの部に集中させた。そして，課業，作業方法，時間などを現場の作業者に伝える仕組みとして指図表制度がとられた。労働者はこの指図表に従い，決められた課業を達成することが求められた。このように，「計画機能と執行機能の分離」がテイラーシステムの特徴の一つである。

また，テイラーは，一人の職長が多数の労働者に指示・命令を出す万能職長制度に代え，職長の仕事を専門化させた職能別職長制度を導入した。これによって，職長の負担が軽減するだけでなく，各労働者が果たすべき役割を遂行させやすくなった。これらの制度は，職能別組織の原型にもなっている。

(5) テイラーの業績と限界

テイラーは，「過去200年間にアメリカの企業経営と経営理論に最も貢献した人物」をコンセプトにしたAcademy of Managementの調査で1位に選出されている。テイラーは，経営者の経験と勘という世界に，初めて論理と近代的管理の発想をもたらし，工場管理論の原点となり，その業績は多大である。そして，以降，テイラーの科学的管理法はフォードやギルブレスなどに受け継がれ，生産工学，自動車産業の生産システムなどに大きな影響を与えた。テイラーは，『科学的管理法』において，マネジメントの目的は，「雇用主に限りない繁栄をもたらし，併せて，働き手に最大限の豊かさを届けることであるべきだ」と主張していた。これは，労使双方が仕事と人間に対して根本的に考えを変革する「精神革命」でもあると強調している。しかし，テイラーの労使協調の思想は，十分に理解されることはなかった。

そして，テイラーは労働組合の必要性を認めなかったことから，組合指導者を中心とした激しい攻撃を受けている。また，生産工程を分割することで，熟練の技術を必要としないことから，作業は機械の一部のような単純労働であっ

た。このことから，作業能率が増加しても人間観が阻害され「人の働きがいが損なわれる」などの批判を受けた。人間を機械のようにみなすことから，機械的人間観に立脚しているともいわれた。労働者は経営者の営利政策に利用され，課業を達成するために過酷な作業条件を強いられた。テイラーの科学的管理法は，労働者は経済的な動機によって働くという「経済人モデル」に基づいており，その意味でも近代合理主義的な理論といえる。

> **参照：ギルブレス（Gilbreth, F. B., 1868-1924）**
> 　テイラーの科学的管理法は，ギルブレスをはじめ，多くの人々によって受け継がれている。ギルブレスは，レンガ職人としてキャリアをスタートさせ，技術コンサルティング会社，ギルブレス社を設立した。彼は，熱烈な科学的管理法の支持者であり，この管理法において重要な動作研究の基礎をつくり，その実用的応用法を発見した。彼は，テイラーの後継者の一人であり，動作研究の理解をめぐってテイラーと意見が対立することもあったが，テイラーの手法を支持し，テイラーとともに管理科学促進協会（テイラーの死後，テイラー協会に改称）の設立に貢献した。彼は，レンガ積みの作業を中心とした動作研究から，作業における唯一最良の方法（one best way to do work）を追求し，さらに作業動作を17要素に分解し，作業標準化の方法の確立に貢献した。その原則は，ギルブレスの綴りを逆にし，サーブリッグ（therblig）記号と名づけられた。彼の妻であるリリアンも研究に重要な貢献をしている。

2.3　ヘンリー・フォードとフォーディズム

2.3.1　ヘンリー・フォード

　ヘンリー・フォード（Ford, H., 1863-1947）は，独自の経営理念に基づきフォード社を経営し，フォード・システム（ford system）と呼ばれる大量生産方式を構築している。彼は，テイラーの科学的管理法を実践した人物の一人でもある。

　フォードは，1863年にアメリカのミシガン州ディアボーンで農家の子どもとして生まれた。農場を経営していた父は，彼に農業を継いでほしいと願ったが，彼は農業にはあまり関心を持たなかった。機械いじりが好きで，16歳の

ときにデトロイトの機械工場の徒弟となった。その後1891年に，デトロイトにあるエジソン電機会社の技師になる。

　ここで主任エンジニアまで昇進したフォードは，やがて，電機よりも内燃エンジンに注目し，自宅裏の作業場でその研究に没頭する。そして，試作を繰り返した末，32歳のとき，自転車のタイヤでつくった最初の自動車「クオドリサイクル」を完成させた。その後，1899年にエジソン社を退職，デトロイト自動車会社の主任技師として，自動車業界に参入した。

　1903年，フォードが40歳のときに，出資者を募り，フォード自動車会社を設立した。フォードは，会社の経営戦略について，「顧客からはじめ，設計を建て，最後に製造に到達する」と，管理過程の枠組みを提唱した。そして，フォードが市場として選んだ顧客は，一般大衆であった。この当時，自動車は高額所得者だけのものであったが，フォードは，「誰にでも乗ってもらえる」一般大衆向けに，価格が安く，運転しやすく，悪路にも強く壊れにくい，黒一色でワイパーやバックミラーさえないシンプルなモデルを特徴にしたのである。その理由は，潜在的な顧客の95％は，好みについて特別な注文を持たない一般大衆であると考えたことにある。

　1909年，普遍的な車，価格が安い「T型フォード」に生産を絞り，1913年には，ハイランド・パーク工場において，流れ作業を導入する。それまでの静止式組立方式に代え，流れ作業の組立ラインを活用し，移動組立方式を導入することで生産性は向上し，大量生産を実現したのである。大量生産を開始することで，コストを下げ，効率を上げることを可能にした。画期的な生産方式の導入により，車1台の生産時間を12時間半から，数年後には1時間半にまで短縮させた。さらに，価格帯も850ドルから290ドルまで引き下げている。

2.3.2　フォーディズムとフォード・システム

　巨大な生産組織をかかえたフォードは，その社会的責任に思いをめぐらし，「フォーディズム（Fordism）」と呼ばれる経営理念を提唱した。彼は，企業は公共のサービス機関であるとし，大衆に奉仕することで社会貢献をするべきであると考えた。したがって，利益は優れたサービスに対する報酬であり，結果であって目的ではないと主張している。また，フォード・システムという大量

生産方式によって，製品の価格を引き下げることが可能となり，従業員の賃金を高くすることができた。

1914年には，フォードは，従業員の賃金を，従来の2倍程度に値する5ドルに引き上げている。フォーディズムとフォード・システムを通じて，低賃金に不満を感じていた労働者に対して高い賃金が支給できることになり，労働者の就業意欲を向上させることに成功した。さらに，高所得者にしか購入できなかった自動車を，一般大衆の手にも届く低価格製品として提供することができるようになったのである。

このように，フォード社の自動車が普及することによって，交通手段は，鉄道から自動車へと変化を遂げ，それは米国民のライフスタイルをも変えていくこととなる。しかし，1920年代半ば，フォード社は，T型フォードに対抗して毎年のモデルチェンジ政策をとることで急成長を遂げたゼネラル・モーターズ（GM）社に追い抜かれることになる。米国自動車産業の革命児であったT型フォードは，1927年5月26日の出荷をもって，その役割を終えた。

フォードは，徹底した効率主義者であり，T型フォードの塗装を黒にした理由も「黒の塗料が乾くのが最も早い」ということであった。このように効率を上げ，コストを下げることで，大衆向けの自動車を生み出したのであるが，大衆の市場が成熟していくと，消費者は，他人と同じものではなく，他人と違うものを求めるようになっていく。その市場のニーズの変化に目を向けることができなかったことがフォードの問題点であった。

2.4 ファヨールと管理過程論

2.4.1 ファヨールの管理職能と管理原則

テイラーが生産現場の作業管理を中心的に分析したのに対し，ファヨール（Fayol, J. H., 1841-1925）は，企業組織全体を管理する理論を構築している。ファヨールは，フランスの建築会社に勤める父の赴任先であるトルコのコンスタンチノープルで生まれた。その後，フランスへ戻り，1860年に19歳でサン・テチェンヌ鉱山学校を卒業と同時にコマントリ・フルシャンボー社に鉱山技師として入社，1888年から1918年にわたり社長を務め，経営者としての役割を

果たすこととなる。社長を務めていたときには，同社は倒産寸前に陥ることもあったが，ファヨールの管理方式によって復興へと導いた。この経験から，後に『産業ならびに一般の管理』(1916) を出版，経営学の基本的，理論的枠組みを提供し，後に「近代管理論の真の父」，「管理原則の父」と呼ばれるに至った。

(1) 管理職能

ファヨールは，企業が本質的に必ず行わなければならない活動として，次の6つを挙げている。

①技術活動：生産，製造，加工
②商業活動：購買，販売，交換
③財務活動：資本の調達と運用
④保全活動：財産，人員の保護
⑤会計活動：在庫調査，貸借対照表，原価，統計
⑥管理活動：計画，組織化，命令，調整，統制

これらの活動を企業の目的達成に向けることが経営機能であると考えた。そして，ファヨールは管理を強調している。企業規模の拡大により従業員が増加し，それらの管理が重要になると考えたからである。

(2) 管理原則

ファヨールは管理を行う際の原則を規定し，次の14原理を提唱している。これらの管理原則を普遍的・絶対的なものとして考えず，弾力的に適用すべきと考えたこともファヨールの管理理論の特徴をなしている。

①分業：分業によって，注意と努力の対象が絞られることで，個人が技能を高めることができる。
②権限（と責任）：指令を出す権利であり，その権限の行使には必ず責任が発生する。
③規律：優れた管理者，明確な労使協約，適切な制裁によって規律を確保する。
④命令の統一：特定の活動に対して，各従業員は一人の上司からのみ命令を受けるべきである。対立する指令系統が他にあってはならない。
⑤指導の統一：同種類の活動に携わっている人たちは，単一の計画のもとで，同一目標を持たなければならない。

⑥個人利益の企業利益への従属：企業全体の利益は，個人の利益より優先させるように留意しなければならない。
⑦報酬：報酬は重要な動機づけ要因の一つであり，公正なものでなければならない。
⑧集権化：集権化と分権化は，程度の問題である。上司や部下，企業環境により，全従業員の能力を最大限に生かすことが重要である。
⑨階層組織：階層組織は，上位者から下位者に至る上司の系列である。この経路の指揮の統一には，階層秩序が必要である。
⑩秩序：秩序には，物的秩序と社会的秩序があり，いずれも適材適所を図ることが重要である。
⑪公正：事業を運営するにあたって，公正が実現するためには，従業員に対する思いやりと正義の結びつきをもって，従業員を扱うことが必要である。
⑫人員の安定：従業員としての地位の安定と異動のバランスが重要である。仕事に慣れ，自信をつけるまでには時間がかかり，とりわけ，上位者になればなるほどその時間は長くなる。
⑬創意工夫：自ら計画・実行する創意を奨励し，熱意を引き出し，行動を起こさせることが重要である。
⑭従業員の団結心：従業員の団結は，企業にとって大きな力である。その確立のため，命令の一元性を守り，文書の乱用などを避けるべきであるとした。

これらに対して，サイモン（後述）は，管理原則が表面的で単純すぎる，非現実的ですらあるなどの批判をしているが，ファヨールの管理原則は，現場の経営者の経験から引き出されたものであり，経営者にとっては非常に示唆に富むものであった。

2.4.2 ファヨールと管理過程論

ファヨールが管理職能を「計画，組織化，命令，調整，統制」の5要素と定義づけたことは，管理過程論として高い評価を受け，その後のマネジメント・サイクル（Plan-Do-See）へと継承され発展をした（図2.1，図2.2参照）。このことから，ファヨールとその弟子たちは「管理過程学派」と位置づけられている。

図 2.1　ファヨールの管理過程論

統制 → 計画 → 組織化 → 命令 → 調整 → 統制

図 2.2　PDS サイクル

See → Plan → Do → See

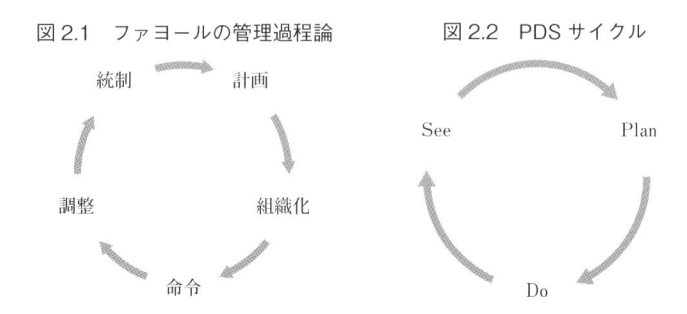

　計画や管理内容は，実施することによって，不備や間違いが見つかることもある。そこで，策定した内容を実施し，内容に不備があればその軌道修正を行い，再度実施するといった活動が必要となってくる。その一連の活動のことをマネジメント・サイクルと呼ぶ。ここでは，代表的なマネジメント・サイクルを紹介する。

　ファヨールの「計画→組織化→命令→調整→統制」から PDS サイクル（図2.2），「P（Plan）：計画→ D（Do）：実施→ S（See）：評価」，PDCA サイクル（図2.3）「P（Plan）計画→ D（Do）実施→ C（Check）評価→ A（Act）改善」と発展していく。欧米を中心として，PDCA サイクルの考え方を体系化したデミングの名前をとって，「デミングサイクル」とも呼ばれている。PDCA サイクルの特徴は，計画から改善に至るプロセスを，次の計画に結びつけることにある。

> **参照：デミングのマネジメント・サイクル**
>
> 　デミング（Deming, E. W., 1900-1993）は，米国出身で，1950 年 6 月 15 日，財団法人日本科学技術連盟に招かれ，東京・神田駿河台の日本医師会館講堂で，「品質の統計的管理 8 日間コース」のセミナーを開催した。このセミナーで，長期的に利益を生み出すためには，高品質の製品が必要だと強調し，日本の製造業の品質管理を指導した。そのセミナーが記載された "Dr. Deming's Lectures on Statistical Control of Quality" が出版されたが，デミングは，その印税の受け取りを辞退し，日本科学技術連盟に寄付をした。同連盟は，デミングの友情と業績を永く記念するため，その印税を基金としてデミング賞を創設した。1960 年には，わが国における統計的品質管理の発展への貢献に対して，デミングに瑞宝章が授与されている。

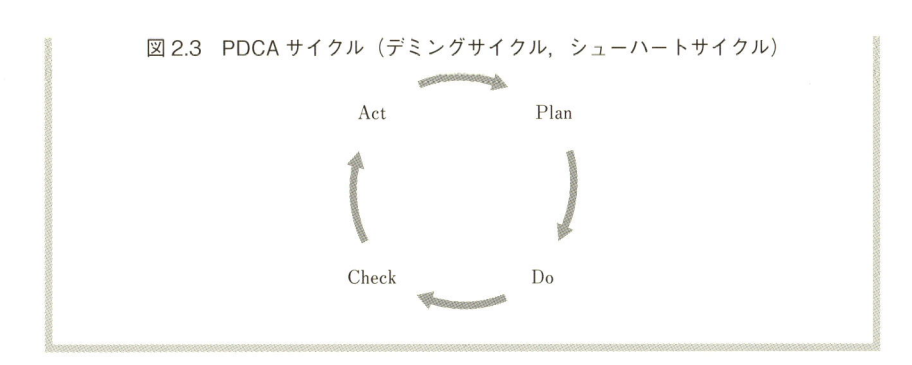

図2.3 PDCAサイクル（デミングサイクル，シューハートサイクル）

```
        Act         Plan


        Check       Do
```

2.5　ウェーバーと官僚制組織

2.5.1　官僚制組織

　ドイツ出身のマックス・ウェーバー（Weber, M., 1864-1920）は，社会学，経済学，法学，政治学，経営学，宗教学など広範囲な分野に及ぶ多大な著述を残している。主な著作としては『プロテスタンティズムの倫理と資本主義の精神』が有名である。

　組織の研究としてのウェーバーの貢献は，権威，支配の問題に関する理論である。ウェーバーは，支配の形態を次の3つに類型している。
①カリスマ的支配：支配者の天才，呪術的能力，英雄性が基礎
②伝統的支配：古来の伝統的秩序や支配権力の神聖化が基礎
③合法的支配：形式的に正しい手続きにのっとり，制定された法規が基礎
　上記の中で，③合法的支配の理念型を官僚制と呼称している。

　ウェーバーは，西洋社会における近代化の原動力として，「合理化」の進展を考察した。大規模化し複雑化する組織に対し，非合理的なものを徹底的に排除し，最も効率的な組織構造を追求すべきだと考えた。そして，その考え方は，機械的人間観に立脚し，ヒエラルキーを持つ公式組織での受動的な服従が前提である。このような組織を官僚制（bureaucracy）と呼び，古典的な組織論として位置づけている。官僚制組織は，可能な限りの合理化を追求するものとして，行政だけでなく，今日の巨大な組織，企業，大学，病院などにも表れ，20世紀に入って注目を集めるようになっている。

官僚制の主な原則として、以下の点が挙げられる。

①権限の原則：官僚制では、組織がその目標を追求するために、職務権限、職務内容が明確に規定され、運営される。

②階層の原則：官僚制では、上下関係の明確な階層関係が存在し、上位者が下位者を監督し、組織形態がいわゆるピラミッド型によって活動を遂行する。

③公私分離の原則：官僚制では、職務を行う公的な時間・場所と、プライベートな時間・場所とが明確に分離されている。

④専門性の原則：官僚制では、職務に必要とされる能力を持っていることが前提である。職務活動は、専門化され、分業と協業を原則としている。

⑤文書主義の原則：官僚制では、情報はすべて文書に記録、伝達、管理される。

ウェーバーは、このような特徴を持つ官僚制は、正確性、迅速性、明確性、厳格な服従関係などの点で、技術的にも優秀な組織形態であるとした。

2.5.2 官僚制組織の逆機能

官僚制では、人間の感情的な要素を職務の遂行から徹底的に排除することによって、人間関係は希薄化し「没人格的」な性格を露呈せざるをえない。そして、このような官僚制では、かえって組織の機能を低下させる「官僚制の逆機能」を引き起こす原因ともなりうるとした。社会学者のマートン（Merton, R. K., 1910-2003）は、官僚制の逆機能として、次のような現象が起こると指摘している。

①訓練された無能：従来の習慣や規則に固執することによって、状況変化に柔軟に対処できない。

②最低許容行動：組織構成員が、処罰を免れるために、規則に従って行動する。そのため、最低限許される行動しかとらなくなる現象のことである。

③顧客の不満足：規則が優先され、顧客のニーズに対応した行動はとらなくなる。そのため、顧客の不満が高まる恐れがある。

④目標置換：目標と手段が逆転する。規則を守ることが先決で、手段が目的に置き換えられてしまう。

⑤個人的成長の否定：効率を重視するあまりコストのかかる個人の成長を軽視する。

⑥革新の阻害；保守的な組織では，新しいことを行おうとしたときに，既得権益の保持者から，抵抗をうけることもある。

　官僚制は，一度命令が下されると，末端まで迅速に伝わり，さらに確実に命令が遂行される。もちろん，スピーディな意思決定とその遂行が要求される場面では，集権的，公式的，没人格的な官僚制の特性を備えた組織である必要もある。そのため官僚制組織の長所をどれだけ引き出すことができ，短所をどれだけ抑制することができるかということも，経営戦略上の重要な課題となってくる。

2.6	メイヨーと人間関係論

2.6.1　ホーソン実験

　経営においても人間関係に関する問題は重要視されていた。しかし，経営学の歴史上では，人間関係に関する体系的な業績は，ホーソン実験と，それを契機とした人間関係論の登場を待つことになる。

　ホーソン実験（Hawthorne experiments）とは，シカゴ郊外にある米国最大の通信機メーカAT&Tの子会社ウェスタン・エレクトリック社のホーソン工場において，テイラーの科学的管理の実態を調査するために，1924年から1932年までの長期間にわたって実施された実験である。メイヨー（Mayo, G. E., 1880-1949）を中心に行われたホーソン実験では，テイラーの科学的管理の根幹を揺るがす事実が検証され，これに基づいて展開したメイヨーらの理論は，後に人間関係論（Human Relations：HR）と呼称されることになる。

　メイヨーは，1880年にオーストラリアで生まれ，クイーンズランド大学で，哲学，倫理学，心理学の講義を担当していた。1922年，ペンシルバニア大学のウォートン・スクールにロックフェラー財団の客員研究員として着任。1926年には，ハーバード大学経営大学院の産業研究担当に迎えられた。その後，ホーソン実験をはじめ，多くの産業研究，社会調査のプロジェクトに携わっている。

(1) ホーソン実験の内容

　ホーソン実験では，照明の程度と作業能率に関する科学的実験や調査が実施

された。実験内容は，照明実験，継電器組立実験，面接実験，バンク配線作業観察室の4つである。

①照明実験

照明実験では1924年11月から1927年4月にかけて，照明と作業能率の相関関係を検証した。具体的には，作業をする部屋の照明の明るさを変化させ，作業能率との関係を実験したのである。実験を開始する前は，「照明が明るくなるとそれだけ生産が上がる」という仮説に基づいていた。そこで，照明を変えて作業するテストグループと照明を変えないコントロールグループの2つのグループに分けて，実験を進めた。

ところが，照明を変化させたグループにおいては，月明かり程度まで照明を暗くしても，不思議なことに生産性は落ちず，物質的条件と生産性の関連についての仮説を支持する結果を得ることはできなかった。この不可解な結果についての合理的な裏付けを得るべく，ホーソン工場の検査監督者ペンノック（Pennock, G. A.）は，さらなる調査を経営者に訴え，ホーソン工場での実験をさらに拡大していくことになり，行動科学の専門家でもあるメイヨーやレスリスバーガー（Roethlisberger, F. J.）を中心としたハーバード大学産業調査部へ実験を依頼した。

②継電器組立実験

継電器（リレー）組立実験は1927年4月から1932年5月までに行われたもので，労働条件の変化が作業能率に与える影響を研究するものであった。電話用継電器組み立ての流れ作業に従事する6名の女性作業員を選び，テストルームで，作業のやり方，部屋の温度や湿度，健康状態，休憩の回数や時間など，さまざまな作業の条件を変更しながら実験を行った。実験中は，民主的な監督スタイルで観察が行なわれ，作業中の自由な会話も許された。そして，突然，すべての条件を実験前の状態に戻して見ることも行われた。一般的には突然の環境変化という心理的な衝撃が加えられるので，女性作業者の生産性は低くなると予想されたが，結果は最高の生産性を示すことになった。この実験結果は驚くべきもので，週を重ねるごとに，選ばれたグループの生産高は右肩上がりの上昇を示した。そして，作業条件をどのように変更したとしても，無関係に生産高は上昇した。これは，女性作業員が「多数の作業員の中から選ばれて実

験に参加しているのだから，頑張らなければならない」という感覚を持ったことに起因する。このような，誇り，責任感，友情，好意的な雰囲気などから，女性作業員の集団内に高いモラール（morale）[2]が形成されたのである。

③面接実験

　面接実験は，1928年9月より，監督者が労働者から話を聞くという形式で実施された。面接では「非指示的面接技法」が採用された。これは，道徳的な警告やアドバイスや感情を一切持ち込まず，労働者に話を続けさせ，面接官はひたすら聞き役に徹するという面接技法である。

　面接は，約20,000名の従業員を対象に28年から30年にかけて行われた。従業員の不満を分析した結果，従業員の不満は事実と必ずしも一致しないことが明らかになった。従業員の態度は，個人的感情によって支配され，労働者の置かれた個人的状況が物事の捉え方に強く影響していることが明らかになった。

④バンク配線作業観察室

　バンク（電話交換機の端子）の配線作業において，個々の仕事量と作業者間の人間関係を観察するための実験である。この実験は，1931年11月から1932年5月にかけて行われ，9人の配線工と3人のハンダ工と2人の検査工の計14人が研究対象であった。集団内には，独自に労働量の割り当てがあり，また，品質検査は労働者の仕事の質だけではなく，検査工と労働者の人間関係が評価対象とされた。

　その結果，この14人の職場には，仲間集団である非公式組織が存在していて，その非公式組織が重要な役割を果たしていることが明らかとなった。そして，集団圧力を行使して，「仕事をしすぎてはいけない」，「さぼりすぎてはいけない」など，集団圧力を作業者にかけ生産性をコントロールしていることが判明した。

　レスリスバーガーは，非公式組織[3]では，次のような4つの基本的な感情が

---

2) モラール（morale）とは，士気と訳されることが多く，やるべきことに前向きに取り組む姿勢を意味している。モラル（moral）とは，道徳や倫理など，やってはならないことをわきまえるという意味がある。

3) 非公式組織（informal organization）とは，インフォーマル組織とも呼ばれ，職場内で自然発生的に形成される小集団のことを意味している。公式組織（formal organization）とは，フォーマル組織とも呼ばれ，共通の組織目標の達成のために意識的に作られた組織のことを意味している。

働いていたことを指摘している。
① あまり働きすぎると，仲間から非難される。
② あまり怠けすぎると，仲間から非難される。
③ 仲間のことを告げ口して傷つけてはならない。
④ 仲間に干渉や指示をしたり，仲間を無視してはならない。

2.6.2　ホーソン実験の成果から人間関係論へ

　工場の物理的作業条件が生産性を規定するという古典的管理論の仮説に反し，物理的条件を変えても生産性は変わらなかった。このことから，人間の心理的側面，内面的側面の重要性が組織論において指摘された。生産性を高めるのはモラールである。労働者は心を持たない機械ではなく，感情をもった人間であり，金銭的な動機づけだけで動くものではなく，他者との関係で行動が規定されていることが明らかとなった。

　このように，ホーソン実験の結果は，いままでの学問常識を覆し，新たな研究が始まるという重要な分岐となったのである。この実験に携わったメイヨーらの研究は人間関係論と呼ばれた。ここでの成果をまとめると，科学的管理法の提唱者テイラーは，合理性を追求し，経済的な刺激に反応する「経済人モデル」を前提として捉えていたのに対し，人間関係論では，集団内の感情や習慣などの人間性を追求し，「感情人（社会人）モデル」が前提となっている。

　そして，生産性への影響については，科学的管理法では物理的な作業条件であったが，人間関係論では職場内のモラールという違いがあった。また，組織構造に関しては，科学的管理法は，公式組織だけであるのに対して，人間関係論は，公式組織に加え，非公式組織が発見されたのである。

❏❏❏ 参考文献

Deming, W. E., *Some Theory of Sampling*, Dover Publications, 1966.
Fayol, H., *General and Industrial Management*, Pitman, 1949（山本安次郎訳『産業ならびに一般の管理』ダイヤモンド社，1985 年）.
フォード，http://www.ford.co.jp
Ford, H., *Today and Tomorrow*, William Heinemann, 1926（稲葉襄監訳『フォード経営』東洋経済新報社，1968 年）.

経営能力開発センター『経営学の基本』中央経済社，2006年。
北野利信編『経営学説入門』有斐閣新書，1997年。
松行康夫・北原貞輔『経営思想の発展』勁草書房，1997年。
McGregor, D., *The Human Side of Enterprise*, McGraw-Hill, 1960（高橋達男訳『企業の人間的側面：統合と自己統制による経営』産業能率大学出版部，1984年）.
日本科学技術連盟，http://www.juse.or.jp/deming/
Pugh, D. S. and Hickson, D. J., *Great Writers on Organization*, The Second Omnibus Edition, Ashgete, 2000（北野利信訳『現代組織学説の偉人たち』有斐閣，2003年）.
Roethlisberger, F. J., *Management and Morale*, Harvard Univ.Press,1941（野田一夫，川村欣也訳『経営と勤労意欲』ダイヤモンド社，1954年）.
Taylow, F. W., *The Principles of Scientific Management*, Cosimo, Inc., 2006（有賀裕子訳『科学的管理法（新訳）』ダイヤモンド社，2009年）.
Weber, M., *The Theory of Social and Economic Organization*, Free Press, 1947（世良晃志郎訳『支配の諸類型』創文社，1974年）.

学習を深めるために

松行康夫・北原貞輔『経営思想の発展』勁草書房，1997年。
デレック・S・ピュー，デービット・J・ヒクソン著，北野利信訳『現代組織学説の偉人たち』有斐閣，2003年。

コーヒーブレイク　SPAの導入

　メガネといえば高級なイメージがあったが，近年では，「J!NS」，「Zoff」など低価格な商品を提供する企業が台頭している。これらの企業は，1万円以下の低価格なメガネ販売で知られ，「メガネ業界のユニクロ」などと呼ばれることもある。低コストでの販売を可能にしている要因は，ユニクロ同様，自社生産品を直接販売するSPA（speciality store retailer of private label apparel）の導入にある。また，こういった企業は，日常的な営業のなかにも合理性を追求しており，たとえば，J!NSは陳列方法などにも工夫を施している。メガネを一つ一つ個別の配置トレーに置くことで，顧客が取った商品を元に戻しやすいディスプレイの方法を採用している。従業員にとってもメガネを元に戻すといった手間暇が省かれる合理的な手法となっている。

第3章 行動科学への発展

1950年代末になると，研究の対象は人間同士の関係である「人間関係論」を離れ，「人間はなぜ一所懸命に働くのか」をもっぱらとするようになり，行動科学が全盛を迎えることとなる。行動科学（Behavioral Science）は，米国を中心に行われた人間行動の科学的研究の総称である。行動科学は個人および集団の行動を明らかにするための学際的なアプローチを行い，経営学だけにとどまらず，心理学，社会学，生物学など関連諸科学の成果を活用している。そして，人間の行動に関する観察・実験を中心にした成果，理論を集約し，人間行動を科学的に説明し，予測することを課題とするものである。

図 3.1　行動科学への発展

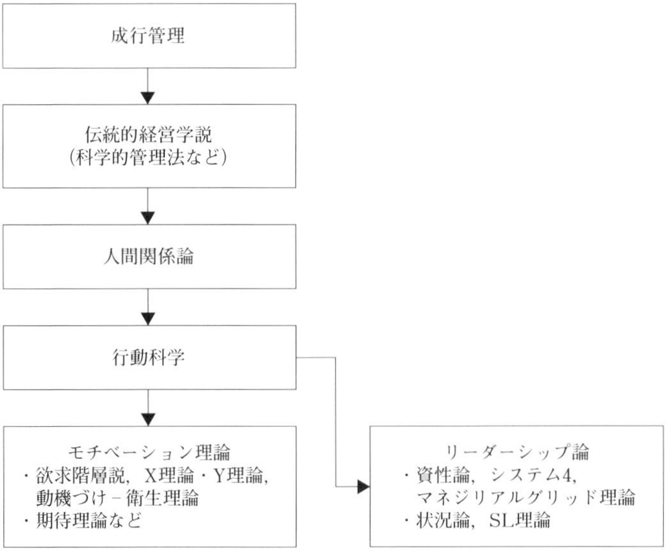

```
┌─────────────────┐
│     成行管理      │
└─────────────────┘
         │
┌─────────────────┐
│   伝統的経営学説   │
│  （科学的管理法など）│
└─────────────────┘
         │
┌─────────────────┐
│    人間関係論     │
└─────────────────┘
         │
┌─────────────────┐
│     行動科学      │
└─────────────────┘
         │
┌──────────────────────┐      ┌──────────────────────┐
│    モチベーション理論    │      │     リーダーシップ論    │
│ ・欲求階層説，X理論・Y理論, │─────▶│ ・資性論，システム4,    │
│  動機づけ－衛生理論      │      │  マネジリアルグリッド理論 │
│ ・期待理論など          │      │ ・状況論，SL理論        │
└──────────────────────┘      └──────────────────────┘
```

第3章 行動科学への発展

　行動科学は，シカゴ大学の研究グループで，心理学者であるミラー（Miller, J. G.）などが中心となり，1940年代末に，人間行動を解明するために，社会科学と生物科学を統合する試みの中で生まれた。その後，1951年にフォード財団が「行動科学計画」に大規模な経済的支援を行い，1960年代を通じて急速に普及した。行動科学は，モチベーション理論（第3章）へと発展を遂げ，また，リーダーシップ論（第4章）という独自の分野を派生させることとなる。

　本章では，行動科学の理論の発展に寄与した人物たちを，まずフォレットからはじめマズロー，マグレガー等順次紹介することとする。

3.1　フォレットと状況の法則

3.1.1　フォレット

　アメリカの哲学者，フォレット（Follet, M. P., 1868-1933）は，ハーバード大学で，政治学をはじめとし，経済学，哲学と多岐にわたる学問を修めた。彼女は，科学的管理法やホーソン実験が行われた時代に，統合理論，モチベーション理論，そしてリーダーシップ論の必要性を説き，行動科学の分野に影響を与えた人物である。

　彼女は，大学卒業後，都市の工業化の進展によって発生した社会的な疲弊の抜本的解決をライフワークとし，30年以上の長きにわたり，ボストンで自ら積極的に社会活動に携わりつつ，産業組織，経営管理に関する論文などを多数発表している。

3.1.2　コンフリクトマネジメントとしての状況の法則

　フォレットは，コンフリクト（対立）とは，支配と妥協で解決するものではなく，その内容を明らかにしたうえで構成部分に分解し，意見の一致を求めるという統合または調整によって解決されるべきものであると主張している。上下関係を前提とした命令，すなわち支配による解決の試みには，次のような欠陥がある。
①命令を受ける人々がやる気を失う。
②人間の自律欲求に反し，上下間に摩擦が生じやすい。

③仕事を達成する満足感を失う。
④責任感を減退させる。

このような欠陥を持つ「支配によるコンフリクトの解決」に代わってフォレットが提唱したものが，下記の3点を主旨とする「状況の法則」である。
①できる限り職務技術の教育を行い，命令に代替させる。
②命令とともにその理由を授与する。
③命令の背後にある目的を伝達させる。

フォレットは，リーダーシップが有効的であるために，専制的ではあってはならないと考え，上位者と下位者の相互関係を考え，リーダーシップは，職位の産物ではなく，状況の産物であるとしたのである。

3.2 マズローの欲求階層説

米国の心理学者であるマズロー（Maslow, A. H., 1908-1970）は，人間の欲求を5段階の階層で理論化した。これを，マズローによる「欲求階層説（欲求5段階説）」という。人間の欲求とは，①生理的欲求，②安全欲求，③社会的欲求（所属と愛の欲求），④自我欲求，⑤自己実現欲求の5つから構成されている（図3.2参照）。そして，低次の欲求が充足されると，次に高次の欲求が現れるとし，人間の行動原理たる「モチベーション（動機づけ）」は，低次から高次の欲求へと段階的な充足を踏まえるものであるとした。また，人間はその本性において，成長と発展を望むことを明らかにしたのである。

①生理的欲求（physiological needs）

食物・睡眠・運動・水など生きていくために必要な欲求。

②安全欲求（safety needs）

危険の回避・保障・保健・安全など，身の安全を確保して安定的な生活を送りたいという欲求。

③社会的欲求（social needs）

集団への帰属，友情，愛情，仲間欲求などの社会的な欲求。
「社会の一員であることを実感したい」，「職場の人間関係における心豊かさ」を求める。

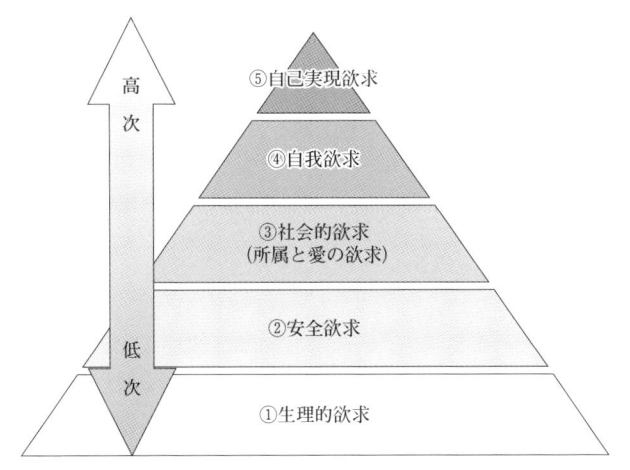

図3.2 マズローの欲求階層説

```
高次
 ⑤自己実現欲求
 ④自我欲求
 ③社会的欲求
 （所属と愛の欲求）
 ②安全欲求
 ①生理的欲求
低次
```

④自我欲求（egoistic needs）
　他者からの尊敬，地位，評価など，「自分が尊敬されている」，「他人から認められたい」，「自分の優位性を感じたい」という欲求。
⑤自己実現欲求（needs for self-actualization）
　他者の評価にかかわらず，自己に内在する可能性を見つめ，それを実現しようとする欲求。
　マズローは，自己実現をした人の特徴として，（a）正確な現実判断力，（b）正確な予想能力に基づく決断力，（c）謙虚さ，（d）豊かな感受性と創造性，（e）バランスのとれた自己矛盾の少ない人格などを挙げている。また，優秀な人ほどこの段階を駆け上がるのは速いが，自己実現を果たし，自己超越の域に達する人はきわめて少ないとも述べている。
　さらに，マズローの理論において注目すべきことは，これらの欲求は低次から高次へと順を追って達成されねばならないということである。たとえば，高次の欲求が満たされているにもかかわらず，より低次の欲求が満たされていない場合など，人格的な不安定さを生じさせることとなるからである。
　マズローの欲求階層説は，仮説であり実証的な裏づけには欠けているという批判があった。しかし，このマズローの学説が経営学などの分野に与えた影響

は大きい。マズローの学説に強く影響された人物の一人が，次に紹介するマグレガーである。

> **参照：代表的な人事労務施策とモチベーションの実践例**
> ①生理的欲求：生きていくために職種を問わず就職したいという人に対しては，最低賃金の保障などが挙げられる。
> ②安全欲求：安定した生活を送るために長期雇用やある程度の賃金が保障される職に就きたいという人には，終身雇用制，定年延長，再雇用制度，労働・社会保険への加入，健康診断などが挙げられる。
> ③社会的欲求：その企業に属していることを実感すること，上司や同僚との信頼関係を構築するためなど，自分がその組織に属していることの重要性を感じられるよう，朝礼，社内報，社内旅行，運動会などが有効だと考えられる。
> ④自我欲求：上司や同僚から称賛，評価されたいという欲求である。そのため，この段階では，昇進や昇格などの評価制度やその人の自尊心を刺激することが重要である。具体的には，人事考課[1]，社内公募制，表彰制度，ストックオプション[2]などが挙げられる。
> ⑤自己実現欲求：自己実現欲求には，経営参画制度，生涯教育への援助などが挙げられる。

3.3	マグレガーのX理論・Y理論

　ダグラス・マグレガー（McGregor, D., 1906-1964）は米国の心理学者，経営学者であり，ハーバード大学卒業後は，人間関係論，モチベーション理論などを専門の研究領域としながら，母校ハーバード大学で心理学の講義を担当した。
　マズローは，人間には絶えず欲求があり，欲求の最も次元の高いものは自己実現欲求であるであるとした。それに対して，マグレガーは，1960年に『企

---

1) 人事考課とは，職務遂行にかかわる労働者のさまざまな側面を評価することを意味する。主に，各従業員の職務への意欲，職務の達成度などから，賃金や昇給，昇進・昇格，配置移動などを決定する。
2) ストックオプションとは，企業の役員や従業員が，一定期間内に，あらかじめ決められた価格で，所属する会社から自社株式を購入できる権利をいう。

業の人間的側面』という著書を発表し，働く人間の自己実現欲求と組織目標の達成を同時に可能とする管理法を提案している。マグレガーは，人間は本来自ら進んで仕事に取り組むものであり，そうした人間を動機づけるには，個人の主体的な意思を尊重した目標管理が適していると主張している。マグレガーは，自己実現こそが人間にとって最重要要件であるという思想に立脚し，旧来の管理法を「X理論」，新しい管理法を「Y理論」と類型した。

(1) X理論（性悪説）

X理論は，旧来の管理法と位置づけられ，以下の人間観に立脚している。

①人間は一般的に働くことが好きではなく，できれば仕事はしたくないと思っている。

②上記のような人間の特性ゆえ，普通の人間は，強制，統制，命令や脅されたり，処罰がなければ，組織目標を達成するために十分な力を発揮しない。

③人間は命令される方が楽に感じ，責任を回避したがり，野心も持たず，安全を望む。

マグレガーは，このようなX理論が古い価値観だとし，伝統的で遅れた理念型であるとした。マズローの欲求階層説を用い，従業員の生理的欲求と安全欲求を満たすために「アメとムチ」で動機づけを行おうとするときには成功する場合もあるとした。しかし，「アメとムチ」の理論は，生理的欲求，安全欲求が満たされて一定生活水準に達している従業員に対しては，まったく効果がなくなってしまう。現に，このX理論と矛盾する証例も企業内外において見受けられ，X理論で説明される人間性に懐疑の目が向けられることになる。そして，「従業員の動機づけ」について，新しい理論が提唱されることになるのである。

(2) Y理論（性善説）

この理論では，マグレガーが展開する新しい人間観は概ね下記のとおり集約することができる。

①仕事で心身を使うことはあたりまえで，遊びなど他の活動となんら変わるところはない。

②命令したり，処罰を与えたりしなくても，人間は，自分が進んで身を委ねた目的に対して，自らをムチ打ち，企業目標達成のために努力する。

③目標達成のための献身の度合いは，報酬によるところが大きい。

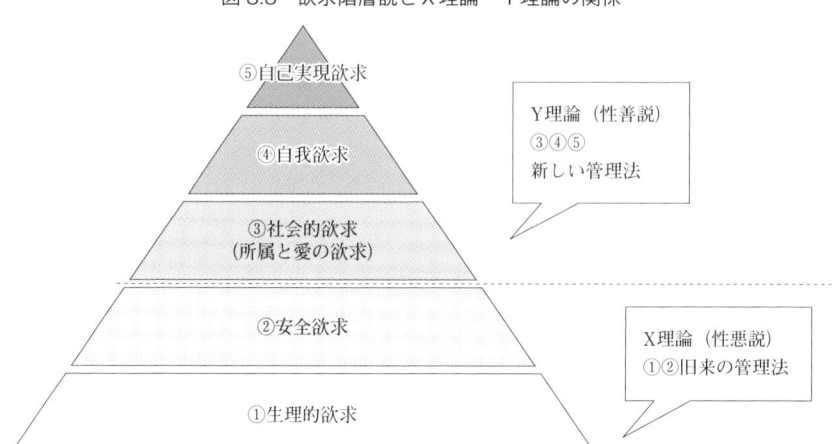

図3.3　欲求階層説とＸ理論・Ｙ理論の関係

- ⑤自己実現欲求
- ④自我欲求
- ③社会的欲求（所属と愛の欲求）
- ②安全欲求
- ①生理的欲求

Y理論（性善説）
③④⑤
新しい管理法

X理論（性悪説）
①②旧来の管理法

④人間は，責任を引き受けるだけでなく，条件次第では，自ら進んで責任をとりたがる。
⑤多くの人間は，組織内の問題を解決するために創意工夫をする能力がある。
⑥組織内において，従業員の知的能力は一部しか活かされていない。

　このように，Ｙ理論は新しい人間観に基づいており，人間が成長し発展する可能性を示唆している。また，統制が唯一絶対の形ではなく，その場に応じた方法が必要であることを強調している。マグレガーは，働く人間の自己実現欲求と組織目標の達成を同時に可能とする管理法を提案した。ドラッカー（Drucker, P. F.）が『現代の経営』（1954）で提唱している「目標と自己統制による管理」や，いわゆる「目標管理制度（Management by objectives：MBO)[3]」と呼ばれる管理方法に近いものである。

　マグレガーが述べているとおり，現代のように，社会の生活水準が上昇し，生理的欲求や安全欲求など低次欲求が満たされている時にはＸ理論の人間観によるマネジメントは管理対象となる人間の欲求と適合しないため，動機づけの効果は期待できない。このため現代においては，Ｙ理論に基づいた管理方法の

---

[3] MBOとは，個別またはグループごとに毎年度その目標を設定し，年度末にその達成度を評価する制度のこと。

必要性が高く，たとえば従業員独自の目標設定，自主統制と自主管理，能力開発，参加制度の設定，管理者のリーダーシップの再訓練などを中心とするマネジメントが適切になると考えられている。

| 3.4 | アージリスの統合（未成熟‐成熟）理論 |

　アージリス（Argyris, C.）は，1923 年に米国で生まれた。クラーク大学で心理学を専攻し 1947 年に卒業，1949 年にカンザス州立大学で経済学の修士号を取得，1951 年にはコーネル大学で組織行動の博士号を取得している。この経歴が彼の関心の広がりを示し，それぞれの分野で行動科学の実証的研究を行った成果は組織論，行動科学の代表的な理論の一つとして結実していく。米国経営学者のリッカート，ハーズバーグの流れに近く，モチベーション理論，リーダーシップ論などが研究の主対象であった。

　アージリスは，米国のエール大学の教授，1972 年からハーバード大学の教授となった。さらに，彼のコンサルタントの仕事は多岐にわたり，クライアントのリストには，IBM，デュポンなど民間企業，国立科学財団，フォード財団，米国務省やその他の米政府機関などの政府関連諸団体も含まれている。彼は，『組織とパーソナリティ』，『新しい管理社会の探究』などの著作を発表し，今日のモチベーション理論，リーダーシップ論に対して，重要な提案を行っている。

(1) 統合（未成熟‐成熟）理論

　アージリスは，個人と組織の関係について，人間は未成熟な状態から成熟した状態へと成長するものだとし，新たに「人間の成熟度」という考え方を導入した。マグレガーが提唱した旧来のX理論的な管理手法は，未成熟な段階にある幼児的な人間を想定していると批判をしている。

　アージリスは人間の精神的な部分をパーソナリティ，幼いパーソナリティを未成熟，大人になったパーソナリティを成熟と呼び，人間が未成熟な状態から成熟した状態に成長する過程に，次のように7つの変化があると考えた。
①受動的状態から能動的状態へ
②依存から独立へ

③単能な行動様式から複雑な行動様式へ
④移り気で浅い関心から複雑で深い関心へ
⑤短期的展望から長期的展望へ
⑥従属的から同等あるいは上位の地位へ
⑦自覚の欠如から自覚と自己統制へ

　アージリスの理論は，人間は心身共に成長するものであり，人は体が成長するように，精神も成長し大人になっていくものであるが，組織においても従業員に対する成長の機会を提供すればよいとするモチベーション理論でもある。

(2) 職務拡大と参加的リーダーシップ

　アージリスによると，官僚制組織など伝統的な組織には人間を未熟なままに置く条件がそろっているという。パーソナリティが成熟すればするほど，成長したいという人間の自己実現欲求はより強くなっていくものである。しかし，人間を機械の部品のようにみなす考え方をとりやすい伝統的組織においては，部下が上司のいうとおりに動くこと期待するために，人間の成熟化を阻害してしまうことにもなりかねず，従業員のモチベーションは上がらない。そこで，組織で働くことが個人の成長につながるような環境をつくる必要があり，アージリスは，職務拡大や参加的リーダーシップの必要性を説いている。

①職務拡大

　職務拡大（job enlargement）とは，職務の種類・範囲を拡大し，水平的に職務満足を増大させる職務設計の手法のことである。これによって，職場における能力発揮の機会を増やすことができる。

②参加的リーダーシップ

　目標の設定や仕事のやり方の決定，業績の評価などといった管理プロセスに従業員を参加させること。

(3) 意義

　マズローの欲求階層説を援用して，マグレガーのＸ理論，Ｙ理論が生まれた。アージリスはこの２人の理論に基づき，「成熟」という概念を導入して，人間の成熟を促進しうる組織への変革を唱えたところから，彼の理論は，マズローとマグレガーの理論の発展ないし統合（統合理論）ということができる。

3.5　リッカートの監督方式と連結ピン

　リッカート（Likert, R., 1903-1981）は，1903年に米国に生まれ，1932年に統計手法の研究でコロンビア大学で博士号を取得している。1946には，ミシガン大学に社会調査研究所（Institute for Social Research：ISR）を創設し，初代所長に就任した。彼は，多くの実証研究，集団実験を基礎とした経営管理，人間関係論，リーダーシップ論の分野を専門としている。リッカートは，職場集団とその人間関係がそこに働く人々の行動を規制し，集団の上に立つ上司のリーダーシップがその集団の生産性に大きな影響を与えるとし，リーダーのタイプとその影響について徹底的な解明に努め，以下の研究成果を残している。

(1) 監督者の類型と部下への影響

　リッカートは，監督者を人間中心型と仕事中心型に類型化し，**表3.1**のように比較している。

　仕事中心型の監督者は，常に仕事のことで細かく指示を出すので，部下の中には，監督者から大きな圧力を感じてしまう者も多い。それに対して，人間中心型の監督者は，部下に対して目標を明らかに示し，仕事の方法や進度は自由に任せる。たとえ，部下が誤りをおかしても，教育的経験として活かす。

　このように類型化された異なるタイプの監督者が部下に及ぼす影響は，1940年に米国の生命保険会社で実施された調査で検証されている。この調査では，賃金やさまざまな条件を同じにし，生産性の低いグループと生産性の高いグループを比較したが，その結果，生産性の低いグループには「仕事中心型の監督

表3.1　リッカートによる管理方式の比較

仕事中心型の監督者	人間中心型の監督者
仕事中心の生産性	人間中心の生産性
専断的	民主的
恣意的	合理的
厳格	寛大
懲罰的・批判的	非懲罰的・支援する

者」が多く，生産性の高いグループは，「人間中心型の監督者」が多いことが明らかとなった。

「人間中心型の監督者」によって，従業員のモラールが向上した結果であるとする捉え方が一般的である。

(2) 連結ピン

リッカートは，全体的な組織は各集団が別の集団と重なり合うことによって成立するとし，その重なり部分において影響を持つ人を「連結ピン（linking pin）」と呼んだ。各層のマネジャーは上と下をつなぐピンの役割を担っている。

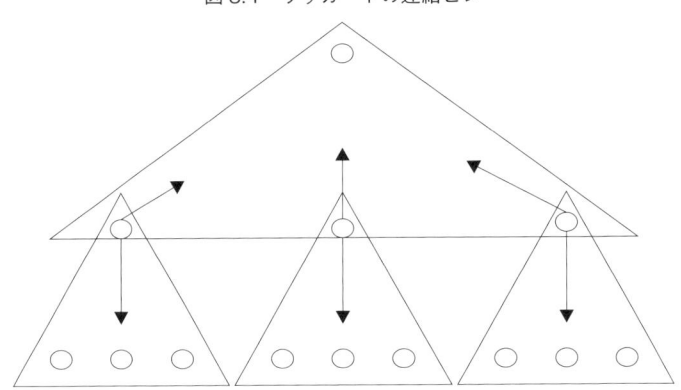

図3.4 リッカートの連結ピン

資料出所：Likert, R., *The Human Organization;Its Management and Value*, Mcgraw-Hill, 1967（三隅二不二訳『組織の行動科学』ダイヤモンド社，1968年）．

(3) システム4

リッカートは，管理者の部下に対する信頼と意思決定の方法によって，次のように，管理システムを業績の低い順から高い順，システム1からシステム4に分類した。そして，次のように管理者はこのシステム4の参加型を目指して，リーダーシップを発揮すべきとした。

〔システム1〕独善的専制型

　管理者は，部下を信頼していない。

〔システム2〕温情的専制型

　管理者は，部下をある程度は信頼する。

〔システム3〕相談型
　管理者は，部下に対して全面的ではないが信頼をしている。
〔システム4〕参加型
　管理者は，部下を全面的に信頼している。

3.6　ハーズバーグの動機づけ‐衛生理論

　米国の心理学者であるハーズバーグ（Herzberg, F., 1923-2000）は，主に産業界におけるメンタルヘルスを研究した。ハーズバーグは同僚のモースナー，スナイダーマンとともに，ピッツバーグの技師と会計士200人を対象に調査を行った。調査は，被験者たちが仕事上のどのような場面で非常に良い気分，嫌な気分になったかを挙げ，その理由を掘り下げて分析し，500例近い体験談を集め，その結果をまとめている。

　この調査結果は，職務満足につながる要因と職務不満につながる要因との間に明らかな差異を示した。そして，①職務満足につながる要因のことを「動機づけ要因」とし，②職務不満につながる要因のことを「衛生要因」と名づけたのである。このように，2つの要因を仮定することから，ハーズバーグの理論は，「動機づけ‐衛生理論」あるいは，「二要因理論」と呼ばれている。

①動機づけ要因：達成，承認，仕事そのものの魅力，責任，昇進，職務と直結している内容。
②衛生要因：政策や運営，作業条件，給与，監督，対人関係など職務の周辺にある「衛生上の」要因に関連する内容。

　さらに，ハーズバーグは，聖書に登場するアダムとアブラハムとを対比しながら動機づけ要因と衛生要因を説明している。アダムは，エデンの園から追放され，人間の動物的本性から生じる欲求を充足させなければならない立場に置かれたのである。これは，食べ物，寒さから身を守ること，安全性，痛みからの回避など，肉体的な欲求のことを意味している。動物的なアダムは，環境や仕事からもたらされる苦痛を避けたいとする立場である。

　アダムとは対象的に，アブラハム的な人間の本性は，神の姿を真似して創造され，精神的な成長を追求し，達成しようとする欲求のことである。職務満足

と関連していることは，完全な人間となる可能性を実現しようする人間の欲求である。どのように仕事環境を整えても，仕事自体が面白いと思えなければ，満足感は得られない。したがって，仕事の達成を通じて精神的成長や潜在能力の実現化につながるものは，「動機づけ要因」となる。

　ハーズバーグの実証研究によると，職務満足に寄与している全要因の81％が動機づけ要因で，職務不満に寄与している全要因の69％が衛生要因であった。ハーズバーグは，この要因のいずれもが，職場の人間的条件の一部であり，完全な満足のためには，双方が満たされねばならないとした。たとえば，「衛生要因」がすべて満たされたとしても，「動機づけ要因」が満たされていない場合には，前者によってもたらされる満足は，後者の不満足によって相殺され，「完全な」満足には至らないということである。現代の組織が成功していくうえで，職務不満を防止するための衛生要因にとどまらず，仕事へのモチベーションを生む動機づけ要因を従業員に提供しなければならないとした。

　より具体的な例を挙げれば，「作業条件を改善したが，従業員のやる気が上がらない」という場合は，衛生要因の不満足を解消しているだけで，本当の仕事に対する動機づけにはなっていないのである。作業条件，賃金，対人関係などに不満を感じている場合，従業員の関心事は，自分たちの作業環境に向いている。このような仕事上の不満を予防する働きを衛生要因は持っている。

　ハーズバーグによると，従来のモチベーションの手段であった労働時間の短縮，賃上げ，フリンジ・ベネフィット，カウンセリングなどは，衛生要因に入り，組織努力による改善が望まれるものであり，さらにいえば，フレックスタイム制[4]，カフェテリアプラン[5]など現存するシステムも，ハーズバーグの衛生理論に端を発したものである。

　しかし，これらの手段は，一時的な効果しかなく，開発，導入にも莫大な費用がかかってしまう。そして，衛生要因は，満たされていないと不満につながるが，満たされていてもやる気にはつながりにくい。

4）フレックスタイム制とは，1ヵ月以内の総労働時間内で始業と終業の時刻を従業員自身が決めることができる制度のこと。
5）カフェテリアプランとは，カフェテリアで好きな飲み物や食事を選ぶように，従業員が企業から事前に与えられたポイントの範囲内で，自分に必要な福利厚生サービスを選ぶことができる制度のことである。わが国では，1995年にベネッセコーポレーションが初めて導入した。

図 3.6　ハーズバーグの動機づけ-衛生理論

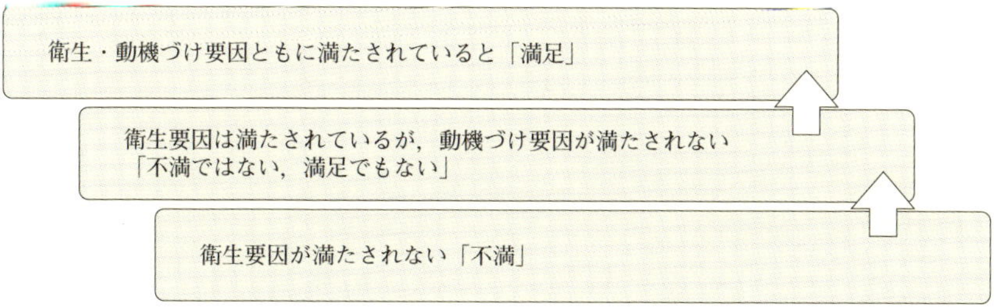

衛生・動機づけ要因ともに満たされていると「満足」

衛生要因は満たされているが，動機づけ要因が満たされない
「不満ではない，満足でもない」

衛生要因が満たされない「不満」

　ハーズバーグは，職務内容に動機づけ要因を加味するように職務を設計することが重要であり，「職務充実（job enrichment）」の重要性を説いている。
　職務充実とは，職務の種類，範囲を，従来より困難度が高く，上位の職位の者が行っていた職務へと垂直的に拡大させる職務設計の手法のことを意味している。ハーズバーグは，職務充実により，一般従業員も一個人としての満足感，責任感を持って職務を遂行することが可能となる。この点で，職務充実は，動機づけとして意義のある手法である。

3.7	モチベーション理論

　モチベーション（動機づけ）とは，目標達成のために，個人の意欲を高めさせ，行動を起こさせるような他者の内面への働きかけを意味している。つまり，組織構成員が強い仕事への意欲をもつように働きかけ，組織の目的に積極的に貢献しようとする意識的な行動を起こすことを意味する。一般的には，上司が部下に対して直接的に働きかけ，部下のやる気を引き起こすことと解釈される。第2章，第3章でも取り上げたように，古くは経済的動機づけや社会的動機づけが主であったが，最近では，自己実現欲求や，経営への参画など，個人が自発的に仕事に取り組む環境づくりも進んでいる。
　モチベーションはなぜ必要とされるのか。たとえば，仕事を依頼したときに，能力が高く，優れたメンバーなのに，思うように成果を出してくれないというケースがあったとする。このような状態は，モチベーション不足に起因する場合に見受けられることがある。いくら能力が優れている部下であっても，彼ら

が意欲を失っていれば,組織の成果は上がらない。組織のメンバーの意欲を高めるためにも,モチベーションが重要な概念である。

モチベーション研究は,大きく分類し,「内容論と過程論」,「内発的動機づけと外発的動機づけ」という異なる観点からの分析を加えることができる。

3.7.1　内容論と過程論

モチベーション理論は,①内容論と,②過程論に分類することができる（図3.6参照）。

①内容論（コンテンツセオリー：content theory）：動機づけを高める要因とは何か,その内容や種類を研究する理論の総称である。

②過程論（プロセスセオリー：process theory）：動機づけがどこから生まれるのか,どのような場合に動機づけが高まるかなど,そのプロセスについて論じる理論の総称である。

モチベーション理論の内容論の中で,古典的な理論として,すでに述べたマズローの欲求階層説,マグレガーのX理論・Y理論,アージリスの統合理論,ハーズバーグの動機づけ‐衛生理論が挙げられる。ここでは,その他の代表的な理論を取り上げる。

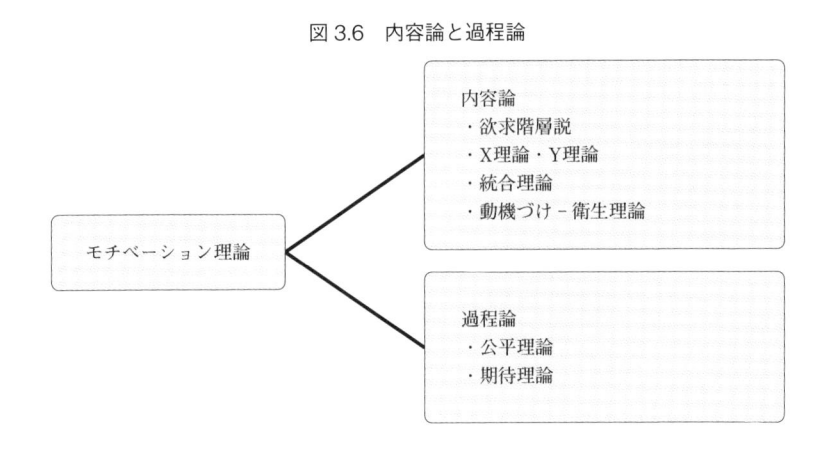

図3.6　内容論と過程論

```
                        ┌─────────────────────┐
                        │ 内容論              │
                        │ ・欲求階層説        │
                     ┌──│ ・X理論・Y理論      │
                     │  │ ・統合理論          │
                     │  │ ・動機づけ‐衛生理論 │
┌──────────────────┐ │  └─────────────────────┘
│ モチベーション理論 │─┤
└──────────────────┘ │  ┌─────────────────────┐
                     │  │ 過程論              │
                     └──│ ・公平理論          │
                        │ ・期待理論          │
                        └─────────────────────┘
```

(1) 内容論

①アルダファー

　アルダファー（Alderfer, C. P.）は，マズローの欲求階層説の欲求区分が曖昧であることを指摘し，人間の欲求を，生存（Existence：E），関係（Relatedness：R），成長（Growth：G）の3つの次元に分類し，提示している。この理論は，これらの3つの欲求の頭文字をとって ERG 理論（ERG Theory）と名づけられている。

　マズローは低次の欲求から順に高次の欲求へ移行するが，アルダファーの特質は，3つの欲求が，同時に存在し並列をなしたり，高次から低次の欲求へと逆行することもあるとしていることである。

②マクレランド

　マクレランド（McClelland, D. C.）は，長年にわたり達成動機，モチベーション理論に関する研究を組織的に展開していた。彼は，仕事への動機づけに影響を及ぼす欲求について，達成（achievement），権力（power），親和（affiliation）を中心として説明をしている。達成欲求とは，ある事柄に対して，達成したい，

図3.7　代表的な内容論

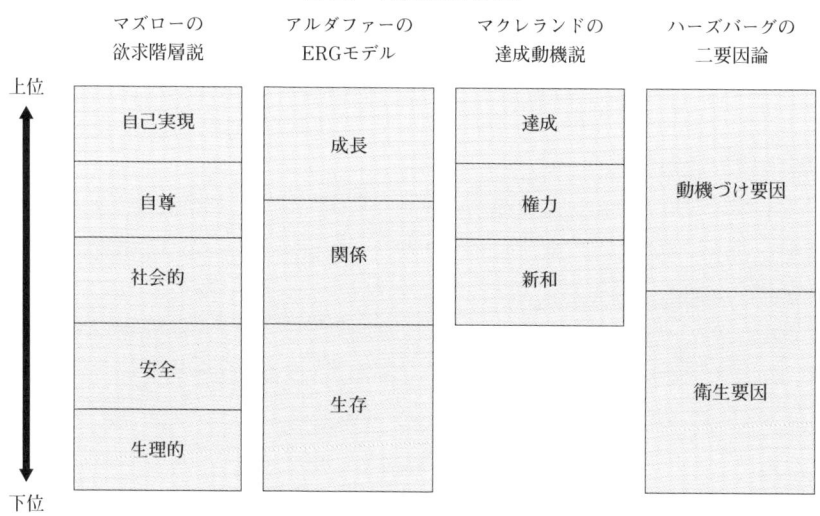

マズローの 欲求階層説	アルダファーの ERGモデル	マクレランドの 達成動機説	ハーズバーグの 二要因論
自己実現	成長	達成	動機づけ要因
自尊		権力	
社会的	関係	親和	衛生要因
安全	生存		
生理的			

（上位↑↓下位）

資料出所：桑田耕太郎・田尾雅夫『組織論』有斐閣，2006年，216頁。

成功したいとする欲求である。権力欲求とは，他者に対して，支配や影響を及ぼす欲求である。さらに，新和欲求とは，友好的かつ親密な関係を築きたいとする欲求である。その中でも，達成欲求に調査の焦点が当てられていることから，「達成動機説」と呼ばれている。

(2) 過程論

① アダムスの公平理論

アダムス（Adams, J. S.）の公平理論（equity theory）によれば，学歴，経験，知識などが同じである他者と比較して，自分の給与や地位などの処遇が劣っている場合に，人間は不公平感を感じてモチベーションが低下する。人は，自己の仕事量や投入（input）に見合う報酬や結果（outcome）を得たいと願う。投入（input）と結果（outcome）の比が，他者のそれと等しい場合を公平（equity），等しくない場合を不公平（inequity）とした。不公平の程度が大きいほど，人はより不快となる。ここでは不公平の解消と公平の実現が動機づけとなる。

② ブルームの期待理論

期待理論（expectancy theory）の代表的な論者として，ブルーム（Vroom, V. H.）とローラー（Lawler, E. E.）が挙げられる。ブルームの期待理論（VIE 理論）によると，ある行動への意欲（force）は，期待（expectancy：E）×道具性（instrumentality：I）×誘意性（valence：V）で表される。ブルームは，モチベーションの強さは，報酬が得られる期待と，その報酬の魅力によって決まる，と唱えている。

③ ローラーの期待理論

ローラーの期待理論は，組織メンバーの動機づけは，職務遂行の努力がなんらかの個人的報酬をもたらすであろうという期待と，そのような報酬に対して人が持つ主観的な価値の2つの要因の積で決まると考えた。

彼は，努力（Effort：E），業績（Performance：P），成果または結果（Outcome：O）の3つの要素をもって，期待には2つのプロセスが存在すると説明した。

　ⅰ [E→P] 期待：努力（E）をすることによって業績（P）が得られるという期待

　ⅱ [P→O] 期待：業績（P）が具体的な結果（O）をもたらすという期待

ローラーは，ブルームの期待理論が行動とその諸結果の関係を明確に区別し

ていない点を指摘し，この点の精緻化をはかった。彼は，「努力」，「業績」，その「結果」を区別し，ブルーム理論の再構成と体系化を試みたのである。

3.7.2　外発的動機づけと内発的動機づけ

動機づけは，外発的動機づけ（extrinsic motivation）と内発的動機づけ（intrinsic motivation）の2つに大きく分類される。

①外発的動機づけ：人がある目的・目標の達成に向かって行動を持続するための外部からの刺激のこと。たとえば，賃金，昇進・昇格，表彰などの動機のこと。

②内発的動機づけ：人の内部で何か引きつけられる刺激のこと。たとえば，人が自分の仕事にやりがい，達成感，責任感，自己実現などを感じる場合などに，このような内的心因が内発的動機となる。

3.7.3　動機づけの個人差

動機づけを高める方法もさまざまであり，どれがより効果的であるかは，個人のニーズの種類，強度によって異なる。たとえば，昇進・昇格という地位や名誉が動機づけになる人もいれば，人の上に立つことが苦手だという人もある。他者の行動に影響を与えるためには，その人がどのような欲求を持っているのかを正しく理解することが重要であり，より上位の職責にある者に求められる資質の一つであるといえよう。

❏❏❏参考文献

　　Alderfer, C. P., *Existence, Relatedness, and Growth,* Free Press, 1972.
　　Argyris, C., *Personality and Organization,* Harper & Row, 1957（伊吹山太郎・中村実訳『組織とパーソナリティ（新訳）』日本能率協会，1970年）．
　　Forett, M. P., *Dynamic Administratio: The Collected Papers of Mary Parket Follett,* edited by Henry C. Metcalf & L. Urwick, Harper & Row, Publishers, 1940（米田清貴・三戸公訳『組織行動の原理』未来社，1972年）．
　　Herzberg, F., *Work and the Nature of Man,* World Publishing, 1966（北野利信訳『仕事と人間性』東洋経済新報社，1968年）．
　　二村敏子編『現代ミクロ組織論』有斐閣ブックス，2004年．
　　経営能力開発センター『経営学の基本』中央経済社，2006年．

北野利信編『経営学説入門』有斐閣新書，1997 年。
桑田耕太郎・田尾雅夫『組織論』有斐閣，2006 年。
Lawler, E. E., III, *Pay and Organizational Effectiveness*, McGraw-Hill, 1971（安藤瑞夫訳『給与と組織効率』ダイヤモンド社，1972 年）.
Likert, R., *The Human Organization; Its Management and Value*, Mcgraw-Hill, 1967（三隅二不二訳『組織の行動科学』ダイヤモンド社，1968 年）.
Maslow, A. H., *Motivation and Personality*, Harper & Row, 1954（小口忠彦監訳『人間性の心理学』産業能率短期大学出版部，1970 年）.
松行康夫・北原貞輔『経営思想の発展』勁草書房，1997 年。
Pugh, D. S. and Hickson, D. J., *Great Writers on Organization*, The Second Omnibus Edition, Ashgete, 2000（北野利信訳『現代組織学説の偉人たち』有斐閣，2003 年）.
SSK エンタープライズ，http://www.ssksports.com/event/
Vroom, V. H., *Work and Motivation*, John Wiley & Sons, 1964（坂下昭宣他訳『仕事とモチベーション』千倉書房，1982 年）.

学習を深めるために

金井壽宏『働くみんなのモティベーション論』NTT 出版，2006 年。
坂本光司『なぜこの会社はモチベーションが高いのか』商業界，2009 年。

コーヒーブレイク　モチベーションの実践例

①社内運動会
　近年，経営削減などを理由に減少していた企業の社内運動会が復活してきている。社内運動会を実施することで，社員間の連帯感などが強まるなど，その効果に期待が高まっている。この期待を背景に，スポーツ用品小売業である SSK エンタープライズなどが社内運動会の請負事業に乗り出している他，自社独自で運動会を運営・開催する企業も増加傾向にある。コミュニケーションの低下が懸念される現代社会において，社内運動会の実施は，従業員の帰属意識やモチベーションの向上を促すと期待が寄せられている。

②スターバックスコーヒー・ジャパン
　スターバックスでは，「人を尊重する経営」にこだわり続け，「働きやすい環境づくり」が経営理念の一番目に記されている。アルバイトに対しても，年 3 回人事考課が行われたり，表彰制度も設けられている。また，ストックオプション制度を正社員だけではなく，アルバイトにも与え，話題となった。

第4章 リーダーシップ論とその展開

4.1 組織とリーダーシップ

　経済（economy）とは，人間の共同生活の基礎である財やサービスの生産・分配・消費の行為，それを通じて形成される人と人との社会関係の総称のことを意味する。そして，私たちが生活していくうえで欠かせない衣食住に関する必要なモノやサービスの生産，再生産，交換の過程が含まれる。

　このような経済活動の多くは組織によって行われている。つまり，私たちが日常生活で消費する商品・サービスの多くは，組織が提供しているのである。企業，学校，政府，自治体，病院，NPOなどの例に見られる諸組織は，私たちにとって大変に身近な存在であり，私たちは組織とともに生きているともいえる。

　財やサービスを提供される側である消費者にとってこのように身近である組織であるが，提供する側はなぜ個人で行わずに組織的に経済活動を行うのであろうか。これは人間個人の能力的・条件的限界のためである。たとえば，人間には一日24時間という時間の制約があり，また大きな荷物を運ぶときも，一人では厳しいこともある。このように，人間には，肉体，時間，空間，知的などさまざまな限界がある。この限界を，二人以上の人の能力を合わせることによって越えようとすることが，「組織」の意義である。

　ところが，元来一人ひとりが個別特殊な欲求を持つ個人と，その個人の集合体である組織との間には，たとえば個々人が組織目標達成のためには個人の欲求を抑えなければならないというような軋轢が生じやすい。

　そこで，組織と個人が歩み寄り，双方の矛盾を解消し，努力することが必要

となる。そのため，組織目的の達成に向けて秩序ある行動をし，協働を成功させるためには，リーダーシップが欠かせない。

リーダーシップとは，組織目標の達成に向けて，個人および集団を働かせるための影響力である。とくに，組織内のリーダーシップは，部下や関連する人々に働きかけて目的の達成をする能力のことで，公的な権限の有無にかかわらず人々が動機づけられるような影響力のことを意味している。リーダーに導かれる人たちはフォロワー（follower）と呼ばれる。第4章では，リーダーシップに関する代表的な研究について，それぞれの関連や発展性を踏まえて取り上げることにする。

図4.1 リーダーシップ研究

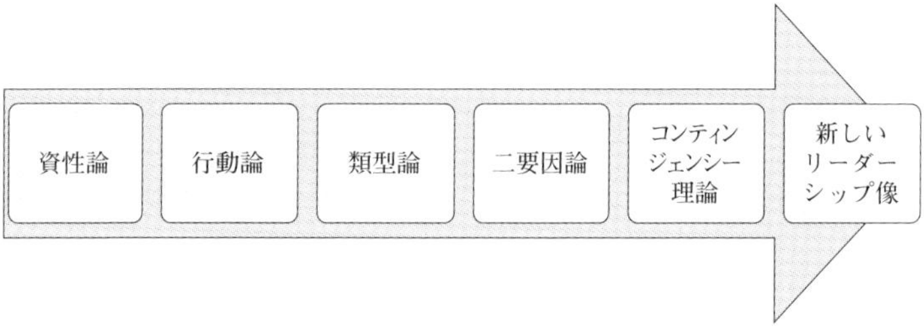

資性論 → 行動論 → 類型論 → 二要因論 → コンティンジェンシー理論 → 新しいリーダーシップ像

4.2	資性論

1920～1930年代，リーダーシップ論は，リーダーに求められる資質を考察する資性論（特性論）に始まる。たとえば，リーダーに共通する年齢，身長，知能，態度，性格などの個人的資質や行動特性を分析することを主たる研究とした。リーダーシップ研究の中で最も古いアプローチがこの資性論であり，著名な研究者として，ストックディル（Stogdill, R. M.），アーウィック（Urwick, L. F.）などが挙げられる。

(1) ストックディル

ストックディルによる，リーダーの資性は次の5項目である。
①知性，機敏性，決断力などの一般的能力
②知識および体力に関する業績

③信頼性，忍耐力，自身に関する責任感
④行動力，社会性などの社会参加態度
⑤他者からの好感度
(2) アーウィック

　アーウィックは，①自信，②個性，③活力，④知性，⑤決断力，⑥判断力などがリーダーに求められる資性であり，優れたリーダーには共通しているとした。

　有能なリーダーには，なんらかの共通特性があり，リーダーの資性を研究すれば，効果的なリーダーシップが解明できるとした。しかし，資性論には，一例として次のような欠点がある。①これらの資性が有能なリーダーに一貫してみられるとは必ずしもいえず，またリーダーがそれらを備えていても組織の成果が好転するとはいえない。②フォロワーとの相互作用や，リーダーシップの置かれている状況など，他の要因が考慮されていないなどが挙げられる。

　資性論は，参考にすべき概念ではあるが，いくら資性を研究しても，常に例外が生じ，属性だけでは説明できず，理論的限界は明白である。この限界を超えるべく，リーダーシップ論は行動論へと発展をみせることになる。

4.3　行動論

　リーダーシップを，個人的な資質によってではなく，リーダーがとる行動によって，その組織にもたらす効果を研究したものがリーダーシップの行動論である。1940年代に入り，リーダーシップの行動論，リーダーシップスタイル研究が登場する。ここでは，あらゆる状況において，効果的なリーダーの行動スタイルは何かを検証した。代表的な理論として，レヴィンのリーダーシップの行動論が挙げられる。

(1) アイオワ実験とレヴィンの行動論

　レヴィン（Lewin, K., 1890-1947）は，ドイツ生まれで，ドイツ，米国で活躍した心理学者である。アイオワ大学，マサチューセッツ工科大学で集団力学（グループ・ダイナミックス）研究を行っている。

　レヴィンとリピット（Lippitt, R.）は，アイオワ実験を通じて，リーダーシッ

プの相違によって，個人や集団にどのような影響が出てくるかを解明した。

アイオワ実験では，均等な能力，性格をもつであろう小学生15名を5人一組として3グループに分類し，リーダーシップの型の違いによって，メンバーがどのように反応するのか，集団の雰囲気にどのように影響するのかを調査した。具体的には，リーダーシップを，①専制型，②民主型，③放任型のリーダーシップに類型した。結果は以下のようにまとめることができる。

(a) 専制型

専制型とは，すべての方針をリーダーが決定し，メンバーに仕事を割り当てる方式。作業中も行動を注視し，必要なときに必要なだけ指示をしたり注意をしたりする。

(b) 民主型

民主型とは，方針をグループ討議で決定し，納得が得られたうえで実施する方式。専制型と放任型リーダーシップの中間に位置づけられる。

(c) 放任型

放任型とは，形式的なリーダーで，グループや個人に決定を任せる方式。実質的にはリーダーの役割を果たさない。

(2) アイオワ実験の結果

(a) 専制型

専制型のリーダーシップでは，仕事量は多いが，メンバー相互間での敵意や攻撃性が高まる。孤立者が生じやすく，リーダーへの依存心も強まる。仕事に関する満足度も低い。また，メンバーの潜在的な不安も生じる。

(b) 民主型

民主型のリーダーシップでは，フォロワーに対して多くの責任と権限を与えている。仕事の質的向上をもたらし，集団内に団結心と友好的雰囲気が生じる。専制型では，「リーダーに仕事をやらされている」という気持ちのみが仕事に向かう動機になってしまう危険性をともなうのに対し，民主型ではメンバーが仕事の中身そのものに動機づけられ，独創性が増す。

(c) 放任型

放任型は，フォロワーの責任と権限に偏ったリーダーで，フォロワー個々人のムラが大きな問題となり，メンバー間で攻撃的行動が多くなった。作業の質，

量ともに低い。

上記のように，アイオワ研究では，民主型のリーダーシップが最も望ましいという実験結果となった。

| 4.4 | 類型論 |

その後，リーダーシップ研究は，「仕事中心型」と「人間中心型」の2つを軸に，それらを組み合わせて，どのようなスタイルが最適なのかを探る研究である類型論が主流となる。代表的な研究成果として，ミシガン研究，オハイオ研究によるものが挙げられる。

(1) オハイオ研究

新しいリーダーシップ研究を推進するため，1945年にシャートルらによって，オハイオ州立大学にて研究プロジェクトが始動した。この研究は，オハイオ研究と呼ばれている。

オハイオ研究で，リーダーの行動パターンを徹底的に探り出すため，企業の管理職を対象に調査を実施した。約1,800項目からなるリーダー行動記述質問表（Leader Behavior Description Questionnaire：LBDQ）を作成し，リーダーの行動に関する調査を重ねた。

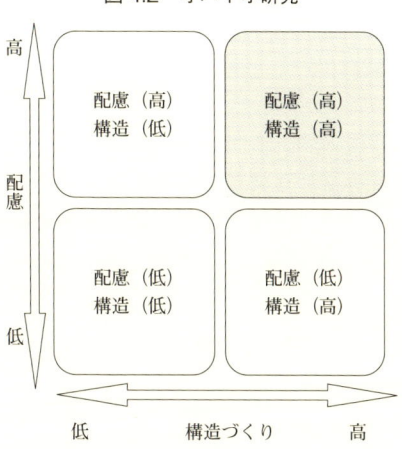

図4.2 オハイオ研究

縦軸：配慮（低→高）
横軸：構造づくり（低→高）

- 配慮（高）構造（低）
- 配慮（高）構造（高）
- 配慮（低）構造（低）
- 配慮（低）構造（高）

その結果，リーダーシップ行動は，「配慮」と「構造づくり」の2つに集約された。

①配慮：リーダーのメンバーに対する配慮。この集団の一員で良かったと思えるように気を配り，人間関係を良好にしようとする行動のこと。

②構造づくり：リーダーがメンバーに対して，仕事の仕組みや役割を明確にし，組織目標の達成に向けてまとめあげていく行動のこと。

オハイオ研究の結果，「配慮」と「構造づくり」という2つの志向でリーダーの行動をほぼ分析できるとした。そして，両方がともに高いリーダーが理想的であるという結論を導いた。

(2) ミシガン研究

1947年，ミシガン大学社会調査研究センターにおいて，リッカートを中心としたリーダーシップの研究が進められた。この研究は，ミシガン研究と呼ばれている（詳細は，第3章に記述）。

この研究の結果は，リーダーの行動を次の2つに類型している。

①人間中心型（従業員志向：employee oriented）：現場の従業員に関心を向け，従業員の福利を重視する志向。

②仕事中心型（生産性志向：production oriented）：職場集団の効率性，生産性に関心を示す志向。

その結果，仕事中心型よりも人間中心型の方が，メンバーのやる気と満足感も高く，高い業績をあげられることを証明した。

(3) 類型論の成果

オハイオ研究とミシガン研究は，リーダー行動の2つの類型である「仕事中心型」と「人間中心型」で捉えている点が共通点している。オハイオ研究では，リーダー行動には，「配慮」と「構造づくり」の2つの志向があるとした。そして，ミシガン研究とは異なり，2つの志向は，一人のリーダーが両方実現できるとした。これは，次節に述べるPM理論に通じるものでもある。

4.5	二要因論

1960年代に入ると，類型論は「仕事中心型」と「人間中心型」の2つのタ

イプを軸とし，それらを組み合わせて，最適なスタイルを模索する研究，「二要因論」へと発展していく。この二要因論に基づく代表的なリーダーシップ論として，PM理論，マネジリアル・グリッドが挙げられる。

(1) PM理論

オハイオ研究，ミシガン研究を実証し，より深い理論化を目指したのが，三隅二不二らが提唱したPM理論である。PM理論とは，集団の機能の概念からリーダーシップの類型化を行った理論であり，P機能（Performance function：目標達成機能）とM機能（Maintenance function：集団維持機能）に類型している。P機能とは，生産性向上，組織の目標達成に向けた行動を促進する機能であり，M機能とは，組織目標の達成のため，メンバー間に良好な関係を築く行動をとり，人間関係を強化する機能のことである。

そしてP機能，M機能の強弱によりリーダーシップを，①PM型，②P（Pm）型，③M（pM）型，④pm型の4つに類型化した。

三隅らは，リーダーシップのタイプと生産性，メンバーの満足度等のモラール要因との関係について研究を進めた。研究の結果，生産性，モラールにおいて最も優れていたのが，PMであり，以下，M型，P型，pm型の順であった。

図4.3　PM理論

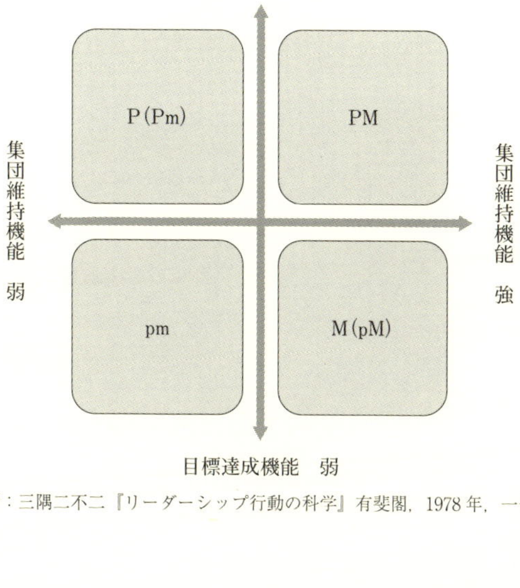

目標達成機能　強

P(Pm)	PM
pm	M(pM)

集団維持機能　弱　　　　集団維持機能　強

目標達成機能　弱

資料出所：三隅二不二『リーダーシップ行動の科学』有斐閣，1978年，一部修正。

(2) マネジリアル・グリッド（ブレーク&ムートン）

1950年から1960年代に、ブレーク（Blake, R. R.）、ムートン（Mouton, J. S.）によって提唱された理論がマネジリアル・グリッド（managirial grid）と呼ばれるものである。彼らは、リーダーの行動を「業績に対する関心」と「人間に対する関心」とに分類し、その関心度合の強弱のマトリックス化を行った。

この理論の基本的な考え方は、管理者が組織を通じて高い成果を上げるためには、①組織目標である業績、②組織メンバーの欲求とその満足、という2つの関心を持つ必要があるということである。また、この理論は、管理者の教育訓練にも利用されている。

マネジリアル・グリッドは、9×9の81スタイルに分けられるが、代表的なスタイルは次の5つで示すことができる。

① 9・9型（理想型）：業績は向上し、フォロワーへの関心も高い。フォロワーからも信頼と尊敬を受ける。
② 1・9型（人間中心型）：業績は向上せず、フォロワーへの関心がある。

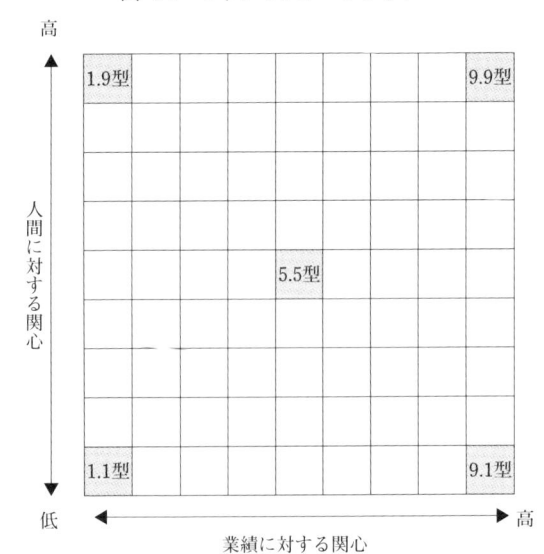

図 4.4　マネジリアル・グリッド

資料出所：Blake, R. R. and Mouton, J. S., *The Managerial Grid*, Gulf Pubulishing Company, Houston, Texas, 1964（上野一郎訳『期待される管理者像』産業能率短期大学部出版部、1969年）より著者作成。

③9・1型（仕事中心型）：業績は向上するが、フォロワーへの関心は低い。部下からの反発を招く可能性もある。
④5・5型（中間型）：業績とフォロワーに対する関心がほどほどにある。
⑤1・1型（消極型）：業績は向上せず、フォロワーに対して無関心。

マネジリアル・グリッドの結論として、業績とフォロワーへの関心がともに高い9・9型が理想的なリーダーであるとした。この理論は、リーダーシップを仕事と人間という二要因に基づいて分析することには成功したが、状況要因に関する分析が不在であった。

4.6	コンティンジェンシー理論

1970年代に入ると、最も効果的なリーダーシップはそれぞれの環境によって異なり、その条件に適応したリーダーシップが求められるという研究、コンティンジェンシー理論（条件適合理論、状況適応理論）が登場する。代表的なコンティンジェンシー理論としては、フィードラー（Fiedler, F. E.）の条件適合理論（Contingency Model）、ハーシー（Hersey, P.）とブランチャード（Blanchard, K. H.）の状況適応理論（SL理論：Situational Leadership theory）が挙げられる。

(1) 条件適合理論

リーダーシップ論においてコンティンジェンシー理論を最初に提唱したのがフィードラーである。唯一最適なリーダーシップは存在せず、状況次第で望ましいリーダーシップは異なるという見解に立っている。彼は、リーダーの置かれている状況によって有効なリーダーシップスタイルは異なるとし、さまざまに生活環境、社会環境が変化するなかで同一のリーダーシップが効果を発揮し続けるのは難しいとした。そして、リーダーシップも状況に合わせて変えないと効果がないのではないかと考えた。彼は、状況に応じてどのようなリーダーシップが有効かを分析するため、最初から固定的なリーダーシップ、「仕事中心型」と「人間中心型」の2つのスタイルに類型した。そして、この両者の有効性は、組織の性質によって異なるという仮説を設け、これを立証しようと試みたのである。彼は、リーダーシップの有効性に影響を与える組織内要因として、次の3つを挙げた。

①リーダーとフォロワーの人間関係
②職務構造
③リーダーの権限

　フィードラーは，この3つの状況変数を組み合わせ，8種類に分類した（図4.5参照）。リーダーシップスタイルは，主な状況として，次の3つを挙げている。
①有利な状況：人間関係が良い，職務構造も明確，そして，リーダーの権限も強い。リーダーがフォロワーをコントロールしやすい状況。
②不利な状況：人間関係が悪く，職務構造も不明確，そしてリーダーの権限も弱い。リーダーがフォロワーをコントロールしにくい状況。
③中間状況：人間関係，職務構造，リーダーの権限ともに普通。

　分析の結果，彼は，リーダーの置かれている状況が，有利または不利な状況の場合は，仕事中心型のリーダーの成果が高く，状況が有利でも不利でもない場合は，人間中心型のリーダーの方が成果が高いことを発見した。このことから，状況によってリーダーシップの有効性は異なり，リーダーの置かれている

図4.5　フィードラーの条件適合理論

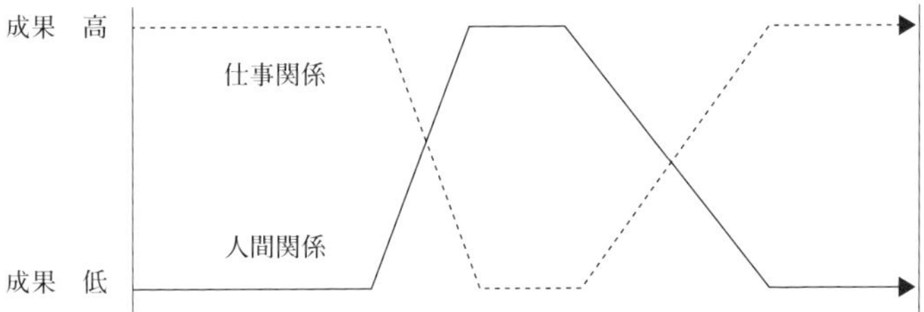

カテゴリー	I	II	III	IV	V	VI	VII	VIII
リーダーとフォロワーの人間関係	良	良	良	良	悪	悪	悪	悪
職務構造	高	高	低	低	高	高	低	低
リーダーの権限	強	弱	強	弱	強	弱	強	弱
リーダーの状況	有利	有利	有利	中間	中間	中間	中間	不利

資料出所：Fiedler, F. E., *A Theory of Leadership Effectiveness*, McGraw-Hill, 1967（山田雄一監訳『新しい管理者像の探求』産業能率短期大学出版部，1970年）より著者作成。

状況によっては，その力を発揮できたり，発揮できなかったりすることが明らかとなった。リーダーは，状況に応じてリーダーシップスタイルを選択することを求められるのである。

(2) ハーシーとブランチャードのSL理論

ハーシーとブランチャードは，状況要因をフォロワーの成熟度によって異なるとする，SL理論を提唱した。

有効なリーダーシップスタイルはフォロワーの成熟度に応じて変えることが必要であり，彼らはフォロワーの成熟度をコンティンジェンシー要因とした。成熟度とは，仕事に必要な能力と，仕事に対する意欲の度合いのことである。そこで，彼らはフォロワーの成熟度の違いによって，「指示的」，「説得的」，「参加的」，「委任的」という4つのリーダーシップの類型を提唱している。

さらに，リーダーシップの行動を，次のように指示的行動と協労的行動の2つに分類している。

ⓐ指示的行動

目標達成に向けた成果重視の行動のこと。

ⓑ協労的行動

集団の人間関係に気を配る行動のこと。

ハーシーとブランチャードは，フォロワーの成熟度によって，リーダーシップスタイルをどのように変えればより有効かを研究した。研究成果は，次のとおりである。

①成熟度が低いフォロワーに対して：「指示的リーダーシップ」

人間関係への関心を低くし，成果への関心を高くする。

成熟度の低いフォロワーに対し，リーダーは，仕事の手順や方法などを詳細に指示する。フォロワーの成熟度が低い間は指示的行動の割合を高くすることが効果的であるが，フォロワーの成熟度が高くなるにつれて，協労的行動の割合を高くする。

②成熟度がやや低めのフォロワーに対して：「説得的リーダーシップ」

人間関係，成果ともに関心を高くする。

詳細な指示を与えていた「指示的リーダーシップ」とは異なり，やや成熟度が高まってきた段階では，徐々に，本人に考えさせ，意見を求めることも加わ

る。指示的行動の割合を逓減させていく段階である。
③成熟度がやや高めのフォロワーに対して：「参加的リーダーシップ」

人間関係への関心を高くし，成果への関心を低くする。

さらに成熟度が高まり，職務遂行に必要な知識や技能が身につき，指示は最低限必要な範囲にとどめる。本人の積極的な姿勢や，環境づくりのための協労的行動の割合を増やすことが必要となる。

④成熟度が高いフォロワーに対して：「委任的リーダーシップ」

人間関係，成果ともに関心を低くする。

成熟度が最も進んだ段階で，指示的行動と協労的行動の割合を両方低くすることが効果的である。メンバーに責任権限を委譲し，思いどおりに任せる。

たとえば，企業においても新入社員とベテラン社員に対して，同じ指導をしていても，あまり効果的ではない。ハーシーとブランチャードは，フォロワーの成熟度という視点から，それぞれに応じたリーダーシップ行動が必要だと考え，リーダーシップ論において大きな成果を残した。

表 4.1　ハーシーとブランチャードの SL 理論

成熟度	指示的行動	協労的行動	リーダーシップ
低い	高	低	指示的
やや低い	高	高	説得的
やや高め	低	高	参加的
高い	低	低	委任的

資料出所：Hersey, P. and Blanchard K. H., *Management of Organizational Behavior*, PrenticeHall, Inc., 1972（ハーシー，ブランチャード著，山本成二・水野基・成田攻訳『行動科学の展開 人的資源の活用』日本生産性本部，1978 年）より著者作成。

| 4.7 | 新しいリーダーシップ像 |

これまでに取り上げてきたリーダーシップ論におけるリーダー像とは，組織の目標に向けて，フォロワーや関連する人々に働きかけ，その達成を目指すものであった。1970 年代後半以降になると，カリスマ的リーダーシップや変革的リーダーシップなど，これまでとは異なる新しいリーダーシップ像の登場をみることになる。ここでは，その一部を紹介する。

(1) サーバントリーダーシップ

　サーバントリーダーシップは，1970年にグリーンリーフ（Greenleef, R. K.）によって提唱された新しいリーダーシップ概念である。

　1964年にグリーンリーフセンター（Center for Applied Ethics, Inc.）を設立したグリーンリーフは，1970年にサーバントリーダーシップを提唱した後は，それに関連する著作や研究はもちろん，MITやハーバードビジネススクールなどでの講演，教育，コンサルティングなど幅広い活動を行った。1990年にグリーンリーフが逝去し，グリーンリーフセンターは，スピアーズ（Spears, L.）に継承されて発展を続けている。

　サーバントとは，「使用人，召使い」という意味で用いられることが多い語であるが，ここでは「奉仕者」の意味合いが色濃く出されている。組織の方向性を示す時点では，リーダーが先導的役割を果たすが，それを実行していく段階，すなわちフォロワーがひとたびその目標に向けて邁進し始めれば，リーダーはサーバントとなってフォロワーにつくすことが求められる。スピアーズによると，サーバントリーダーの条件としては，下記の10点が挙げられる。

①傾聴（Listening）
②共感（Empathy）
③癒し（Healing）
④気づき（Awareness）
⑤説得力（Persuasion）
⑥概念化（Conceptualization）
⑦先見力（Foresight）
⑧幹事役（Stewardship）
⑨人々の成長に関わる（Commitment to the growth of people）
⑩コミュニティ構築（Building community）

　サーバントリーダーには，フォロワーの成果をあげるためにも，相手を理解し，その力を引き出すことが求められる。さらに，他者や組織を癒す力が必須の能力とされている。

> **参照：サーバントリーダーシップ（資生堂の取り組み）**
>
> 　資生堂では，サーバントリーダーシップを導入している。顧客に迅速に対応できるよう，社長が底辺で全従業員を支え，従業員の力を十分に発揮できる組織づくりとなっている。
>
> 図4.6　資生堂におけるサーバントリーダーシップの取り組み
>
> ```
>            顧客
>            店頭
>     ビューティーコンサルタント
>          営業担当
>           支社長
>       本社・研究所・工場
>           社長
> ```
>
> 資料出典：資生堂のホームページ（http://www.shiseido.co.jp/ir/library/s0303jig/html/jig002.htm#002e，アクセス日2010年9月9日）を一部修正した。

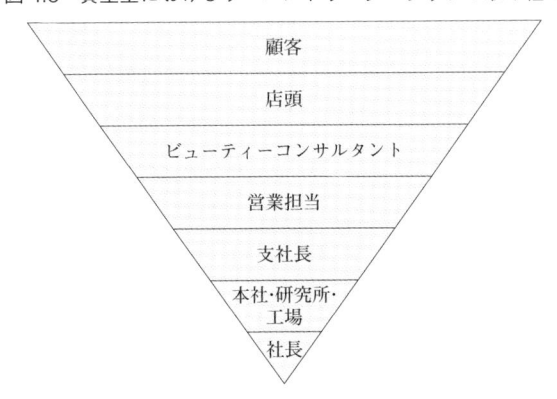

(2) オルフェウス室内管弦楽団

　1972年に，チェロ奏者ジュリアン・ファイファー（Fifer, Julian）ほか数名の演奏家によって創立された。オルフェウスは，指揮者を置かないオーケストラ組織で，メンバーの徹底した合議にともなう民主的な運営を特徴とする。経営学の分野でも注目され，オルフェウスの組織に関するセミナーも開催されている。

　従来の指揮者を置くオーケストラと異なり，組織構成員一人ひとりが指揮者としての役割も担うオルフェウスのメンバーは，組織保全のため，次のような8つの原則を掲げている。

①権限の保持
②自己責任
③役割の明確化
④リーダーシップの柔軟性

⑤平等なチームワークの育成
⑥話の聞き方と話し方を学ぶ
⑦コンセンサスの形成
⑧献身的な姿勢

　リーダーである指揮者が存在しないこの組織では，メンバー間で対等な関係が構築され，それぞれが意思決定に関与し，リーダーシップを共有している。コンサートマスターやパートリーダーという部分的なリーダーシップは存在するが，これは，積極的に行われている楽曲に対する解釈や意見交換などの議論に膨大な時間を費やすことのないようにするためのものである。

　一見矛盾するようではあるが，他の組織以上に強固なリーダーシップが存在するといえよう。

(3) フォロワーシップ（Followership）

　リーダーシップとは，他者に影響を与えることを意味するが，フォロワーシップとは，他者から影響を受けることを意味している。フォロワーシップでは，上司の指導力や判断力をフォロワーが補完し，組織の成果を最大限に発揮することが求められる。組織形成から一定時間が経過し，フォロワーが経験豊富で能力が高く，職務構造が明確，そして良好な人間関係が構築されている状況下になると，どのようなリーダーシップを有するかは相対的な重要性を低下させ，フォロワーシップがより重要となってくる。

　ケリー（Kelley, R.）は，フォロワーシップの内容について，上司の指示に従い，組織目標の達成に邁進する力である貢献力（コミットメント：commitment）と，上司の指示の適切さを判断し，必要に応じて上司に提言する力である批判力（クリティカルシンキング：critical thinking）という2つの軸を用いて，5つに分類できるとした。

①批判型：批判力（高）と貢献力（低）
②盲従型：批判力（低）と貢献力（高）
③消極型：批判力（低）と貢献力（低）
④官僚型：批判力（中）と貢献力（中）
⑤模範型：批判力（高）と貢献力（高）

　多くのリーダーシップ論は，リーダーに焦点を当てて展開されてきたが，こ

のフォロワーシップ論に至り，組織目標を達成するためのフォロワーの資質に焦点をあてるという新しい視点がリーダーシップ論に注入されることになる。これにより，リーダーシップ，フォロワーシップ双方の検討が組織の成功への鍵となることが示されたのである。

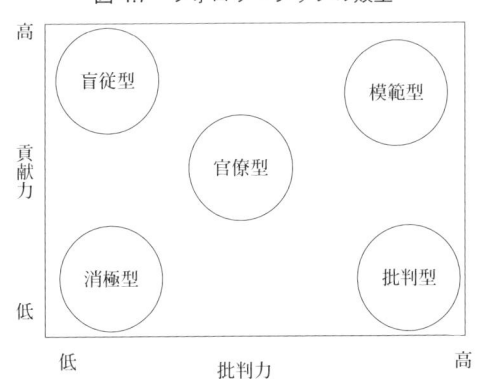

図 4.7　フォロワーシップの類型

（縦軸：貢献力　低〜高／横軸：批判力　低〜高）
- 盲従型（貢献力 高・批判力 低）
- 模範型（貢献力 高・批判力 高）
- 官僚型（中央）
- 消極型（貢献力 低・批判力 低）
- 批判型（貢献力 低・批判力 高）

(4) カリスマ的リーダーシップ

1970年代後半以降，企業を取り巻く環境は激変し，その変化に対応するため，将来のビジョンを描く資質が備わったリーダー，カリスマ的リーダーシップが求められるようになってきた。

カリスマとは，日本では，1990年代後半から，特別な資質をもつ者のみに限らず，人気者や憧れの対象として，広く一般的に使われるようになった言葉である。しかし，カリスマの語源は，ギリシャ語で「恵み」，「恩愛」を意味するカリスから派生している。カリスマは，新約聖書において「神からの贈り物」，「神の賜物」を意味する宗教用語である。カリスマという言葉が一般に広まったのは，20世紀以降であり，ドイツの社会学者ウェーバーが社会学用語として用いたことによる。ウェーバーによるとカリスマとは，誰もが持ちうるわけでない超自然的，超人間的，非日常的なものとみなされた人物の資質のことを意味している。

カリスマ的リーダーシップ論は，1976年にハウス（House, R. J.），バエツ（Baetz, M. L.）らによって展開されていくこととなる。カリスマ的リーダーシ

ップとは，フォロワーに対して並はずれた影響を及ぼすことのできる個人的素質をもったリーダーである。カリスマ的リーダーシップには，フォロワー側からの，一種崇拝にも似た感情をともなった受容が必須となる。

(5) 変革型リーダーシップ

カリスマ的リーダーシップの影響を受けて登場したのが変革型リーダーシップ（Transformational Leadership）であるが，その違いは必ずしも明確ではない。環境変化が著しく，不確実性の高い現代社会において，組織を取り巻く環境変化に対して先見の明があり，組織を変革していく力のあるリーダーである変革型のリーダーシップが注目をされている。

この理論は，コッター（Kotter, J. P.）によって提唱され，そのリーダーに必要な能力として，①変革に向けての明確なビジョン設計，②ビジョンを共有するコミュニケーション能力，③ビジョンを実現化するための技術的支援（コーチング）とモチベーションなどが挙げられている。その特性には，「リーダーのようになりたい」という気持ちを起こさせるようなカリスマ性，モラールを向上させ，メンバーの能力を最大限に発揮させるための知的好奇心を喚起するインセンティブなどが含まれる。また，コッターは，変革を成功へと導く8つの段階について，次のように述べている。

①危機意識を持たせ，その意識を高めていく
②変革のための推進チームを構築する
③変革に向けて，適切なビジョンを掲げる
④適切なビジョンを周知徹底していく
⑤メンバーの自発的な行動を促進していく
⑥変革に向けて，短期的な成果を実現化する
⑦変革に向けて，気持ちを緩めないようにする
⑧変革を根づかせていく

さらに，変革型リーダーシップのなかでも類型論の発展的研究で成果を著した学者として，コッターとカンター（Kanter, R. M）が挙げられる。変革型リーダーシップにおいて，コッターは，仕事中心型をアジェンダ型（agenda setting）と称し，人間中心型をネットワーク構築型（network building）とした。また，カンターが，ミドルマネジャーに焦点を絞り，仕事中心型を問題設定型

(problem definition) とし，人間中心型を連合体形成型 (coalition building) としたことは，コッターのアジェンダ型，ネットワーク構築型の分類と方向性を等しくするものである。一般的には，変革型リーダーシップは新たなビジョンを示し，ネットワークの再構築を行うことから，この2軸を基点として，変革が生み出されることになる。

一例として，近年では，日産を再建したカルロス・ゴーンが挙げられる。その特徴は，明確なビジョンや強い信念と自信，クロスファンクショナルチーム[1]を活用するなど，危機的な状況からV字回復を実現させたことにある。

❏❏❏ 参考文献

Blake, R. R. and Mouton, J. S., *The Managerial Grid*, Gulf Pubulishing Company, Houston, Texas, 1964（上野一郎訳『期待される管理者像』産業能率短期大学部出版部，1969年）.

Fiedler, F. E., *A Theory of Leadership Effectiveness*, McGraw-Hill, 1967（山田雄一監訳『新しい管理者像の探求』産業能率短期大学出版部，1970年）.

Greenleef, R. K., *Servant Leadership: A Journey into the Nature of Legitimate Power and Greatness*, R. K. Greenleaf Center, Inc.,1977（金井壽宏監訳『サーバントリーダーシップ』英治出版，2008年）.

Seifter, H. and Economy, P., *Leadership Ensemble: Lessons in Collaborative Management from the World-Famous Conductorless Orchestra*, Owl Books, 2002（鈴木主税訳『オルフェウスプロセス』角川書店，2002年）.

Hersey, P. and Blanchard, K. H., *Management of Organizational Behavior*, PrenticeHall, Inc.,1972（山本成二・水野基・成田攻訳『行動科学の展開　人的資源の活用』日本生産性本部，1978年）.

Kanter, R. M., *The Change Masters: Innovation for Productivity in the American Corporation*, Simon and Schuster, 1983（長谷川慶太郎監訳『ザ・チェンジ・マスターズ　21世紀への企業変革者たち』二見書房，1984年）.

Kelley, R., *The Power of Followership*, Doubleday, 1992（牧野昇監訳『指導力革命―リーダーシップからフォロワーシップへ』ダイヤモンド社，1993年）.

Kotter, J. P., *The Heart of Change*, Harvard Business School Press, 2002（高遠裕子訳『ジョン・コッターの企業変革ノート』日本BP社，2003年）.

Likert, R., *The Human Organization; Its Management and Value*, Mcgraw-Hill, 1967（三

1）クロスファンクショナルチーム（Cross-functional Team）とは，既存の組織概念に捉われず，全社的な経営課題の解決に向けて，部門や職位にかかわらず，選出されたメンバーによって構成されるチームのこと。日産のリバイバルプランにおけるチームは，この代表的な例である。

隅二不二訳『組織の行動科学』ダイヤモンド社，1968年).
三隅二不二『新しいリーダーシップ』ダイヤモンド社，1966年。
三隅二不二『リーダーシップ行動の科学』有斐閣，1978年。
資生堂，http://www.shiseido.co.jp/ir/library/s0303jig/html/jig002.htm#002e，アクセス日 2010年9月9日。
Stogdill, R. M., *Handbook of Leadership:A Survey of Theory and Research*, The Free Press, 1974.

学習を深めるために

ダニエル・ゴールマン，リチャード・ボヤツィス，アニー・マッキー，土屋京子訳『EQリーダーシップ』日本経済新聞社，2002年。
金井壽宏『リーダーシップ』日経文庫，2005年。

> **コーヒーブレイク** コミュニケーション
>
> あらゆる組織人にとって，コミュニケーションは組織の円滑な運営のために必須の能力である。コミュニケーションは大きく，①言語的な「バーバルコミュニケーション」，②話し方，動作，ジェスチャーなど，言葉以外の非言語的な「ノンバーバルコミュニケーション」に分類することができる。言語だけでなく，ボディランゲージなどの非言語コミュニケーションを含む「対面コミュニケーション」においてコミュニケーション情報量は最大となり，電話でのコミュニケーション，文書コミュニケーションの順に情報量は減少することから，人間のコミュニケーションにおける非言語的側面の重要性が看取できる。また，おおよそリーダーと呼ばれるすべての人にとって，コミュニケーションの力はとくに重要である。リーダーたちは，上記の言語コミュニケーション能力と非言語コミュニケーションの力にとどまらず，部下の信頼を得ることのできる全人格的なコミュニケーション力を持つことが求められるだろう。

第5章 近代組織論

　経営学の伝統的な理論は，テイラーの科学的管理法，ファヨールの管理過程論，ウェーバーの官僚制組織などから，人間関係論，行動科学へと発展を遂げた。そして，本章で取り上げるシステム論などを中心としたバーナードやサイモンらの研究によって，近代組織論へと展開を遂げることとなる。近年における組織論研究として，組織と環境との関係を対象としたコンティンジェンシー理論，組織間関係論などが挙げられる。本章では，バーナード以降今日に至るまでの代表的な理論を中心に取り上げていく。

5.1　チェスター・バーナード

　バーナード（Barnard, C. I., 1886-1961）は，1886年にマサチューセッツ州に生まれた。1906年に，経済学を学ぶためハーバード大学に入学をするが，3年後の1909年に中退をしている。その後，同年に米国電信電話会社（AT & T）に入社した。1927年，同社の関連会社であるニュージャージー・ベル電信電話会社の社長に就任し，その職を20年間勤めた。社長在任中の1937年には，ボストンのローウェル研究所で講演を8回行い，その講演内容が著作『経営者の役割』としてまとめられた。また，1948年から1952年までは，ロックフェラー財団の理事長も務めている。

　バーナードは組織論，管理論に多大な貢献を果たし，近代組織論の創始者，バーナード革命などと呼ばれている。以下，バーナードの組織論の中核をなす思想や理論を概観する。

(1) 全人仮説と協働システム

　バーナードは，人間は自由意思をもつ存在であり，環境の制約を受ける存在

であるとして「全人仮説」を唱えている。人間は経済的欲求のみならず社会的欲求や自己実現欲求等の多様な欲求を持っている。そして，環境変化の中で，個人の限られた能力を駆使して，自己の欲求を満たそうとする。しかし，個人の能力では，自己の欲求の充足に困難や限界が生じる。そこで，個人として達成不可能ないし困難な目的を達成するために「協働」が不可欠となることを主張している。

彼によれば，社会は教会，政党，政府，軍隊，企業，学校，家庭などが相互に関連し合う多数の協働システム（協働体系）から成立している。

彼の主著『経営者の役割』の中で，石の例を用いて次のようにわかりやすく説明をしている。道路に一人では動かすことができない大きな石があり，通行の妨げになっている。その石を他者と力を合わせて動かす。このように，人間は協働することによって，達成不可能な目的も達成可能ならしめることができる。このように，協働システム（cooperative system）とは，複数の人間が，一つの目的のために協力して働くことを意味している。そして，バーナードによると，石の例のように，動かそうと力を合わせているときに「組織」が出現し，その石を動かせば，組織の目的を達成し，組織は解消するか，または新たな目的を創造することになる。バーナードは組織について，「二人またはそれ以上の人々の，意識的に調整された諸活動または諸力の協働システム」と捉えている。

(2) 公式組織成立の3要素

バーナードは，目的達成のために意図的につくり出された集団のことを「公式組織（formal organization）」とし，同時に，その公式組織を支えるものとして，「共通の目的をもたない，個人の人格的接触や相互作用の総体」である「非公式組織（informal organization）」の存在も重視している。

バーナードは，公式組織を成立させるための3要素として，①「共通目的」，②この目的達成のための「貢献意欲」，そしてこの両者をつなぎ合わせるための③「コミュニケーション」を挙げている。

(3) 組織均衡論

組織が存続するためには，①内的均衡，②外的均衡を保つ必要がある。この均衡のことを「組織均衡論（theory of organization equilibrium）」と呼ぶ。

①内的均衡

内的均衡とは，組織内部における均衡関係であり，その構成員たる従業員の貢献意欲と，その意欲を引き出す誘因との均衡に関する理論である。内的均衡では，誘因と貢献の関係が「均衡」を維持しなければならない。組織構成員は，要求されている貢献に比べて等しいか，またはそれ以上の誘因が提供されているときだけ組織への参加を続けることになる。

②外的均衡

外的均衡とは，組織と外部環境との均衡関係で，市場や技術などの動向，社会環境を敏感に察知して，そのような外部環境に組織を適合させるための意思決定を行うことが求められる。

さらに，バーナードは，組織を評価する2つの概念として，「組織の有効性」と「組織の能率」を挙げ，この「有効性」と「能率」の均衡を図ることが管理者にとっては必須の要件であるとしている。

①組織の有効性：組織の目的を遂行する技術的能力，組織目標の達成度
②組織の能率：組織構成員に対して，貢献を引き出す有効な誘因を提供し続ける組織の能力，個人的な動機の満足度

(4) 権限受容説

組織を維持していくためには，組織内でのコミュニケーションが円滑に行われる必要がある。バーナードは，コミュニケーションについて，管理者の権限は，下位者が受容した場合に成立するとした。下位者が管理者の命令を受容し，その命令に従い行動することで，管理者としての権限が成立する。また，バーナードは，権限を論じる際に，「無関心圏」という概念を用いている。無関心圏とは，組織において上位者と下位者の関係が発生すると同時に，下位者として当然従うことが前提とされる範囲のことである。その範囲内の命令については，下位者は疑問を抱くことなく受容する。

バーナードは，組織について，分業や権限の構造といった古典的理論の捉え方とは大きく異なった理論を展開している。これまで述べてきたとおり，協働システムをはじめ，組織均衡論など新たな理論を展開し，経営学の発展に多大な貢献をしたのである。

5.2　ハーバード・サイモン

　サイモンは（Simon, H. A., 1916-2001）は，1916年に米国のウィスコンシン州に生まれ，1938年にシカゴ大学を卒業し，同大学院では行政学を専攻した。1942年にイリノイ工科大学で学び，1943年にシカゴ大学で政治学の博士号を取得，1945年に『経営行動』を出版している。1949年，カーネギーメロン大学産業経営大学院のコンピュータ科学，心理学担当教授に就任した。サイモンは，組織論において，意思決定などの研究を行っていたが，その研究領域は，行政組織，経営学，経済学，政治学，心理学，人工知能，言語学，社会学など多岐に及び，1978年にはノーベル経済学賞も授与されている。

　彼は，バーナードの理論を継承していることから，バーナード＝サイモン理論と呼ばれることもあり，アメリカの近代組織論の中心的な学者の一人である。彼の理論の主要論点として3点を挙げたい。

(1) 論理実証主義

　サイモンは，意思決定過程に着目をし，何を目的とするか，何を望ましいと考えるかという「価値前提（value premises）」，置かれた環境や能力など状況の事実認識としての「事実前提（factual premises）」の2つに意思決定の前提を区分した。

　彼によれば価値前提は科学的分析の対象ではなく，事実前提は，その目的を所与とすれば，その手段の選択について検証可能であると考えた。このような捉え方から，サイモンは，科学的分析から価値判断にかかわる側面を排除し，検証可能な事実，理論を重視する立場であることから，論理実証主義（logical positivism）に基づいているとされている。

　サイモンは伝統的な管理原則論の諸原則に対して，原則相互間に矛盾した内容が含まれていること，経験的な検証も欠落していることを指摘している。また，完全な合理性をもとに意思決定を行う「経済人モデル」に対しても現実には即さないと批判し，「管理人（経営人）モデル（administrative man）」を提唱した。

(2) 管理人モデル

サイモンによれば，人間は全知全能ではなく，「制約された合理性」のもとで，満足基準に基づいて意思決定を行うものである。この人間観のことを「管理人モデル」と呼んでいる。

経済学の前提となっている経済人モデルでは，人間はあらゆる情報からすべての代替案を得て，そのなかから選択した代替案の結果予測が可能である。また，最善の代替案を選択できることから，合理的な意思決定が可能であると考えられている。一方，人間はすべての代替案を知ることは不可能である，その予測も限定的である，また，人間は獲得した代替案の中で，個人の主観的な基準で「満足できる」，「十分である」と思われるものを判断して選択すると，サイモンは考えた。この基準が上述した満足基準を意味している。

(3) 組織均衡

サイモンはバーナードの組織均衡論も踏襲し，発展させている。彼は，組織の参加者として，①消費者，②従業員，③経営者の3種類の個人を挙げ，組織が提供する「誘因」と引き換えに個人は組織に対して「貢献」を行う。また，個人の貢献は，他の個人の誘因の源泉ともなることを指摘している。

彼によると，この個人が組織に参加し続けるか否かは，「誘因」≧「貢献」の均衡によるとした。組織が維持存続，発展していくためには，このような均衡を保ち，個人が組織に参加し続けなければならない。

伝統的な理論では，組織は，環境の変化に左右されることのない，構造的なアプローチに重点を置いたシステム，「クローズド・システム（closed system）」と捉えられていた。一方，近代組織論においては，環境と相互に作用を及ぼしながら活動するシステム，「オープン・システム（open system）」と捉えている。バーナードらのシステム論的な立場は，組織と環境との関係，オープン・システムにも影響を与えている。

オープン・システムをベースとした研究については，バーンズとストーカーやローレンスとロッシュ，そしてウッドワードらが行った研究が先駆的な内容をもち，これらの研究がコンティンジェンシー理論の確立と発展に寄与している。

5.3 コンティンジェンシー理論

　テイラーの科学的管理法やファヨールの管理原則，そしてウェーバーの官僚制組織などに代表される古典的な管理や組織に関する理論は，いかなる状況においても適用される法則であると考えられてきた。どのような環境においても，組織には唯一最善の組織構造，管理原則など普遍性があると考えられ，追求されてきたのである。

　これに対して，1960年代に入ると，「組織と環境」との最適な関係のあり方に焦点が移ることとなる。組織や管理のあり方は，環境，技術などの状況に応じた有効な組織構造があると考えられた。このようなアプローチが「コンティンジェンシー理論」と呼ばれるものである。ここでは，バーンズとストーカー (Burns, T. and Stalker, G. M.)，ローレンスとロッシュ (Lawrence, P. R. and Lorsch, J. W.)，ウッドワード (Woodward, J.) らの代表的な理論を取り上げる。

(1) バーンズとストーカー

　バーンズとストーカーは，環境と管理システムに着目をし，英国においてエレクトロニクス産業へ事業進出した20社の組織構造に関する調査を実施した。その研究を通じて，環境に応じて組織を，①機械的組織，②有機的組織に分類している。

① 機械的組織

　技術革新や市場動向が安定した環境において，権限と責任が明確化され，命令系統や階層化が徹底されているピラミッド型の伝達構造を持つ集権的な組織，いわゆる官僚的組織のこと。

② 有機的組織

　技術革新など市場動向が激しく変化をし，水平的なネットワーク型の伝達構造をもつ，状況に応じて対応ができる分権的な組織，いわゆる非官僚的組織のこと。

　バーンズとストーカーの調査結果から，技術革新の激しい環境では有機的組織が有効的であるのに対して，技術革新が比較的緩やかな安定した環境下では機械的組織が有効的であることが明らかとなった。彼らは，機械的組織と有機

的組織のどちらかがより有効的な組織であるという立場ではなく，環境の不確実性にともない，その時々に応じた条件のもとで組織が規定されることを実証的に示したのである。

(2) ローレンスとローシュ

ローレンスとローシュは，環境変化が厳しいプラスチック産業（6組織），中間の食品産業（2組織），比較的安定している容器産業（2組織）の3つを対象に，組織内の，①「分化（differentiation）」と，②「統合（integration）」の2つの概念に着目をし，組織の業績と分化と統合，環境の不確実性との関係について実証研究を行った。

①分化：部門ごとの構造の公式性や管理者の志向が異なる程度のこと。

目標志向，時間志向，対人関係志向，構造度など

②統合：部門間の協力度合いを示したもの。

水平的コミュニケーション，チーム，統合者，統合部門など

ローレンスとロッシュは，調査対象部門として研究開発，製造，販売などに着目をした。彼らの研究結果によれば，部門間で課業環境が異なり，課業環境の不確実性の程度が高い組織は，組織の分化の程度が高くなり，それに応じてより複雑な統合メカニズムと高度なコンフリクト処理が必要不可欠となってくることを明らかにしている。

(3) ウッドワード

ウッドワードは，コンティンジェンシー理論では古典的な研究者とされている。彼女は，機械化の水準と組織構造の関係性に着目をしている。英国のサウスエセックス地方にある製造企業100社を対象に実証研究を行い，技術が組織構造を規定していることを示している。ウッドワードは，生産システムに用いられる技術を「複雑性」の小さい順に，①受注生産の小バッチ生産，②組立ラインの大バッチ・大量生産，③完全な自動生産ラインの連続工程生産の3つに類型化した。そして，①小バッチ生産や③連続工程生産には，「有機的組織」が適し，②大バッチ・大量生産には「機械的組織」が適しているとした。②の大バッチ・大量生産をとる業種に関しては，伝統的な管理原則が示すように権限と責任が明確で，命令系統が明確にされている。また，コミュニケーションに関しても，文書が一般的であった。これに対して，①小バッチ生産，③連続

工程生産は,権限と責任は明確ではなく,環境変化に柔軟に対応し,権限と責任が委譲され,コミュニケーションも口頭で行われる傾向があり,参画的な経営が行われている。

5.4 組織間関係論

近年,組織を取り巻く環境が激化し,組織の維持,成長や発展を遂げるために,外部組織との関係性の重要性が増している。業務提携,資本提携などがその一例である。このような組織行動の背景には,新技術の開発などに一つの組織で取り組むことに限界が生じていることなどがある。その限界を克服し,日々変化をする顧客のニーズに対応していくためには,外部組織との関係性を構築することが必須となってくる。このような実情から,組織間関係論という理論が注目をされている。

1950年代後半から1960年代初頭に組織間関係論が誕生し,1970年代後半に,経営学の学問領域の一つとしても確立されることとなる。組織間関係論は,このような経営学に限らず,社会学,行政学などの他分野からも生み出されている。組織間関係は,組織論,とりわけマクロ組織論の領域に位置づけられ,組織をクローズド・システムではなく,オープン・システムとみなすところから出発する。組織間関係論とは,組織と環境との両者の関係性,組織と他の組織との関係に着目し,組織行動を分析する理論である。

5.4.1 組織間関係論とその諸研究

組織間関係論の定義は多様であるが,桑田・田尾(1998)によると「組織間関係は,相互に自律的であろうとしつつ,なお相互に直接的な依存関係を持つ組織間の関係」と定義し,「組織間関係は,いわゆる市場での取引の調整や組織内部の権限関係とは異なる」とその関係性を記している。

まず,本節では,組織間関係論の代表的な理論として,組織セットパースペクティブ,資源依存パースペクティブなどを挙げることにする。

(1) 組織セットパースペクティブ

1960年代後半,エヴァン(Evan, W. M.)が組織セットパースペクティブを

提唱した。この組織セットとは，分析対象の当該組織である「焦点組織（focal organization）」の視点から捉えた，相互に作用する一群の組織のことである。焦点組織は，顧客などのアウトプット組織に製品やサービスを提供するために資源・情報が必要である。その資源獲得のため，焦点組織は，資源・情報などを提供する組織，具体的には供給業者，銀行などといったインプット組織と依存関係にある。

エヴァンは，焦点組織に対し資源・情報を提供するインプット組織セットと，焦点組織が経営資源を提供するアウトプット組織セットからなる組織間関係を検討している。組織は，環境からのインプットを処理し，アウトプットを送り出している。焦点組織の主要分析対象としては，その組織の境界に位置し，組織間の調整者たる対境担当者（boundary personnel）の行動分析などに主眼が置かれている。このような理論を「組織セットパースペクティブ（organization set perspective）」と呼んでいる。

(2) 資源依存パースペクティブ

1970年代に入ると，組織を取り巻く外部環境が変化し，組織間関係も複雑化していく。外部環境と組織に関する研究への関心も高まりをみせ，資源依存パースペクティブ（resource dependence perspective）という概念が登場することになる。その代表的な研究者のフェッファー（Pfeffer, J），サランシック（Salancik, G. R.）らが挙げられる。

フェッファー，サランシックによると，企業が存続していくためには，外部環境から必要な資源を獲得しなければならない。つまり，組織は必要な資源を保有，コントロールする外部組織に依存しているという考えから「資源依存パースペクティブ」と呼ばれている。この理論では，組織間の資源取引に着目し，いかに組織がその取引をマネジメントしていくかが焦点となる。

資源依存度の決定には，次の要因が挙げられる。

①資源の重要度

焦点組織にとっての，外部組織が持っている資源の重要度合い。その依存関係は，外部組織の保有資源の重要度，資源獲得のチャネルの多様性などによって規定される。当然のことながら，必要な資源の希少性と独占度合いが高くなればなるほど，外部組織のパワーは強まり，焦点組織からの依存は高くなる。

②資源コントロールの集中度

外部組織から必要な資源供給を受けている場合には，資源依存度は高くなる。

外部組織への依存度を低下させる方法について，山倉（1993）は，「組織は自らの存在を確保するために，必要な資源を保有している外部組織に依存せざるをえない。しかし一方，組織はできる限り自律性を維持する存在である」とし，以下の3つの戦略を挙げている。

①自律化戦略：焦点組織が外部組織への依存を吸収，回避する戦略で，自らの自律性を高める戦略。

②協調戦略：焦点組織が外部組織との相互依存性を認めたうえ，外部組織とのパワー均衡で合意を見出し，良好な関係性を構築することで，外部組織のパワー行使を軽減する戦略。

③政治戦略：第三者機関の介入や働きかけなどを通じ，間接的に依存関係を緩和し，外部組織のパワーの行使を軽減する戦略。

(3) 山倉の組織間関係論

組織間関係論に関する国内の代表的な研究として，山倉（1993）が挙げられる。

山倉（1993）は，現代社会を組織の複合体として捉える必要性を指摘し，組織間関係の構築の必要性とその課題について，企業がいかに環境変動に対応し，存続・成長していくかが極めて重要であるとした。そのため，企業が個別組織のレベルで戦略的・組織的な対応をし，さらに組織間のレベルにおける協力体制を構築することが課題である。また，系列に代表される組織間関係については，組織間関係の一つとしてその閉鎖的・支配的側面や協力的・合理的側面を総合的に捉えることが求められることを述べている。

彼によれば，組織間関係とは，「組織と組織とのなんらかの形のつながりをいう。したがってそれはまず，企業と金融機関，企業と部品メーカー，企業と流通業者のように，ヒト・モノ・カネ・情報を媒介とするつながりである。いわば，組織と組織との取引であり，組織間の資源・情報交換である。こうした交換は，組織間の非対称関係であるパワー関係を生み出す。しかし，組織間関係はそれにとどまらない。単なる交換をこえた組織間の共同行動や共同組織の形成も含まれる。それには合弁や業務提携，業界団体など多様なものがある。

個別組織ではできないことを行うための組織間の協力体制（組織間調整メカニズム）に注目しなければならない。こうした組織間の意図的共同行動の側面こそ重要である」（山倉1993）と述べている。

同著では，組織間関係の考察における数々の重要な概念を解説しているが，中でもとりわけ重要と考えられるものを紹介することにする。

①アライアンス

アライアンス（alliance：提携，企業連合）については，組織間関係を調整するメカニズムの一つであるとし，自社が保有していないヒト，モノ，カネ，情報などの経営資源の相互補完性をベースとした資源依存に対処する手段であるとしている。また，そのメリットとしては，①自らの必要とする資源・情報を容易に獲得できること，②外部企業との提携によって，新しい企業行動や思考様式を学習すること，③外部企業からの継続的支援を獲得することの一助となること，とした。一方，デメリットとしては，①企業の自らの自主性が失われる危険があること，②当事者間のコンフリクトがあること，③提携が新たな競争者をつくりだすことを挙げている。

②組織間コミュニケーション

組織間プロセスの解明において，パワーと同様に組織間コミュニケーションは必要不可欠なテーマだとしている。組織間コミュニケーションは，「人とのコミュニケーションとして挙げられ，組織間コミュニケーションが組織を代表する個人間のコミュニケーションによって初めて円滑に順調に展開することは，無視できないことであり，すでに述べた対境担当者の役割は大きいといわなければならない。それは，ルールによって規定されたフォーマル・コミュニケーションではなく，半ば自然発生的に形成されるインフォーマル・コミュニケーションに配慮することである」とし，「組織間コミュニケーションは組織間構造という枠組みのなかで行われるとともに，組織間構造を変動させていく要因である」としている。このことからもわかるように，外部企業に関する情報や検索・収集・処理をし，交渉するという重要な役割を担う組織の代表者としての対境担当者によって組織間コミュニケーションは具体化されることになる。

(4) 松行・松行の組織間関係論

松行（2000）は，1980年代後半を境とし，「"競争"重視から"協力と競争"

重視」の経営戦略へのパラダイムの転換を指摘し，異質な企業と連携することで，各組織の経営資源を部分的に共有し相互に補完する企業間関係に基づく新たな戦略的提携が，新たな経営戦略の形態として登場したことを述べている。そして，企業間関係，組織間関係の根底には，共生の思想が基づいているとした。

戦略的提携の基本的特性について，①戦略性，②信頼に基づく協力関係，③対等性，自律性，互恵性を持った緩やかな連結，④複合連結性，⑤組織間学習という概念を抽出し，企業間において情報の移転にともなう知識連鎖が形成され，多くの場合その戦略的提携をした企業間における組織間学習が生起するとともに，その学習結果は知識創発にまで発展し，究極的には企業変革を達成するに至るとした（松行・松行 2000, 2002）。

松行・松行（2002）は，戦略的提携の内容に関しても，①事業形態，②資本提携，③技術開発提携，④生産提携，⑤販売提携など多岐にわたっていることを指摘し，その他に資本提携および合弁事業の場合が含まれると指摘している。しかし，M&A，アウトソーシング，下請け，系列などの場合が戦略的提携に含まれるか否かについては，対等性の条件を欠いているため，議論の余地があるとしている。

また，当該組織のパートナーとなる異質な外部組織から学習することにより，組織間学習が行われることを指摘している。組織学習と組織間学習の違いについては，「組織学習」は組織主体が一つであり，「組織間学習」が2つ以上の複数の組織であることとした。具体的には，組織間学習は，①ある組織体がもつ情報および知識を用いて独自に知識形成をする組織学習，②各組織体がもつ情報や知識の組織間における双方向的な移転，交換および交流など，その結果として，③それらを受け入れた組織体が独自に組織学習をして，新しい知識の形成という知識創発をする一連のプロセスとした。

このように，松行・松行は新しい知識創発のマネジメントの視点から，現代のグローバルな企業間関係に関する経験的事実と，組織間学習に関する理論実証的な研究を展開している。

5.4.2 組織間関係論の多様性

1990年代に入ってからは,企業,行政,NPOといった多様な組織間におけるパートナーシップ,コラボレーションなどが議論されるようになる。また,組織の関係性について営利セクター,行政セクター,市民セクターの3セクターから捉える新しい公共経営という研究も盛んになった(第10章で詳述)。

所(2001)は,NPOと企業とのコラボレーションによる企業側のメリットとして,①企業イメージの向上,②市場や顧客ニーズの把握,③社員のモラールの向上などを指摘している。またNPO側にとっても,①企業資産の活用,②企業からの資金援助の拡大等があることから,双方向におけるメリットが期待されることを指摘している。

コラボレーションの目的や意図について,佐々木ほか(2009)は,①エゴセントリック型,②相互補完型,③新価値創造型の3つに類型している。組織間コラボレーションを結ぶため,それぞれの視点で強調すべき点は,**表5.1**のとおりである。

表5.1　コラボレーションの目的と意図

①エゴセントリック型	自らの自律性を最大限確保しながら,必要な資源を入手
②相互補完型	個々の組織では解決ができなかった課題に対して,異なったセクターが共同で課題解決にあたる。
③新価値創造型	セクター間の境界が曖昧で,セクターの役割機能を相互に補完するような関係で,社会課題の解決にあたる。

資料出所:佐々木利廣・加藤高明・東俊之・澤田好宏『組織間コラボレーション』ナカニシヤ出版,2009年より作成。

佐々木(2009)は,組織間コラボレーションのもつ固有の特徴として,①対等性あるいは平等性,②社会課題の共通認識や目的・ビジョンの共有性,③組織間,とりわけ組織内主要メンバー間の相互理解に基づく相互信頼性,④組織間コラボレーションが,相互に学び合い変化する相互変容性,⑤価値創造性などが必要であることを指摘している。

5.4 わが国における組織間関係

日米構造協議などで日本的経営，とりわけ企業系列や企業集団の閉鎖性が批判されることもあったことで，わが国における企業関係，企業と政府などの組織間関係が重要視されている。ここでは，戦後からのわが国の組織間関係などを中心に取り上げる。

(1) 企業集団

日本における戦後の組織間関係では，第二次世界大戦後の旧財閥や銀行を中心とした企業集団が挙げられる。メインバンク（主力取引銀行）や総合商社を中心に，さまざまな業種の企業によって，各社が横並びで緩やかな企業集団を形成していた。旧財閥系の代表的な集団として旧6代企業集団（三菱系，三井系，住友系，一勧系，三和系，芙蓉系）などが挙げられる。この頃は，銀行が資金を融資し，メーカーが生産をし，商社が流通させるというパターンが特徴的であった。その具体的な内容は次のとおりである。

①株式相互持合い

企業，銀行などの多様な業界にわたる有力な組織を中心として，株式を相互に持ち合い，密接な関係性を構築すること。

②社長会

企業集団ごとに，住友系「白水会」，三菱系「金曜会」，芙蓉系「芙蓉会」，三和系「三水会」，一勧系「三金会」といった社長会が存在する。社長会は，グループ間の情報交換などを図り，グループが結合を強める目的がある。

③企業集団内取引

銀行が企業集団内に資金を提供する系列融資を行ったり，企業集団内の商品の取引を行ったり，特定の企業集団内において，長期的，安定的な取引関係を実施すること。この取引によって，企業集団全体の利益，機密漏洩防止などの利点があった。

④系列

親会社の仕入れ，販売，部品加工などの各系列にそった支配的関係によって結合された組織間関係であり，系列を通じて事業活動を展開することは，長期的，安定的な取引関係を構築することにもつながる。具体的には，特定の産業を代表する大企業のもとに，製品やサービスの生産に必要な生産財，部品，サ

ービス提供に関わるサプライヤー（supplier：供給業者）と呼ばれる下請けが存在することなどが日本特有のものとして挙げられる。

> **参照：企業集中形態の問題点**
>
> 　企業集中形態の問題点としては，以下のカルテル，トラスト，そしてコンツェルンが取り上げられる。
>
> ①カルテル（cartel）：カルテルとは，別名「企業連合」を意味し，同じ業種に属する企業群が競争を避け，協定などを結んで，価格の維持や値上げなど，相互の共通利益を確保するために結合し市場を支配すること。
> ②トラスト（trust）：トラストとは，別名「企業合同」を意味し，市場シェアの支配をねらい，同じ業種に属する企業群，企業同士が結合すること。
> ③コンツェルン（konzern）：コンツェルンとは別名「財閥」を意味し，株式を所有することによって，多岐にわたる異なる分野の企業を支配し，統制すること。
>
> 　これらは公正取引委員会により独占禁止法違反と判断された場合は認められない。独占禁止法の規制に基づき，私的独占の禁止，不当な取引制限（カルテル，入札談合），不公正な取引方法の禁止，企業結合の規制などがある。また，独占禁止法第11条において，金融機関による産業支配の防止策として，事業会社の発行株式を5％以上保有してはならないなどの規定がある。

(2) サプライチェーン・マネジメント

　サプライチェーンとは，原材料の調達から最終消費者まで，一つのチェーンでつながっている供給の連鎖のことを意味している（図5.1参照）。サプライチェーン・マネジメント（Supply Chain Management：SCM）とは，企業が製品やサービスを顧客のもとへ届けるために必要な諸活動のことである。供給業者であるサプライヤーからの原材料調達，製造，物流，販売といったプロセスのなかで，企業などの多様な組織が壁を超え，経営資源を共有することで全体の効率化と最適化を実現し，徹底的に無駄を削減するための管理手法である。

図5.1　サプライチェーン・マネジメント

サプライヤー ＞ メーカー ＞ 物流業者 ＞ 卸・小売業 ＞ 顧客

> **参照：デルのビジネスモデル**
> 　コンピュータシステムのメーカー直販大手のデルでは，1984年の創業時から「デル・ダイレクト・モデル」という独自のビジネスモデルを構築している。デルでは，受注生産方式（Build to Order：BTO）によって販売店などのディーラーによる流通を介さず，直接販売可能な体制をとっている。受注から調達，製造，物流などをダイレクトにつなぐ「サプライチェーン・マネジメント」を展開することで，高品質，低コストなどを実現可能としている。また，デルはこのようなビジネスモデルにより，完成品の在庫をもたず，低在庫水準を維持し，最新技術を取り入れた製品化，量産，低価格の商品提供をしている。
> 資料出所：デル，http://www.dell.co.jp/

(3) 産業クラスター

　組織間関係として，産業クラスター（Industrial Cluster）が挙げられる。クラスターとは，「葡萄の房」の意味であるが，「群」，「集団」という意味もある。産業クラスターとは，米国の経営学者ポーター（Porter, M. E.）の概念であり，その定義は，「特定分野における関連企業，専門性の高い供給業者，サービス提供者，関連業界に属する企業，関連機関（大学，規格団体，業界団体など）が地理的に集中し，競争しつつ同時に協力している状態」のことである。

　経済産業省によると，わが国の産業の国際競争力強化，地域経済活性化のため，全国各地の企業，大学，研究機関などの産学官連携，産産・異業種連携など広域的なネットワークを活用し，IT，バイオ，環境，ものづくりなどの産業クラスターを形成している。その組織構造は，従来型のピラミッド構造である「垂直型産業組織」から「産業クラスター」へと，各地域における組み換えが起きていることを指摘している（図5.2参照）。産業クラスターの目的は，①イノベーションを促進する事業環境の整備，②新経済成長戦略などの国家戦略上の重要分野として定められた新産業の創出，③地域自治体などが実施する地域振興との連携による相乗効果の現出である。たとえば，経済産業省は米国の事例として，テキサス州オースティンにおける連邦政府および地方政府の政策的な取り組みによる産業クラスターの形成，ペンシルバニア州フィラデルフィアの都市型リサーチパークを中心とした新産業インフラの充実によるクラスター形成などを挙げている。わが国においても，経済産業省のホームページで，

数多くの成功事例が紹介されている。

松行（2006）によると，産業クラスターは，それを構成する組織間において，知識連鎖（Knowledge chain）を形成することにより，知的産業クラスターを構築しているという。また，企業が組織間関係の成功を遂げるためには，①提携関係をもつライバル企業同士のどちらかが，相手企業からいかに貪欲に学びとれるかという，当該組織の学習能力が最も重要なこと，②自社の中核技術を相手企業に持っていかれないよう，企業が市場競争において，やむをえない妥協をしても，自己防衛はしなければならないことを指摘している。

組織間関係は，環境変化の著しい現代社会において，その時代のニーズに対応すべく，多様な関係を構築し，その関係性の裾野を広げている。

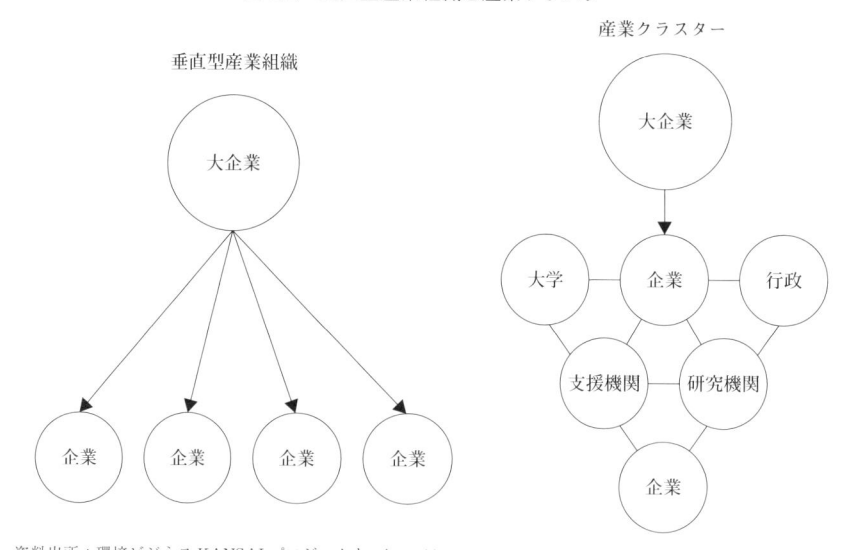

図5.2　垂直型産業組織と産業クラスター

資料出所：環境ビジネスKANSAIプロジェクト，http://www.npo-rsc.org/cluster/index.html

❏❏❏参考文献

Barnard, C. I., *The Functions of the Executives*, Harvard University Press, 1938（山本安次郎・田杉競・飯野春樹訳『新訳経営者の役割』ダイヤモンド社，1968年）.

クラスターWEB, http://www.cluster.gr.jp/index.html

Cyert, R. M. and March, J. G., *A Behavioral Theory of the Firm*, Prentice-Hall, 1963（松

第 5 章　近代組織論　　　　　　　　　　　　　　　　　　　　　115

　　　田武彦監訳『企業の行動原理』ダイヤモンド社，1965 年）．
Evan, W. M., "An Organization-Set Model of Interorganizational Relations," in M. Tuite ed., *Interorganizational Design Making*, Aldine, 1972.
環境ビジネス KANSAI プロジェクト，http://www.npo-rsc.org/cluster/index.html
経営能力開発センター『経営学の基本』中央経済社，2006 年．
北野利信編『経営学説入門』有斐閣新書，1997 年．
松行彬子『国際戦略的提携』中央経済社，2000 年．
松行康夫「日本発の産業クラスターの戦略的形成と研究開発による競争力の創成」『経営力創成研究』Vol.2, No.1, 2006 年，101-112 頁．
松行康夫・北原貞輔『経営思想の発展』勁草書房，1997 年．
松行康夫・松行彬子『組織間学習論』白桃書房，2002 年．
Porter, M. E., *ON COMPETITION*, Harvard Business School Press, 1998（竹内弘高訳『競争戦略論Ⅱ』ダイヤモンド社，1999 年）．
佐々木利廣・加藤高明・東俊之・澤田好宏『組織間コラボレーション』ナカニシヤ出版，2009 年．
Simon, H. A., *Administrative Behavior*, 2nd ed., Macmillan, 1957（松田武彦・高柳暁・二村敏子『経営行動』ダイヤモンド社，1965 年）．
所信之「組織間関係の新たな展開」『中央大学企業研究所年報』第 22 号，2001 年，191-206 頁．
Woodward, J., *Industrial Organization*, Oxford University Press, 1965（矢島鈞次・中村壽雄訳『新しい企業組織』日本能率協会，1970 年）．
山倉健嗣『組織間関係』有斐閣，1993 年．

学習を深めるために

松行康夫・松行彬子『組織間学習論』白桃書房，2002 年
佐々木利廣・加藤高明・東俊之・澤田好宏『組織間コラボレーション』ナカニシヤ出版，2009 年．

コーヒーブレイク　1% for the Planet

　パタゴニアは環境保護への行動に対する取り組みとして「1％ for the Planet」を実施している．1985 年以降，パタゴニアの売り上げの 1％を利用し，自然環境の保護，回復のために活動する米国内外のそれぞれの地域で活躍する環境保護団体を支援する取り組みの一環である．これまで，4,000 万ドル相当の寄付金を寄付した実績がある．さらに，2002 年には，パタゴニア創設者であるイヴォン・シュイナードは，ブルー・リボン・フライズ社のオーナーであるクレイグ・マシューズとともに，自然環境保護に貢献するビジネスを奨励するために NPO 団体を

設立している。

参考文献：パタゴニア，http://www.patagonia.com/jp/home

第6章 現代企業の組織構造と組織文化

6.1	現代企業の組織構造

　ある一つの組織の構造は，その組織の共通目的を実現化するための職務遂行のうえで重要な役割を占めている。

　一般的に組織構造でイメージされるものがピラミッド型組織である。ピラミッドの上層部であるトップ・マネジメントは，時々刻々と変化する状況に迅速に対応しながら競合他社と競争し，業務を遂行しなければならないために，より正確で効率的な事業運営を行うことが必要となる。このため，ピラミッド型組織を構築し，組織構成員や各部署の役割や責任の範囲を明確に定めている。その組織では，目標が細分化され，上位下達の垂直的なコミュニケーションが特長の一例として挙げられる。しかし，取り巻く環境の変化，組織構成員の価値観の多様化，情報社会の進展にともない，旧態依然としたピラミッド型組織の限界が指摘されている。第6章では，組織の仕組みと主要な組織構造の形態を取り上げる。

6.1.1　組織の仕組み
(1) 分業

　企業が商品やサービスを提供するためには，目標や経営計画の立案，資金調達，原材料や部品の調達，製造，販売などの仕事がある。仕事を職能別に分割し，専門化することを分業（division of labor）という。企業では，組織目標の達成に向けて分業化していくことが求められる。

(2) 分化と統合

企業規模が成長，拡大していく過程で，職能は，垂直的，水平的に分化するようになる。

①垂直的分化：権限を職位で分割する，縦の分化（階層化）。具体的には，トップ・マネジメント，ミドル・マネジメント，ロワー・マネジメントなどに分類することができる。

②水平的分化：職能に応じて権限を分割する，横の分化（職能分化）。具体的には，過程的分化（財務，調達，製造，販売など），要素的分化（製造，生産管理など）などが挙げられる。

さらに企業が成長し分化を続けていくと，機能や資源が重複する事業部門の統廃合，部門の合併などが行われる。このことを組織の「統合」と呼んでいる。環境変化の速い現代において，分化と統合を繰り返し，組織構造を柔軟に変化させていくことで，効率性を維持していくことが可能となる。

(3) 組織構造とアプローチ

組織構造を決定するためには，次のような管理原則を十分に考慮しなければならない。

①専門化（分業）の原則
②命令一元化の原則
③統制範囲の原則：スパン・オブ・コントロール（span of control）
④権限と責任の原則
⑤権限委譲の原則

これらのうち，どの原則を優先させるかによって，組織構造は変化するのであるが，これを一般に組織原則のアプローチと呼んでいる。そのほかにも，有効的な組織構造や管理方法は，その時々において組織が直面している状況に応じるとする，不確実性に対する適応のあり方を重視するコンティンジェンシー理論によるアプローチなどがある。当然のことながら，そのアプローチに応じて，組織構造を柔軟に変化させる必要がある。

(4) 集権的組織と分権的組織

組織構造は，その管理に必要な権限の配分によって，集権的組織と分権的組織に類型される。

① 集権的組織とは，権限をトップ・マネジメントに集中させるピラミッド型の組織のことをいう。必要な権限を組織の上位に集中させ，命令一元化を図ろうとする形態である。代表的な組織として，ライン組織，職能別組織，そしてライン＆スタッフ組織が挙げられる。
② 分権的組織とは，権限を組織階層全体に委譲，分散させる組織のことである。意思決定に必要な権限も含めて，組織の各階層に分散する。その代表的な組織として，事業部制組織とカンパニー組織が挙げられる。

6.1.2 基本的（集権的）な組織形態の構造
(1) ライン組織

ライン（line）とは，直接的に企業の売り上げに関わる部門を意味し，製品開発，生産，販売などがそれに相当する。ライン組織は，直系組織とも呼ばれ，組織のトップである社長から末端の社員まで指揮命令系統が一つのラインで結ばれている。この組織は，軍隊組織とも呼ばれ，一つの目標に向けて，組織全体が集結する場合に適している。また，組織の秩序や規律が保たれやすく，指揮命令系統が明確で，組織全体に伝達が行き届きやすい，権限と責任が明確で，

図6.1 ライン組織

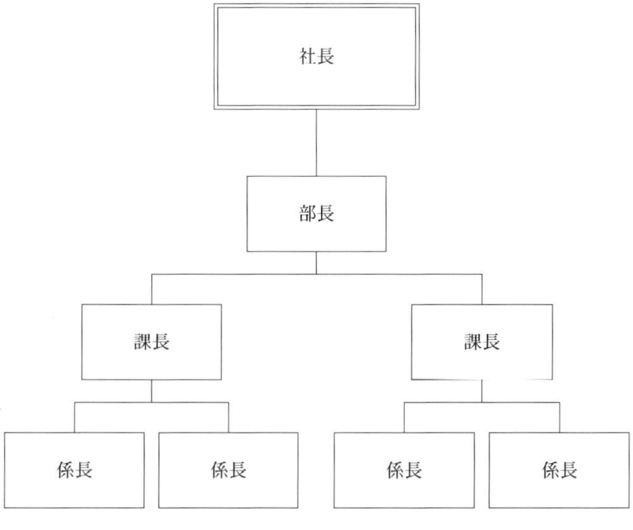

組織の混乱を招きにくいなどの長所がある。一方，横断的なコミュニケーションが行われにくいなどの問題がみられる。

(2) **職能別組織**（ファンクショナル組織）

多くの企業活動には，生産，販売，研究開発，購買，財務，経理，人事などのような専門知識や技能を要する。こうした専門知識，技能のことを職能と呼ぶ。職能別組織は，職能別に，水平的に部門化した集権的組織である。この組織は，零細企業から中小企業に成長すると編成されることが多い。職能別組織は，ミドルマネジャーの管理層が専門の職能別に分割され，下位者は，専門の管理者から指揮を受ける。そのため，専門的な知識を有効活用でき，専門家が養成できるなどの長所がある。一方，短所としては，意思決定の負荷，部門間のコンフリクト，権限が集中することでの意思決定の遅れ，各職能別に権限と責任を委譲しているために責任の所在が不明確になるなどの問題が懸念される。

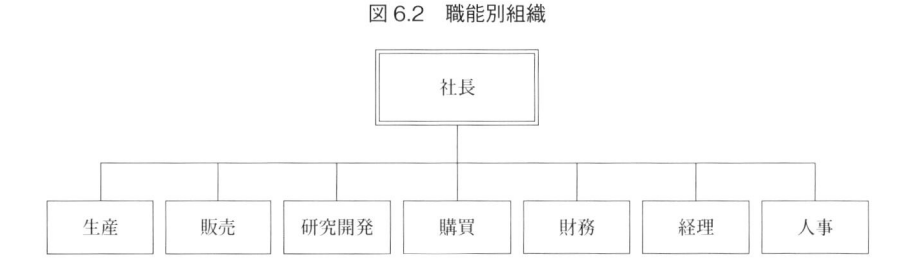

図6.2　職能別組織

```
                    社長
  ┌──────┬──────┬──────┬──────┬──────┬──────┬──────┐
 生産   販売  研究開発  購買   財務   経理   人事
```

(3) **ライン＆スタッフ組織**

スタッフ（staff）は，ラインを支援する部門であり，人事，総務，経理など，企業目的にとっては間接的な存在意義となる部門などがそれに相当する。ライン＆スタッフ組織は，職能的専門性を有するスタッフからなる部署をラインに加えた組織構造である。ライン組織の欠点を改善するために考えられ，ライン組織と職能別組織の特性を生かした組織である。ライン＆スタッフ組織は，軍隊の参謀方式に類似し，指揮命令系統を乱すことなく専門的な能力を活かすという特長が挙げられる。また，専門化の原則と命令統一の原則を同時に満たすことが可能である。一方，事業規模が拡大し，業務が複雑になるにつれ，ラインとスタッフのバランスが崩れ，組織間の調整が困難な状況となり，上位者の

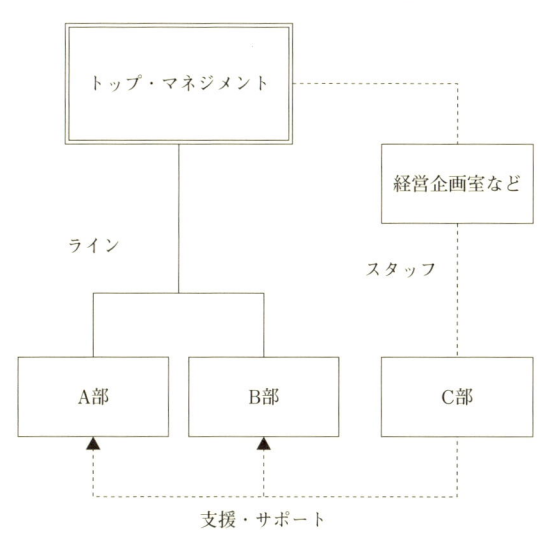

第6章　現代企業の組織構造と組織文化　　　　　　　　　　　　121

図6.3　ライン＆スタッフ組織

意思決定が増え，組織が混乱する可能性もある。

6.1.3　多様な組織形態の構造
(1) 事業部制組織

　事業部制組織は，規模の大きい企業組織によくみられ，事業活動の多角化に対応するために現れた組織である。その組織は，事業別，製品別，地域別など，複数の自律的に編成された事業部単位ごとに形成されている。具体的には，それぞれの事業部ごとに，生産，販売，研究開発，購買，財務，経理，人事などの職能を含んでいる。そして，各事業部は，独立のプロフィットセンター（独立採算制組織）であり，各事業部単位で権限をもち，製品・サービスを開発，製造，販売することが可能である。この組織の特長は，各事業部に権限委譲をしているため，意思決定や環境変化に迅速に対応できること，各事業部の評価が明確であること，部門間ごとの競争をもたらすこと，本社が全社戦略に集中できることなどが挙げられる。一方，設備，投資，人材などの経営資源や業務の重複が生じやすく，事業部間での人材や技術などの交流も難しい。また，事業部ごとに評価されるため，短期的な業績が優先され，企業全体よりも，事業

図 6.4　事業部制組織

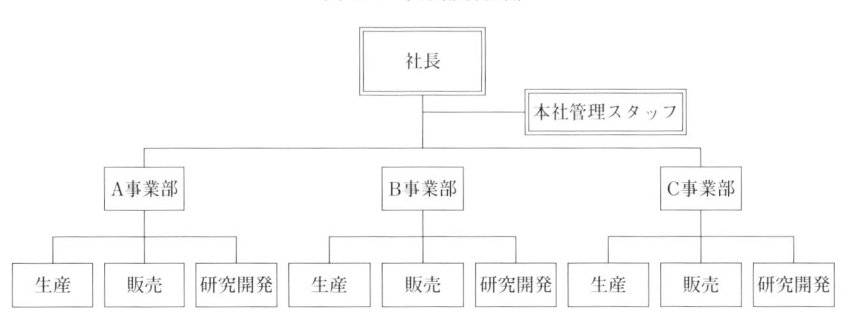

```
                    社長
                     |
                     +―― 本社管理スタッフ
                     |
      +――――――――――――――+――――――――――――――+
      |              |              |
   A事業部         B事業部         C事業部
      |              |              |
  ┌―┼―┐       ┌―┼―┐       ┌―┼―┐
 生産 販売 研究開発  生産 販売 研究開発  生産 販売 研究開発
```

部の利益が優先されること，撤退の決断がしにくいことなどの諸問題も挙げられる。

(2) カンパニー組織

　カンパニー組織とは，事業部制組織を発展させ，事業ごとの責任と権限を高めた組織構造である。1994年にソニーが導入したことで有名となった。この組織は，社内分社制の一種で，事業ごとに，独立会社のような運営を行う組織となっている。また，経営資源を分配し，独立採算制，権限委譲を高めていることから，カンパニー組織の方が事業部制組織よりも独立性が高い。カンパニー組織では，本社の弱体化や機能低下などの問題もあり，カンパニー組織を廃止し，別の組織構造に改める企業も出てきている。また，個々の事業の権限を高め，競争力を強化するよりも，自社の強みを生かせる事業に資源を集中すべきなどの議論がある。

　カンパニー組織の一例としては，1999年4月からこれを導入している東芝が挙げられる。東芝は，グローバル・スタンダードに則り，迅速な運営体制を目指し，この制度を導入した（図6.5参照）。

(3) マトリックス組織

　マトリックス組織は，異なる2つの命令系統を組み合わせることで，相乗効果を狙うことを目的とする。組み合わせられる2軸は多様であるが，職能別，製品別，地域別などが用いられる場合が多い。具体例として，製品・サービスに関連する命令系統と地域（現地法人や支店）に関連したエリア別の命令系統，A事業部と製造，B事業部と販売といったように，一人が2つの部門に属する

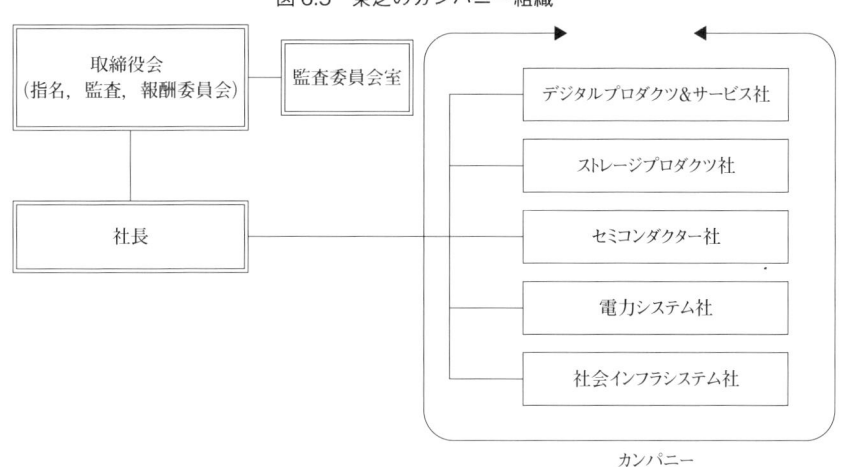

第6章　現代企業の組織構造と組織文化　　123

図6.5　東芝のカンパニー組織

```
取締役会
(指名，監査，報酬委員会) ── 監査委員会室
        │
        │                   ┌─ デジタルプロダクツ&サービス社
        │                   ├─ ストレージプロダクツ社
      社長 ─────────────────┼─ セミコンダクター社
                            ├─ 電力システム社
                            └─ 社会インフラシステム社
                                              カンパニー
```

資料出典：東芝のホームページ（http://www.toshibacareers.com/feature/index.html, アクセス日 2011 年 6 月 25 日）を引用した。

場合などがある。各担当者が複数の上司との間に命令系統をもつ，ツー・ボス・システムが採用されている。

　マトリックス組織は，複数の部門の特長を活かすことができること，全社的に人材を活用でき，専門職と管理職を同時に育成できることなどの長所がある。一方，ツー・ボス・システムを採用しているため，命令系統が複雑化したり，コンフリフトなど組織的な混乱を生みやすい。また，部門間の調整に時間やコストを費やす，責任と権限が不明確となるなどの諸問題も挙げられる。

(4) 戦略的事業単位

　戦略的事業単位（Strategic Business Unit：SBU）は，1970 年代にゼネラル・エレクトリック社（GE）などで導入され，今日では大企業で多くみられる形態の一つである。

　戦略的事業単位は，製品ライフサイクルに応じて，事業計画を具体化し，既存の事業部制を維持しながら，新たに事業単位を設ける。そのため，一種のマトリックス組織として捉えることもできる。戦略的事業単位では，製品別や地域別といった事業単位ごとに責任をもち，業務を遂行していくために必要な職能ももち合わせている。意思決定が迅速なため，柔軟な対応が可能となるとい

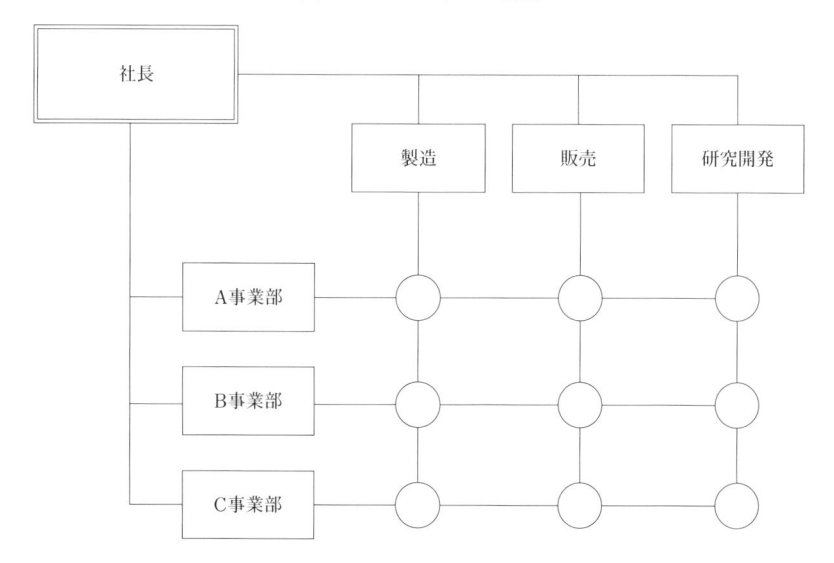

図6.6　マトリックス組織

う長所をもつ一方，事業部の都合が優先されてしまい，全社での最適化ができないという難点も指摘される。

(5) プロジェクト組織（プロジェクト・チーム，タスク・フォース）

既存の組織構造は残したまま，戦略的な課題の解決に向け，横断的に各部門から専門的知識を有するメンバーが集められ編成される臨時的な組織である。そして，既存の組織や枠組みでは対処できない課題に取り組み，環境の変化に柔軟に対応していくことが目的とされている。プロジェクトは，プロジェクトリーダーの指揮命令のもとで職務を遂行し，プロジェクト終了後は解散する。そのため，メンバーの所属部署の活性化や組織のダイナミズムの向上にもつながる。

(6) フラット組織

フラット組織とは，下位層の多い組織の意思決定を迅速にするため，管理階層（中間層）をできるだけ少なくした組織構造で，文鎮型組織とも呼ばれる。この組織は，組織階層を少なくしたことで，意思疎通が良くなり，円滑なコミュニケーションがとれることが特長である。また，組織の下位層に権限が委譲

第6章　現代企業の組織構造と組織文化　　　　　　　　　　125

図6.7　フラット組織

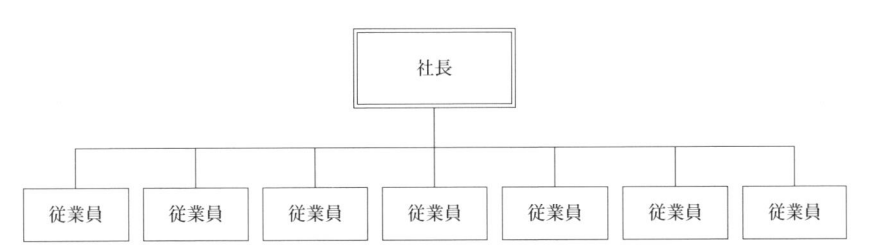

（組織図：社長の下に従業員7名が並列）

されて意思決定が迅速になり，社員は高い自律性をもって職務を遂行できる。一方，管理職が少ないため，管理者の負担が増大すること，組織文化や価値観の共有，人材育成などが困難であるなどの懸念もされている。

　フラット組織が注目されている背景には，成熟社会，顧客のニーズの多様化などの昨今の流れから，新商品・新サービスの開発に迅速に対応する必要性が生じてきていることなどがある。

(7) ネットワーク組織

　環境変化，情報技術進展が激しい今日において，自社だけでなく，他の組織との間にネットワークを構築していくことがある。各組織は，企業間，部門間，個人間でネットワークを形成し，異業種，異分野，国境の壁を乗り越えることで自社の強みと弱みを相互に補完することが可能となった。ネットワーク組織とは，このような複数の組織間での相互コミュニケーションを可能とする協調

図6.8　ネットワーク組織

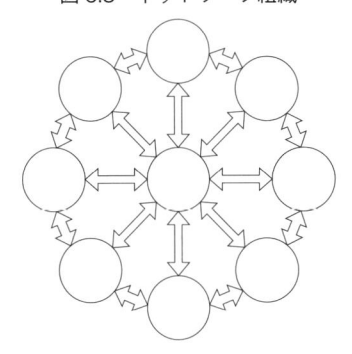

関係で結ばれている状態のことをいう。

また、ネットワーク組織は、従来の階層構造を持たないため、組織同士が対等な関係でゆるやかに結びついた組織である。ネットワーク組織では、異業種間での協調関係や迅速な意思決定などが可能となる。

(8) 社内ベンチャー制度

企業組織が硬直化し、環境変化に柔軟に対応できなくなると、新たな分野への進出、新商品の開発などが実行されにくい状況におちいる。そこで、社内に少人数の独立した運営組織を設け、それに対して企業が人員や資金などを与え、新事業や新商品開発を目指す。これが成功すると、子会社として分離することもある。これを社内ベンチャー制度と呼んでいる。チャレンジ精神を持つ人材を育成することができる、企業にある資源を有効活用できる、などの特長がある。

ここまでみてきたとおり、多種多様な組織構造の形態には、それぞれ特有の長所と短所が存在する。組織を取り巻く技術や環境の変化に対応していくためには、優れた組織構造であっても、その企業の置かれている状況に応じて変革をしていくことが求められる。

一般的に、どのような環境においても高い業績を維持し続ける絶対唯一の組織構造は考えにくい。組織の活力を維持し続け、成果をあげ続けるためにも、環境に適応しつつ、組織の進むべき方向性、戦略を再定義していかなければならない。

6.2 組織文化

企業経営を研究する際に、その組織に内在する文化的側面の分析をはかるアプローチがある。その代表的なものとして、「企業文化（corporate culture）」もしくは「組織文化（organizational culture）」に関する研究がある。ここでは、その概略を説明し、次いで事例を紹介する。

一例として、組織構成員全員が和気あいあいと仕事に取り組む組織もあれば、周囲がすべてライバルといったような、日々競争にさらされつつ仕事に取り組む組織もある。企業、高校、大学、部活、ゼミなど、おおよそすべての組織に

おいて，それぞれ異なった行動パターンや価値観など，固有の文化があることに気づかされる。このように，組織文化とは，人びとに信じ込まれた価値観と行動パターンであり，一般に「社風」，「組織風土」，「組織の空気」などと称され方は千差万別であるが，本書では，これらをまとめて「組織文化」と称することとする。

組織文化については，さまざまな定義づけがされているが，ここでは，組織文化の定義として多くの支持を受けている，シャイン（Schein, E. H.）の理論を最初に取り上げ，次いで，その他代表的な研究成果と事例を紹介していく。

6.2.1 シャインの組織文化

シャインは，文化について，「ある特定の組織が外部環境への適応や内部統合の問題への対処などを通じて学習した，組織によって創られ，発見，発展させられた基本的仮定のパターンである」と定義した。そして，そのパターンは，よく機能し，有効性が認められ，新しい組織構成員にそれらの問題に関しての知覚，思考，感覚の正しい方法として教え込まれる。このような仮定は繰り返し，それらの問題を解決していく過程で，いつか当然のこととして考えられ，意識にもあがらなくなる。

シャインは，組織文化の基本的な捉え方として，より本質的で抽象的な部分から，それらを反映して創造された人工物に至るまで，3つのレベルに区分している。レベル1は可視化できるもの，レベル2は，可視化できるものとできないものが混在，レベル3になると，可視化できず，解読が困難となる。このレベル3こそが，組織構成員の行動を最も深いレベルで規定する無意識の深層文化であるといえる。そこで，組織を取り巻くさまざまな環境変化に対して，レベル3の基本的仮定を見直し，現実に合わないと判断した場合には，リーダーには組織文化の再構築が求められる（図6.9参照）。どのような組織文化が望ましいかは，企業の環境，戦略，職務の性質などによって異なる。前述のように，状況に応じた組織文化を形成しなければならないが，一度，形成された組織文化を再構築することは容易ではない。

図6.9 シャインと組織文化

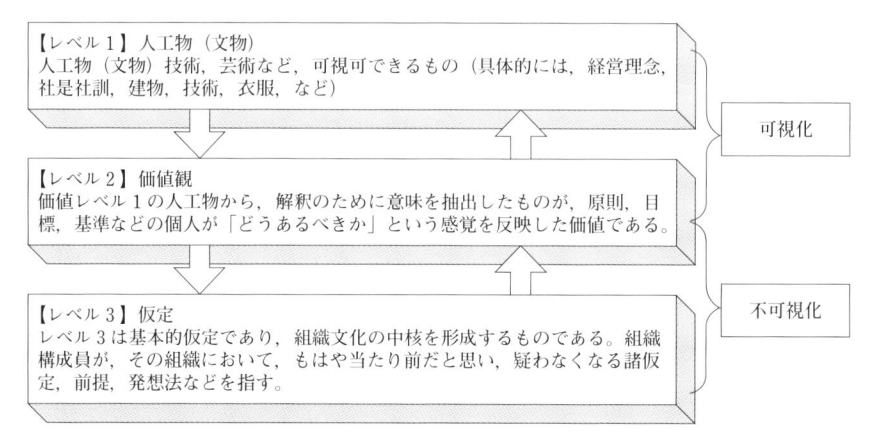

【レベル1】人工物（文物）
人工物（文物）技術，芸術など，可視可できるもの（具体的には，経営理念，社是社訓，建物，技術，衣服，など）

【レベル2】価値観
価値レベル1の人工物から，解釈のために意味を抽出したものが，原則，目標，基準などの個人が「どうあるべきか」という感覚を反映した価値である。

【レベル3】仮定
レベル3は基本的仮定であり，組織文化の中核を形成するものである。組織構成員が，その組織において，もはや当たり前だと思い，疑わなくなる諸仮定，前提，発想法などを指す。

可視化

不可視化

資料出所：Schein, E. H., *Organizational Culture and Leadership,* Jossey-Bass, 1985（清水紀彦・浜田幸雄訳『組織文化とリーダーシップ』ダイヤモンド社，1989年）をもとに，著者が作成した。

6.2.2 組織文化研究の主要業績

1980年代は，『ビジネスウィーク』で，"Corporate Culture：The Hard-to-Change Values that Spell Success or Failure"（企業文化：成否を分かつ硬性価値）という記事が掲載されるなど，組織文化と業績との間の関係を示す研究が注目され，組織文化に対する関心が高まっていく。この流れのなか，ピーターズ（Peters, T. J）とウォーターマン（Waterman, R. H.）が『エクセレント・カンパニー』（1982）を著し，この分野での先駆的な研究となった。

(1) ピーターズとウォーターマン

ピーターズとウォーターマンは，『エクセレント・カンパニー』において，アメリカの優良企業である，フォー・シーズン，ボーイング社，スリーエム，IBM，ヒューレット・パッカード社，マクドナルド，ディズニー，ジョンソン＆ジョンソンなど，62社を調査分析し，43社の超優良企業を絞りこんだ。そして，これらの優良企業における実践内容から，高い組織成果を生み出す8つの基本的特質を抽出した。

①行動を重視した文化
②顧客に密着する
③自主性と起業家精神

④人を通じての生産性向上
⑤価値観に基づく実践
⑥基軸事業から離れない
⑦単純な組織，管理階層が薄く，本社管理部門が小さい
⑧厳しさと緩やかさの両面を併せもつ

　この8つの特質が，米国優良企業に共通する原則であった。そして，この多くが組織の行動様式や価値観を示していることからも，優良企業には組織構成員に共有化された組織文化が存在することが明確となったのである。

(2) ディールとケネディ

　1980年代の組織文化の代表的な研究者として，ディール（Deal, T. E.）とケネディ（Kennedy, A. A.）が挙げられる。この時期より，組織文化と長期的業績との関連性を分析するような方向へ，議論が盛んになっていく。

　ディールとケネディは，80社を対象に企業の持続的成功と企業理念との関係について調査を実施した。その結果，米国企業の持続的な成功には，強力な組織文化があるという結論に至った。

　彼らは，組織文化を形成する構成要素として下記の5点を挙げた。
①企業環境
②経営理念
③英雄
④儀礼と儀式
⑤文化のネットワーク

　ディールとケネディによれば，組織文化とは，「理念，神話，英雄，象徴の合体，人が平常いかに行動すべきかを明確に示す，非公式な決まりの体系」をいう。高業績を続ける企業の多くは，企業内で行動指針を明確にする組織文化を有する。そして，経営者の理念を伝播するような文化のネットワークを通じ，組織内に共有，浸透させている。このような強い組織文化をもつ企業のなかで，「明確に表現された意味的信念」を有していた18社は，一貫してめざましい業績を上げていた。

　ディールとケネディは，その強力な文化を形成・維持していくことが，マネジャーの果たす役割であると述べている。このような役割を果たすマネジャー

を「シンボリックマネジャー」と呼称した。
(3) コッターとヘスケット
　コッター (Kotter, J. P.) とヘスケット (Heskett, J. K.) は，組織文化を「ある一つの集合体に共通して，相互に関連し合う価値観および行動方法のセット」であると述べている。彼らは，強力な組織文化を有していても業績の上がらない企業もあれば，脆弱な組織文化であっても優れた業績を上げる企業もあることを指摘した。組織文化がそれを取り巻く環境，そして，戦略に合致したときに優れた成果を生むという仮説を立て，調査を行った。その結果，このような組織文化の戦略適合度は，確かに企業の業績と関連していることが明らかになった。

　しかし，これは，企業の短期的業績との関連であり，環境が変化し続ける状況においては，必ずしも当てはまらず，逆効果になる場合もあることも指摘している。その後，企業が環境変化を予測し，それに適応していくことを支援できる組織文化だけが，長期間に渡り卓越した業績をあげ続けるという仮説を立て，調査を行った。この仮説にある組織文化とは，あらゆるレベルの従業員，顧客，株主といった企業の支援者たちを尊重し，また有効な変革を生み出す人材や過程を尊重することを意味している。この調査の結果，環境適応型の文化こそが，継続的に優れた業績を上げる組織文化であることが明らかとなった。

(4) ホフステッド
　ホフステッド (Hofstede, G.) は，50ヵ国と3つの地域のIBM社の海外子会社社員を対象に，国民文化の違いを体系的・実証的に示している。ホフステッドが提唱する文化の次元は5つであり，異なる価値の枠組みを設定している。それらの次元とは，①権力格差，②不確実性回避，③個人主義と集団主義，④男性型と女性型，⑤短期志向と長期志向である。

(5) 組織文化の事例
　上述してきた組織文化はあらゆる組織に存在する。近年，企業を取り巻く環境に応じて，戦略が変化するだけでなく，組織構成員も変革の意欲をもつことが重要となってきている。また，組織構成員の創造力を促すような職場環境づくりが組織の活性化につながることから，組織構成員が組織に隷属することなく，積極的に組織づくりに参入するような組織文化が重要となってくる。

第6章 現代企業の組織構造と組織文化

以下,組織文化の事例として,ホンダとGEを取り上げる。

①ホンダ

ホンダの強みを考えるとき,その組織文化が特長の一つに挙げられ,その根底には,創業者の本田宗一郎の哲学がある。たとえば,ホンダの創業者である宗一郎が重視した「現場・現物・現実」といった「三現主義」がある。これは,現場に行く,現物を知る,現実であることという行動指針を表したものであり,現在もこの思想が組織に浸透している。また,中長期の方向性を示す「ホンダウェイ」というビジョン,メンバーが年齢,キャリア,性別を問わず自由に意見を述べる「ワイガヤ」などがその組織文化を形成している。

② GE

ゼネラル・エレクトリック社 (General Electric：GE) は,トーマス・エジソンが創業者の一人として知られ,電気機器,素材産業,メディア産業,軍事産業,金融事業など多岐にわたるビジネスを展開している。また,1981年から2001年までジャック・ウェルチがCEOに就任したことでも有名である。ウェルチは,どの市場でもシェアが1位か2位であることをビジネス存続の条件とする「No.1」,「No.2」戦略を打ち出した。

GEでは,4つのアクションと8つのバリューからなる,GEバリューを体現できる人材が資質として重要となる。4つのアクションとは,想像する,解決する,築く,リードするという内容で,8つのバリューとは,好奇心,情熱,工夫に富む,責任をもつ,チームワーク,コミットメント,開かれた,鼓舞するといった内容である。

GEではリーダーの資質を持つ人材を育成するために,評価方法を,業績とGEの価値観という2軸で表している。評価の高い方から,①業績(高)・価値観(高),②業績(低)・価値観(高),③業績(高)・価値観(低),④業績(低)・価値観(低)という順になっている。②,③の順序からもわかるように,価値観が業績よりも高く評価されており,価値観を共有している人には,再度チャレンジをさせるが,業績が良くても価値観を共有していない人はGEには合わないとされ,価値観の徹底が求められる。この評価方法が示すとおり,組織構成員への組織文化の浸透を図っているのである。

6.3　グーグルの組織構造と組織文化：事例

先に見てきたホンダおよびGEに加えて，組織文化にまつわる論考の最後に，一つの企業の組織構造と組織文化をより具体的に考察してみたい。取り上げる企業としては，最も注目すべきグローバル企業の一つであり，多岐にわたる事業を展開し，また，自らがその競争優位の源泉は強固な組織文化と哲学にあると自負しているグーグルが最も適した例となるであろう。グーグルの事業内容は多岐にわたり，ウェブ検索をはじめ，ブック検索，グーグルアース，インターネット広告など，ウェブ検索以外のサービスやソフトを続々と提供している。そして，そのサービス内容の多くは，斬新なアイデアで，メディアからの注目も非常に高い。このように多様なサービスを提供し，企業価値を高めているグーグルの強さの根本には，本社と現地法人に共通する組織文化があると考えられる。このグーグルの組織構造と組織文化の考察によって，ここまでの組織文化についての理解がより具体的なイメージをともなったものとなるであろう。

6.3.1　グーグルの組織構造

グーグルは，フラットな組織構造にはなっているが，最小限の階層制を確保している。その構造は，トップから，①ペイジ，ブリン，シュミレットの三頭体制，②その他の経営陣，③優れた技術者集団，④一般従業員という順である。グーグルは，創業者のペイジとブリン，そして，シュミットを加えた三頭体制が最大の特徴である（図6.10参照）。

6.3.2　グーグルの意思決定

グーグルでは，組織内において情報共有を重要視するため，情報伝達の手段として，ウェブメール，インスタントメッセージ，ブログなどを使用している。グーグルは，フラットな組織を好み，小集団でチームワークよく，素早い仕事を競うのが信条である。さらに，ブログの活用によって，グーグルにおける組織の意思決定を迅速化している。

また，グーグルは，優秀な人材を確保するために，創造的で自由な環境を提

第6章　現代企業の組織構造と組織文化　　133

図6.10　グーグルの組織構造

```
【①三頭体制】
  ペイジ
  ブリン
  シュミレット
②その他の経営陣
③優れた技術者集団
④一般従業員
```

資料出所：中村元一「ネット検索最大手・グーグル社における"ブラック・ボックス型"経営の展開」『松蔭大学紀要』第5号，松蔭大学，2005年，35頁をもとに，著者が作成した。

供している。アイデアを全従業員から収集し，社内ネットワークを活用して全従業員が共有する。それらのアイデアについてネット上で議論を行い，優先順位を決めて，平均3人程度のきわめて少人数からなるチームを多数作り，それぞれが迅速に取り組む。このチームは，一般的な企業組織とは異なったプロジェクトチームであり，興味がある従業員が参加し，自然発生的なところが，特徴の一つである。

6.3.3　グーグルの組織文化

　世界中にオフィスをもつグーグルであるが，その強さの秘訣は，本社と現地法人に共通するグーグルの理念，そして，組織文化にあると考えられる。グーグルは，企業の哲学やビジョンを共有できる成熟した人材が採用の対象である。厳しい審査を経て採用されると，米国の本社勤務で，仕事の方法，哲学，文化，価値観などを身につける。さらに，設立当時の約30名の従業員は，全世界のグーグルで，創設以来の組織文化を守り続けているという。その組織文化を定着させるために，最高文化責任者（Chief Culture Officer）という役職を設置した。このようにして維持されているグーグルの組織文化の特長は，以下のよう

にまとめることができよう。

① 福利厚生施策の充実

　福利厚生施策の代表的なものとして，従業員向けのカフェテリア（中華，和食，スペイン料理，フランス料理等），クリーニング，ガソリンスタンド，洗車場，フィットネスジム，マッサージ，美容院，託児所，授乳室などがあり，すべてが無料で利用できる。

② 人材の活用

　グーグルの従業員全員が，成熟した大人であるという判断がされており，従業員との信頼関係により，オープンなシステムが実行できる。信頼できない従業員は採用しない。その人事戦略は，エンジニアに限らず，精鋭主義ともいえる。

③ 20％ルールと70-20-10％ルール

　グーグルでは，従業員は社内で過ごす時間の20％を業務以外に使うことが義務づけられている。一例として，フィットネスジムなど上述のような福利厚生施設を利用してリフレッシュするなど，従業員のモチベーションを高める契機ともなっている。

　70-20-10％ルールとは，業務時間の70％を主力の事業である検索や広告に使い，20％を関連事業に，残り10％を実験的なサービスに使うことである。

④ Google Code Jam

　グーグルは，優秀なエンジニアを集めるため，年に1度，世界中のエンジニア・プログラマーを集めたプログラミングイベントとして「Google Code Jam」を開催している。

　グーグルは，会社の製品だけでなく，社員個々のマネジメント方法も革新的であることを目指しており，これが，モチベーションを高める要因ともなっている。有能な従業員のことを「グーグラー」と呼んでいるが，ペイジとブリンは，このグーグラーが高い忠誠心を維持できるように，福利厚生施設を充実させ，有能な従業員が仕事に集中できるような職場環境をつくりだした。従業員が自己の能力の限界に果敢に挑戦できる組織構造と組織文化を創造しているのである。

❏❏❏ 参考文献

Business Week, No.27, October 27, 1980, pp.148-160.

Chandler, A. D., Jr., *Strategy and Structure*, M. I. T Press, 1962（有賀裕子訳『組織は戦略に従う』ダイヤモンド社，2004 年）．

Deal, T. E., and Kennedy, A. A., *Corporate Cultures*, Addison-Wesley Publishing, 1982（城山三郎訳『シンボリック・マネジャー』新潮社，1983 年）．

遠藤ひとみ「グーグルにおける組織文化の形成と経営革新」『嘉悦大学研究論集』第 50 巻第 2 号，嘉悦大学，2007 年，36-60 頁．

GE, http://www.ge.com/jp/

Hamel, G., and C. K., Prahalad,. *Competing for the Future*, Harvard Business School Press, 1994（一條和生訳『コア・コンピタンス経営』日本経済新聞社，1995 年）．

Hofstede, G., *Cultural and Organizations : Software of the Mind*, McGraw-Hill Book Company, 1991（岩井紀子・岩井八郎訳『多文化世界：違いを学び共存への道を探る』有斐閣，1995 年）．

HONDA, http://www.honda.co.jp/

HORIBA, http://www.horiba.com/jp/careers/horiba-ltd/

一條和生・徳岡晃一郎『シャドーワーク，業務外の活動で新たな成長を』東洋経済新報社，2007 年．

加護野忠男『組織認識論』千倉書房，1988 年．

経営能力開発センター『経営学の基本』中央経済社，2006 年．

Kotter, J. P., and Heskett, J. K., *Corporate, Culture & Performance*, The Free Press, 1992（梅律祐良訳『企業文化が高業績を生む』ダイヤモンド社，1994 年）．

河野豊弘『現代の経営戦略』ダイヤモンド社，1985 年．

中村元一「ネット検索最大手・グーグル社における"ブラック・ボックス型"経営の展開」『松蔭大学紀要』第 5 号，松蔭大学，2005 年，33-42 頁．

Ouchi, W., *Theory Z: How American Business Can Meet the Japanese Challenge*, Addison-Wesley, Reading, Mass., 1981（徳山二郎監訳『セオリー Z』CBS ソニー出版，1981 年）．

Peters, T. J., and Waterman, R. H., *In Search of Excellence*, Harper & Row Publishers, Inc., 1982（大前研一訳『エクセレント・カンパニー――超優良企業の条件』講談社，1983 年）．

Schein, E. H., *Organizational Culture and Leadership*, Jossey-Bass, 1985（清水紀彦，浜田幸雄訳『組織文化とリーダーシップ』ダイヤモンド社，1989 年）．

東芝，http://www.toshibacareers.com/feature/index.html

学習を深めるために

E・H・シャイン，金井壽宏監訳『企業文化』白桃書房，2004 年．

沼上幹『組織デザイン』日経文庫，2004 年．

コーヒーブレイク 組織文化

　堀場製作所は，1953年1月創立の分析・計測機器の総合メーカーである。同社は，社是として「おもしろおかしく」を掲げ，積極的に仕事に取り組むのと，嫌々仕事に取り組むのでは，結果に大きな差が生じるとし，何事もおもしろいと感じ，仕事に取り組むことができれば，従業員も企業にとってもお互いに幸せなことだという。たとえば，同社では，経営幹部が主催する毎月の従業員の誕生会や，新入社員が企画・運営する社屋屋上での恒例のビアガーデンなどを開催し，従業員一人ひとりへの配慮とコミュニケーションを重要視している組織文化がある。その他にも，本社新館のエレベーターに社是を大書したり，クラブ活動を奨励したり，独身寮を設けるなど多様な取り組みをしている。

参考文献：HORIBA，http://www.horiba.com/jp/careers/horiba-ltd/

第Ⅱ部　経営戦略と人的資源管理

第7章 経営戦略論の学説と展開

7.1 経営戦略とは何か

　近年，グローバル化の進展，急激な技術革新，産業構造の変化，環境問題への関心，消費者のニーズやライフサイクルの多様化などにともない，企業を取り巻く環境は急速に変化を遂げている。現在発展を遂げている企業でも，多様な変化に適応できなければ，衰退，または撤退という道も余儀なくされてしまう。そこで，本章で取り上げる，経営戦略が重要な意味をなしてくる。

　経営戦略とは，企業の環境変化に対応し，自社の強みを活かし，弱みを克服しながら事業発展を目指す，その方向性を決定する概念である。将来の企業像を明確にし，経営戦略を決定していくためには，明確な企業理念とビジョンが不可欠である。経営戦略は，企業を取り巻くさまざまな環境変化において，いかに生き抜いていくかを示した基本的な考え方を示す用語として用いられている。

　もともと軍事用語から派生した「戦略」は，長期的，かつ全体的な方針を示すものであり，類似語である「戦術」は，短期的で詳細な行動指針の意味で用いられることが多く，本書でも，この両語はこのような区別において用いることとする。企業経営の分野でもこの「戦略」の概念と用語が流用され，1960年代からは学術研究でみられるようになった。本章では，企業経営に戦略の概念を導入しながら理論を展開した代表的な研究者を中心に紹介していくこととする。

| 7.2 | 1960 年代の経営戦略論 |

7.2.1 チャンドラーの経営戦略論

　経営学において「戦略」という用語が用いられるようになったのは，1960年代の米国であった。この年代に戦略の概念を企業経営に導入した著名な人物として，米国の経営史学者のチャンドラー（Chandler, A. D.）が挙げられる。チャンドラーは，戦略は，「企業の基本的目標を決定し，とるべき方向性を選択し，目標を遂行するために必要な資源を配分すること」と定義づけた。

　1962年に発表された『経営戦略と組織』において，米国の大企業における多角化戦略と事業部制組織に関する歴史を分析し，「組織は戦略に従う（Structure follows Strategy）」という有名な命題を導き出し，経営戦略の概念，組織構造との関係についての理論を提唱した。

　この著作において，チャンドラーは，組織と戦略の関係を明らかにするため，米国企業4社，デュポン，GM，スタンダード・オイル，シアーズ・ローバックの組織改革の歴史を比較研究した。そして，経営戦略の違いによって組織構造は変わっていくという現象から「組織は戦略に従う」という命題を提唱したのである。このチャンドラーの理論に影響を受け，多くの企業が職能別組織から事業部制組織へと転換していった。

7.2.2 アンゾフの経営戦略論

　戦略研究で著名なアンゾフ（Ansoff, H. I.）は，実践的な立場から，経営戦略論を構築した。

(1) 戦略的意思決定

　その著書『企業戦略論』（1965）において，戦略的意思決定を行う組織内の階層を定義した。アンゾフは，企業における意思決定は，企業内のさまざまな階層において行われているとし，その階層を3つに類型化したうえで，各階層が行う意思決定を明らかにし，戦略的意思決定は最上位の階層によって行われることを示した。

①戦略的意思決定
　企業が外部の環境変化に適応し存続していくための方向性に関する意思決定。
　一例として，製品ラインへの資源配分，業務目標とその計画など。
②管理的意思決定
　戦略的意思決定を受けて，組織の編成や資源の調達・運用と各組織間の統合など，戦略を実際の戦術に落とし込む意思決定。
　一例として，職務遂行や権限と責任に関する一連の流れなど。
③業務的意思決定
　戦術の選択。管理的意思決定を受けて，日々の業務を効率的に行うための意思決定。
　一例として，市場と製品に関する選択など。

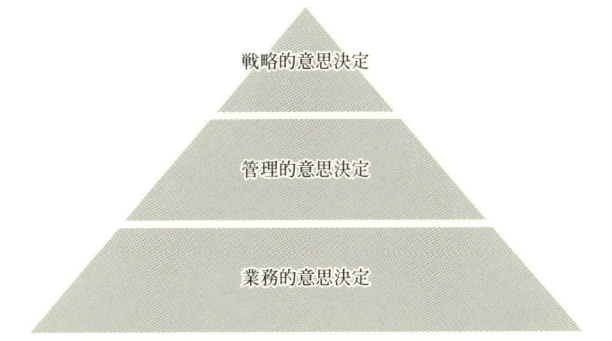

図 7.1　アンゾフの意思決定階層論

戦略的意思決定
管理的意思決定
業務的意思決定

(2) 成長マトリックス
　アンゾフは，事業拡大のため，戦略的意思決定のなかで事業領域とその戦略の方向性を分析，評価する手法として，成長マトリックスを提唱した。これは，製品と市場の関係をマトリックスで分析し，それぞれに対して戦略を考えていくというものである。1965 年にアンゾフが『企業戦略論』に発表した概念で，製品を既存と新規，市場を既存新規に分類したうえで，それぞれの組み合わせから 4 つのマトリックスを作成し，それぞれにともなった 4 つの戦略概念を提唱した。

①市場浸透戦略（Penetration Strategy）
　既存市場で，他社との競争に勝ち既存製品を浸透させ，企業の市場占有率の拡大を目指す戦略。
②市場開発戦略（Development Strategy）
　新規市場に対して既存製品を浸透させ，売上の拡大を目指す戦略。
③製品開発戦略（New Product Development Strategy）
　既存市場に対して，新規製品，あるいは現在の製品を改良して，企業の市場占有率を拡大を目指す戦略。
④多角化戦略（Unrelated Diversification Strategy）
　新規市場に対して，新規製品を投入することで，成長を図ることを目指す戦略。

　アンゾフは，成長を多角化戦略によって達成することを強調した。これにより，事業領域をどこに求めるのかという問いの解決にもつながった。

表7.1　アンゾフの成長マトリックス

	既存製品	新規製品
現存市場	市場浸透戦略	製品開発戦略
新規市場	市場開発戦略	多角化戦略

参照：多角化
　多角化は，(1) 関連多角化と (2) 非関連多角化に分類することができる。
(1) 関連多角化：企業を構成する事業が，流通チャネル，生産技術，管理などの活動を共有でき，既存事業と類似した製品や市場など関連性の高い分野へと多角化。関連性の高い多角化は，一般的に高い収益性をもたらすとされ，その理由として，既存事業と新規事業の間にシナジー効果（相乗効果：synergy effect）が働くことが指摘できる。
　シナジー効果の種類として，次のような内容が挙げられる。
①販売シナジー：流通チャネル，広告，販売促進，ブランド・イメージなどの共有によって生み出されるシナジー。
②生産シナジー：原材料，生産方式，技術・ノウハウなどを共有することによって生み出されるシナジー。
③投資シナジー：設備や機械，研究開発などを共有することによって生み出され

④マネジメント・シナジー：経営者，管理者などの経験，知識，ノウハウを新規事業に活用することによって生み出されるシナジー。

　関連多角化は，さまざまなシナジー効果の発揮が期待できる，新規事業へのリスクは低い戦略である。

(2) 非関連多角化：企業が構成する事業間で，一般的な管理スキル，資金的資源以外の関連性が希薄な多角化。関連多角化と比較すると，シナジー効果の発揮が期待できず，新規事業へのリスクは高い戦略である。一方，他の事業分野の影響を受けにくく，企業全体のリスクが分散される。

7.3　1970年代の経営戦略論

7.3.1　プロダクト・ポートフォリオ・マネジメント（PPM）

　1970年代に入ると，企業の多角化がさらに進化し，多角化した事業をいかにして組み合わせ，管理していくかという研究へ展開した。たとえばGEは，この多角化の問題に体系的に取り組み，経営資源の配分を合理化する手法を開発している。

　企業成長を検討していくうえで，経営資源の配分，とくに事業資金の配分と製品ごとの戦略について検討する戦略のことを「プロダクト・ポートフォリオ・マネジメント（Product Portfolio Management：PPM）」という。この戦略は，1963年に設立されたアメリカのボストン・コンサルティング・グループ（Boston Consulting Group：BCG）によって，1970年代に開発された手法である。縦軸に市場成長率，横軸に相対的市場占有率をとり，**図7.2**のようなマトリックスで表すものである。これにより，企業の事業や製品がどこに位置づけられているかを知ることができる。

(1) 問題児（Problem Child）：市場成長率（高），相対的市場占有率（低）

　市場成長率が高く，将来期待される事業ではあるが，相対的シェアが低く，自社の優位性がなく，資金の供給が必要である。問題児の基本的戦略は，その事業や製品の位置づけによって，「拡大」，「収穫」，「撤退」などが検討される。

(2) 金のなる木（Cash Cow）：市場成長率（低），相対的市場占有率（高）

利益率が高く，多くのキャッシュを生み出す。市場成長率が低く，新たな投資や支出も少ない。金のなる木の基本的戦略は「維持」，「収穫」である。

(3) 花形（Star）：市場成長率（高），相対的市場占有率（高）

利益率は高く，多くのキャッシュを生み出す。一方，市場成長率が高く，新たな投資や支出が多い。花形の基本的戦略は「拡大」である。

(4) 負け犬（Dogs）：市場成長率（低），相対的市場占有率（低）

市場成長率，相対的市場占有率ともに低く，ゆえに利益率も低い。負け犬の基本戦略は，資金の補給もなく，「資金の回収」，「撤退」となる。

PPMでは，資金の配分，製品・事業を「問題児→花形→金のなる木」と育成することが重要である。そして，製品・事業のバランスをとりながら長期的に変化をさせていかないと，資金の回転が行き詰まるなどの問題が生じてしまう。

PPMの前提となる2つの理論として，次のような内容が挙げられる。

①経験曲線（Experience Curve）

製品の累積生産量が増加するにつれて，単位コストが減少するという経験的事実をいう。この経験曲線効果と類似のものとして，規模の経済がある。規模

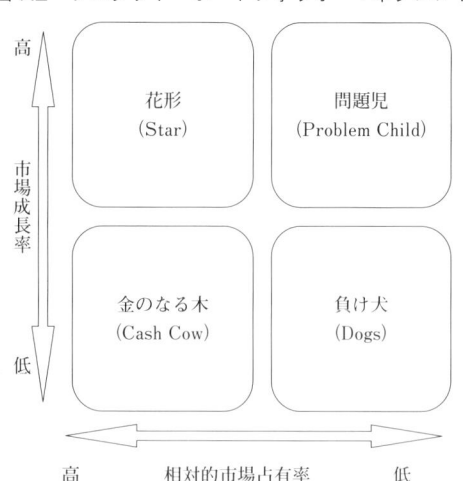

図7.2　プロダクト・ポートフォリオ・マネジメント

の経済とは,生産規模の増加によって,単位コストの固定費が軽減されることである。この2つが,コスト競争力の源泉とされている。
②製品ライフサイクル
　導入期,成長期,成熟期と増大し,やがて成長が止まって衰退期に向かう。製品ライフサイクルを把握することで,自社の商品やサービスがどの時期に位置づけられているかに応じて,それに適した戦略を実施していくことが必要である。

7.3.2　ミンツバーグ

　ミンツバーグ(Mintzberg, H.)は,1939年にカナダで生まれた経営学者である。彼は,1961年にカナダのマギル大学工学部卒業,マサチューセッツ工科大学で経営学の修士,博士号を取得した。その後,マギル大学の教授,同大学の組織戦略研究センター長,仏フォンテンブローにある国際経営ビジネススクール,INSEADの客員教授も務めている。1998年には,カナダで最も栄誉ある勲章「オーダー・オブ・カナダ」を受賞した。彼の研究分野は,経営組織論,経営戦略論など多岐にわたっている。
　ミンツバーグは,多種多様となった戦略を,次の5つのパターンに分類した。
①戦略は計画(Plan)
　将来の行動指針や目標を達成していくための指針。
②戦略はパターン(Pattern)
　過去から一貫した意思決定過程にみられるパターン,環境変化に対応するためのパターン。
③戦略は地位(Position)
　市場の競争環境における個々の企業の位置づけ。
④戦略とは視点(Perspective)
　組織のビジョンやコンセプト,構想など,将来のあり方を規定。
⑤戦略は策略(Ploy)
　競争上で優位に立つための具体的な計画。

7.4　1980年代における競争戦略論の展開

　1980年代に入ると，米国企業の競争力が低下した一方，日本企業の競争力は向上していく。1980年代は，国際的な企業間競争が激化していくこととなり，それにともない競争戦略が注目されることとなる。そこで，ニーズの変化や技術革新などにより，製品ライフサイクルの変化にどのように対応し，競争優位を獲得，維持していくかが問題となった。

7.4.1　製品ライフサイクル

　製品ライフサイクル（プロダクト・ライフサイクル・マネジメント：Product Life Cycle Management）とは，製品が販売開始されてから販売終了に至るまでのライフサイクルのことで，①導入期，②成長期，③成熟期，④衰退期というサイクルとなる。製品も，人間のライフサイクルと同様のプロセスをとる。それぞれの段階において，製品戦略，価格戦略，チャネル戦略，プロモーション戦略などマーケティング戦略の方向性を決定するために，製品ライフサイクルを把握することが有益である。

①導入期

　新しい製品が市場に投入され，その価値や効用が顧客に認知されてくる段階では，価格戦略，プロモーション戦略などが重要である。

②成長期

　製品が市場に浸透し，顧客が増加，同時に新規参入が増え，激しい競争となる段階では，製品戦略，価格戦略，チャネル戦略などが重要である。

③成熟期

　ターゲットとする顧客に製品が行きわたり，買替需要を狙って価格面や販売促進での競争が激しくなり，利益率が低下する段階ではプロモーション戦略などが重要である。

④衰退期

　市場が完全な飽和状態となり，だんだん衰退していく段階では，製品戦略と価格戦略などが重要である。

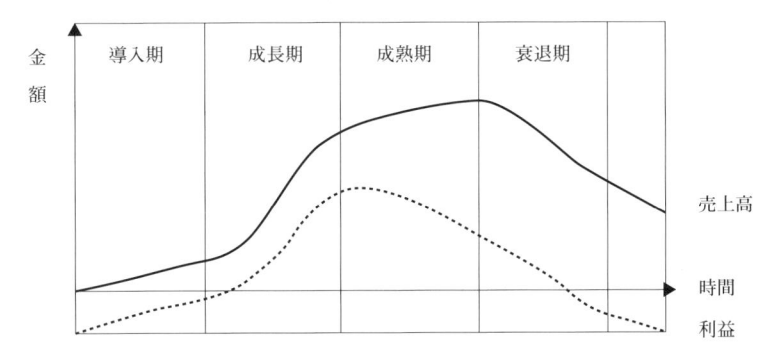

図7.3　製品ライフサイクル

7.4.2 マイケル・ポーターの経営戦略論

経営戦略の研究者として著名なポーター（Porter, M. E.）であるが，本来の専門は産業組織論であった。その産業組織論を基礎にしながら，経営戦略の分析を行ったのである。その著名な理論として，(1) ファイブフォース分析，(2) 競争戦略，(3) バリューチェーンなどが挙げられる。

(1) ファイブフォース分析

ポーターは，『競争の戦略』(1980) の中で，競争戦略を策定するため，外部環境を分析するためのフレームワークを考案した。「ファイブフォース分析 (five forces analysis)」という考え方である。ファイブフォース分析とは，次の5つの要因にしたがって，業界の構造や収益力を分析するものである。

①新規参入の脅威

新規参入は競合他社の増加を意味している。新規参入の脅威を検討する場合，製品差別化，既存企業のブランド力，巨額の投資など参入障壁の高さ，その業界の収益性の高さが脅威となる。なぜなら，収益性が高い業界は，他の業界にとっても新規参入が魅力的に感じられるからである。

②業界内の競争状況

業界内の競争状況について，ポーターによれば，同業者が多い，規模の似た企業が多い，業界の成長が遅い，固定コストや在庫コストが高い，製品差別化がない場合など，企業間の競争は激化する。

③代替製品の圧力

自社の商品・サービスよりも魅力的な代替製品が出現すると，業界全体の需要が減り，自社の競争力低下を招くとともに，競争環境が厳しくなっていく。

④売り手の交渉力

売り手側の業界の寡占度，代替品の存在などによって決まる。たとえば，その業界を少数企業が寡占している場合は，売り手の商品が買い手によって必要不可欠となるため，製品の独自性が強い場合などはとくに，売り手側の交渉力が強くなる。

⑤買い手の交渉力

買い手側である顧客と業界内の企業の関係である。その業界の寡占度や代替品の存在によって決定する。

ポーターの経営戦略は，収益性や競争状況などの環境を分析し，その環境のなかで，自社のとるべき戦略，ポジションを検討していくことから，「ポジショニング・アプローチ（positioning approach）」と呼ばれている。

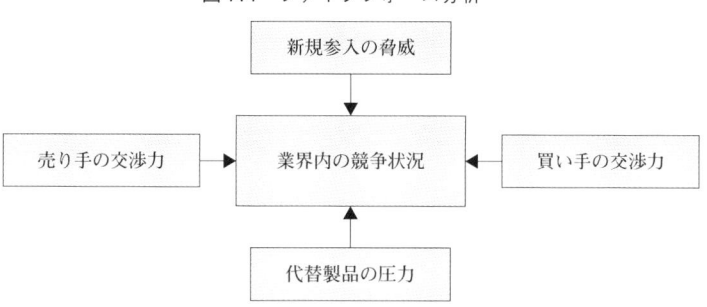

図7.4　ファイブフォース分析

```
                    ┌──────────────┐
                    │ 新規参入の脅威 │
                    └──────┬───────┘
                           ↓
┌──────────────┐    ┌──────────────┐    ┌──────────────┐
│ 売り手の交渉力 │──→│ 業界内の競争状況 │←──│ 買い手の交渉力 │
└──────────────┘    └──────┬───────┘    └──────────────┘
                           ↑
                    ┌──────────────┐
                    │ 代替製品の圧力 │
                    └──────────────┘
```

(2) 競争戦略

ポーターは，外部の競争環境を的確に知り，競合他社との関係性において，競争優位を構築することの重要性を述べている。現代企業は他社との競争を避けて通ることはできず，その競争が成長へとつながる源泉ともなる。競争戦略とは，競合他社との競争の中で，いかに優位性を確保していくかの基本的な指針である。彼は，ファイブフォース分析を活用し，企業が競争優位を導くために選択できる競争戦略として次の3つを挙げている。

第7章 経営戦略論の学説と展開　　149

①差別化戦略

　差別化とは，自社の製品を差別化し，業界の中でも独自性，付加価値を認められるような商品・サービスを創造することである。たとえば，顧客から製品の品質やデザイン，価格，ブランドイメージ，アフターサービス等で競争優位，自社の強みを確保する戦略のこと。

②集中戦略

　特定の顧客層，特定の地域市場を対象に，経営資源を集中させ，製品の独自性や価格によって競争優位を確保する戦略のこと。

③コストリーダーシップ戦略

　コストリーダーシップは，競合他社よりも効率性の高い生産体制を構築することで低コストの地位を確立し，業界内で競争優位に立つ戦略によって，自社の強みを確保する意図がある。

　3つの基本戦略を示すフレームワークでは，横軸が競争優位性で，縦軸はターゲットの幅をマトリックス化し表している（**表7.2**参照）。自社の強みと弱みを捉え，競合他社の行動を予測，分析することで，自社にとって適切な戦略を打ち出すことが求められる。

表7.2　ポーターの競争戦略とその分類

	競争優位性	
	低コスト	差別化（顧客から認められる特異性）
戦略ターゲット（業界全体）	コストリーダーシップ戦略	差別化戦略
戦略ターゲット（特定セグメント）	集中戦略（コスト面）	集中戦略（品質面など）

(3) バリューチェーン

　企業によって競争優位の源泉は多種多様であるが，ポーターは，その源泉を明らかにするため，組織の内部環境を分析するフレームワークを提唱した。これが，「バリューチェーン（価値連鎖）」である。

　ポーターは，バリューチェーンの活動を主要活動と支援活動に分類した。主要活動とは，購買物流，製造，出荷流通，販売・マーケティング，サービスで，支援活動は，全般管理，人事・労務管理，技術開発，調達活動から構成されて

図7.5 バリューチェーン

```
            全般管理
支          人事・労務管理
援          技術開発                    マ
活          調達活動                    ー
動                                      ジ
    購買  製  出荷  販売・  サービス    ン
    物流  造  流通  マーケ
                    ティング
            主要活動
```

資料出所：Porter, M. E., *Competitive Advantage*, Free Press, 1985（土岐坤・中辻萬治・小野寺武夫訳『競争優位の戦略』ダイヤモンド社，1985年）．

いる。すべての支援活動が個々の主要活動に関連している。企業にとってのマージン（利益）は，バリューチェーン全体が生み出す総価値と総コストの差から生じることとなる。

7.5	資源ベース論

　1980年代半ば以降，米国の経営戦略の研究分野においては，ポジショニング・アプローチから資源ベース論（資源アプローチ）への発展を見せることとなる。

　資源ベース論（resource-based view：RBV）とは，経営戦略論のアプローチの一種で，企業の競争優位の源泉を，企業が持つ資源に着目する立場のことである。代表的な資源ベース論としては，マサチューセッツ工科大学のワーナーフェルト（Wernerfelt, B.）らが挙げられる。

　ワーナーフェルトは，*Strategic Management Journal* に掲載した "A resource-based view of the firm"（1984）において，資源ベース論という用語を

初めて用いた。その後，オハイオ州立大学のバーニー（Barney, J. B.）が *Management Science* 誌に書いた "Strategic Factor Market: Expectation, Luck, and Business Strategy"（1986）において，初期の資源ベース論では，どのような資源が競争優位の源泉となるかを論じた。バーニーは，経済価値（Value），希少性（Rarity），模倣困難性（Imitability）と，これらを活用する組織力（Organization）の4要因にもとづき，競争優位維持のために経営資源を活用する枠組みのことを，それぞれの頭文字をとり「VRIOフレームワーク（VRIO framework）」と呼んでいる。このフレームワークを用いることで，企業の能力（ケイパビリティ）を評価する尺度とすることができる。

バートン（Barton, L.）は，競争優位の源泉になる資源について，経営資源のすべてではなく，その形成に時間がかかり，希少性が高く，模倣可能性が低い資源を活用し，この資源の組み合わせにより相乗的な効果と企業競争力を生み出す能力のことを「コア・ケイパビリティ（core capability）」と呼んだ。

マーガレット・ペタラフ（Peteraf, M.）は，バーニーに一部依拠しているが，企業がもつ資源について考察をめぐらすに際し，「異質性」，「固着性」，「競争への事前的制限」，「競争への事後的制限」という側面を挙げている。その後，競争優位を生み出す諸資源はどのように形成・獲得すればよいのかに論点が拡がっている。

資源ベース論において，新たな方向性を示唆した研究にハメル（Hamel, G.）とプラハラッド（Prahalad, C. K.）のコア・コンピタンス（core competence）が挙げられる。コア・コンピタンスとは，「顧客に対して，他社では真似できない自社ならではの価値を提供する，企業の中核的能力」とした。企業の中核的能力で，企業がもつ技術やノウハウ，知識であり，企業の持続的な競争優位の源泉となる能力のことである。コア・コンピタンスの重要性を提唱したハメルとプラハラッドは，コア・コンピタンスを見出す条件として，①多様な市場へのアクセスを可能にしていること，②競合他社が模倣しにくいこと，③顧客から認知される価値を生み出すこと，などを挙げている。

> **参照：コア・コンピタンスとケイパビリティの違い**
>
> ハメルとプラハラッドは，コア・コンピタンスとは，「バリューチェーン上の特定のプロセスにおける技術力ないし創造能力」ことで，ケイパビリティとは，「バリューチェーン全体に及ぶ能力のこと」と述べている。
>
> 資料出所：Prahalad, C. K. and Hamel, G., "The Core Competence of the Corporation", *Harvard Business Review*, Vol.68, No.3, 1990, pp.79-91（坂本義実訳「コア競争力の発見と開発」『ダイヤモンド・ハーバード・ビジネス』1990年8・9月号，4-18頁）.

7.6 経営戦略の仕組み

7.6.1 経営戦略の階層構造

経営戦略は，①企業戦略，②事業戦略，③機能別戦略の3つの階層に分類できる。

①企業戦略（corporate strategy）

企業戦略は全社戦略とも呼ばれ，企業全体としてどのような事業領域において行動すべきかを策定する戦略である。その要素として，経営理念，経営環境，事業領域，全社的な経営資源の展開などが挙げられる。

②事業戦略（business strategy）

事業戦略は競争戦略と呼ばれ，選択されたドメインにおいて，いかに競争していくのかを策定する戦略のことである。具体的には，競合他社が存在する市場に対し，どのように独自の能力と競争優位性を構築していくかという方向性を策定する「競争戦略」のことである。

③機能別戦略（functional strategy）

機能別戦略とは，事業戦略を実行するため，機能別に策定される具体的な戦略をいう。具体的には，マーケティング戦略，財務戦略，人事戦略などが挙げられる。

7.6.2 経営戦略の構成要素

ホファー（Hofer, C. W.）とシェンデル（Schendel, D.）は，経営戦略を「組織目的を達成する方法を示すような，現在ならびに予定した資源展開と環境との

相互作用の基本的パターン」と定義している。そして、いかなる組織においても次の構成要素が存在すると規定した。
①ドメイン：事業領域
②資源展開：自社の資源（有形資源と無形資源）を組織の目標達成のために蓄積し、配分を効果的に展開すること
③競争優位性：ドメインや資源展開のパターンを通じて、競争企業に対してもつ優位性
④シナジー：ドメインや資源展開から得られる相乗効果

ホファーとシェンデルは、とくに②の資源展開を重要視している。

7.6.3 事業ドメイン

企業のミッションやビジョンを達成するために、「どの分野で成長すべきか」、企業の独自の事業分野を明確にし、戦略の方向性を定める「事業ドメイン」が重要である。まず、自社の経営資源と市場の成長性から将来の事業の方向性を定め、組織体がやりとりする特定領域を明確にする。そして、事業を展開する方向性を導き、自社のもつ経営資源を必要な領域に最適に投入していく。

たとえば、事業ドメインにおける成功事例としてよく挙げられたのがNECである。1970年代のNEC（日本電機株式会社）では、事業ドメインをC&C（コンピュータ＆コミュニケーション）とし、従来の通信事業からコンピュータ、通信、そして半導体事業に進出し成功を遂げた。環境変化が激しい現代社会においては、事業ドメインを再定義し、ステークホルダーに対する理解、自社の進むべき方向性を明示していくことが課題である。

(1) 事業の3要素

1980年にエイベル（Abell, D. F.）は、事業ドメインについて次の3要素を提唱している。
①顧客：誰に対して、事業を展開していくのか。
②機能：顧客が認める機能、価値など、何を提供するのか。
③技術：企業の能力、技術をどのように発揮していくのか。

この3要素によって、他社との差別化、事業の方向性を検討していくことが重要である。

(2) 垂直統合

事業ドメインの幅は企業によって多様であるが，業界によって「川上から川下へ」縦に広いドメインを形成している。たとえば，アパレル業界の場合，糸から生地が作られる段階を「川上」，生地から洋服を作る段階を「川中」，小売や流通の段階を「川下」という。自動車，電機などでも，顧客の手に届くまでに，部品から一つの製品として売り出すまでに，いくつかの段階がある。このように，すべての商品を自社で行うことを，「垂直統合」と呼んでいる。

7.6.4 経営戦略の分析手法

経営戦略の分析手法として，前述したPPM，ファイブフォース分析，バリューチェーンなどが挙げられるが，その他に著名な手法として，SWOT分析や3C分析などがある。

(1) SWOT分析

SWOT分析は，内部環境に関する，①自社の強み（Strengths）と弱み（Weaknesses），②外部環境に関する機会（Opportunity）と脅威（Threats）を検討する重要性を説き，それぞれの頭文字をとり，「SWOT分析」と名づけた。SWOT分析は，戦略を策定する思考ツールとして基本的な手法の一つである。

表7.3 SWOT分析

	内部環境	外部環境
好影響	強み	機会
悪影響	弱み	脅威

参照：ユニクロのSWOT分析の一例

	内部環境	外部環境
好影響	強み 低価格で高品質，東レとの協働による商品開発，カイハラからのデニム生地調達など	機会 イギリス，ロンドン，中国，アメリカなど世界市場への進出など
悪影響	弱み 後継者問題，世界的な知名度など	脅威 H&M，ZARA，フォーエバー21など競合他社，類似企業，中国における人件費の高騰など

(2) 3C分析（3Cモデル）

経営環境を分析するために，代表的なものとして3C分析が挙げられる。この分析は，経営戦略の立案などを行う際に用いられ，顧客（customer），競合相手（competitor），自社（corporation）の頭文字をとって呼ばれ，3つの視点で分析を行う手法である。

7.7　M＆Aと戦略的提携

7.7.1　M＆A

M＆Aとは，企業の合併（Mergers）と買収（Acquisitions）の略語であり，企業が多角化を行う一つの手法である。M＆Aは，参入しようとしている事業をすでに展開している既存の企業と，合併，買収などの方法によって戦略的提携を行うものであり，外部資源を活用する外部成長方式によって市場参入を図る経営戦略である。M＆Aは外部成長方式の代表例であり，自社内部にない経営資源を短期間で手に入れることができるため，時間節約的効果が大きいとされている。

合併とは，2社以上の企業が一つに統合されることを意味するが，その類型として，①企業の一方が合併後存続し，一方は吸収される吸収合併，②合併により企業を設立する新設合併がある。

買収とは，①買収される企業全体を自社の子会社化する場合，②買収される企業を部分的に子会社化する場合の2つに類型できる。経営権は，買収した企業が獲得することになる。

買収は，①事前に合意のある友好的買収と，②買収の対象企業の合意を得ず，株式を買い付けて成立させる敵対的買収に分類することができる。その買収方法の代表例には下記のようなものがある。

① MBO（Management Buyout）：主に友好的買収

MBOとは，経営陣が，所属している子会社や事業部門を買収し，独立をすること。MBOは事業継続が前提であり，株式や営業資産を買い取り，経営権を取得する。

② LBO（Leveraged Buyout）：主に敵対的買収

LBOとは，買収対象の企業の資産，将来見込まれるキャッシュ・フローを担保にして調達した資金によって買収すること。

③ TOB（Take Over Bid）：敵対的または友好的買収

TOB（株式公開買付）とは，不特定かつ多数の者を対象に公告をし，証券取引所を経ずに，不特定多数の株主から株式の買付を行うこと。

敵対的買収への予防策の代表的なものには，ポイズンピルとゴールデンパラシュートと呼ばれるものがある。

①ポイズンピル（Poison Pill）

敵対的買収者を除く既存株主に，市場価格を大幅に下回る価格で購入できる新株を発行して，買収者の持ち株比率を下げる。

②ゴールデンパラシュート（Golden Parachute）

敵対的買収されることを防止したい企業が，敵対的買収者によって経営陣が解任もしくは退任に追い込まれた際に，巨額の割増された退職金などを支給することを予め規定し，敵対的買収者の買収コストを増大させ，買収後の企業価値を低くさせる。

敵対的買収の対抗策としては，ホワイトナイトとパックマンディフェンスが代表的である。

①ホワイトナイト（White knight）

敵対的買収を逃れるために，買収対象となった企業の株式を，その意を受けて，第三者の友好的買収企業に株式を購入してもらうこと。

②パックマンディフェンス（Pac-Man Defense）

敵対的買収を仕掛けられた企業が，買収を仕掛けた企業に対して，逆に買収を仕掛ける方法。

M＆Aでは，合併，買収される両側にとって，事前に入手可能な情報が限られていることからその可能性は未知数である。そのリスクとして，企業イメージの低下，また，組織文化の相違などから，想定したような成功を得ることが難しいことなどが挙げられる。

7.7.2 戦略的提携

M＆Aでは，統合した後にいずれかの企業が独立性を失う。しかし，戦略

的提携は，外部資源を有効化するために，各企業の独立性を維持し，連携をとる手法である。戦略的提携は，組織の規模，業種などを問わず，2つ以上の組織が対等な立場で事業を推進し，ゆるやかな連結を構築させる。そして，戦略的提携を通じ，競争優位の源泉となるような代替不可能な経営資源を調達することが可能となる。提携には，大きく分けて，①業務提携，②業務・資本提携，③ジョイント・ベンチャーなどが挙げられる。さらに，さまざまな組織との提携，たとえば産学官連携，農商工連携なども一例として挙げられる。このように連携することで，他の組織に対して競争力を強化することが可能となる。

戦略的提携は長期的で継続的な取引であるため，経営資源の相互補完，製品開発コストの分配など，資源・コスト面でのメリットに加え，提携の相手企業から技術やスキルを学習できるため，組織間学習が目的の一つとなっている。

近年，国内外の競合他社同士にも戦略的提携が増加傾向にある。その理由として，グローバル化，企業間の競争激化，技術革新など，企業が自社の経営資源のみで成長を目指すことが困難となってきた背景がある。

戦略的提携の難点として，提携企業間における信頼関係の構築が困難であることもある。また，自社の技術，スキルなどの機密情報が外部に流出することを危惧する経営陣の声もある。

❏❏❏参考文献

Abell, D. F., *Defining the Business*, Prentice-Hall, 1980（石井淳蔵訳『事業の定義』千倉書房，1984年）．

Ansoff, H. I., *Cooperate Strategy*, McGraw-Hill（広田寿亮訳『企業戦略論』産業能率短期大学部出版部，1969年）．

Chandler, A .D. Jr., *Strategy and Structure*, Cambridge Mass：M. I. T. Press（有賀裕子訳『組織は戦略に従う』ダイヤモンド社，2004年）．

Collis, D. J. and Montgomery, C. A., *CORPORATE STRATEGY:A Resource-Based Approach*, the McGraw-Hill, 1998（根来龍之・蛭田啓・久保亮一訳『資源ベースの経営戦略論』東洋経済新報社，2004年）．

ハーバード・ビジネス・レビュー編『戦略論1957-1993』ダイヤモンド社，2010年．

Hofer, C. W. and Schendel, D., *Strategy Formulation*, West Publishing Company, 1978（奥村昭博・榊原清則・野中郁次郎訳『戦略策定』千倉書房，1981年）．

経営能力開発センター編『経営学検定試験公式テキスト2経営戦略と組織』中央経済社，2006年．

経営能力開発センター編『経営学検定試験公式テキスト2マネジメント』中央経済社，2009年。
Mintzberg, H., *Strategy Safari*, Free Press, 1998（木村充・奥澤朋美・山口あけも訳『戦略サファリ』東京経済新報社，1999年）．
野中郁次郎・竹内弘高著，梅本勝弘訳『知識創造企業』東洋経済新報社，1996年。
Porter, M. E., *Competitive Strategy*, Free Press（土岐坤・中辻萬治・服部照夫訳『競争の戦略』ダイヤモンド社，1982年）．
Porter, M. E., *Competitive Advantage*, Free Press, 1985（土岐坤・中辻萬治・小野寺武夫訳『競争優位の戦略』ダイヤモンド社，1985年）．
Prahalad, C. K. and Hamel, G., "The Core Competence of the Corporation", *Harvard Business Review*, Vol.68, No.3, 1990, pp.79-91（坂本義実訳「コア競争力の発見と開発」『ダイヤモンド・ハーバード・ビジネス』8-9月号，1990年，4-18頁）．
Prahalad, C. K. and Hamel, G., *Competing for the Future*, Harvard Business School Press, 1994（一條和生訳『コア・コンピタンス経営』日本経済新聞社，1995年）．

学習を深めるために

淺羽茂・須藤実和『企業戦略を考える』日本経済新聞出版社，2007年。
マイケル・ポーター，竹内弘高訳『競争戦略Ⅰ・Ⅱ』ダイヤモンド社，1999年。

コーヒーブレイク　ファストファッション

　ユニクロは，顧客が信頼できる商品を，徹底したコストダウンで低価格化するとともに，製品開発や広告宣伝などの戦略によってユニクロ・ブランドを確立し，他社との差別化に成功している。その背景には，SPA（Specialty Store Retailer of Private Label Apparel：製造型小売業）と呼ばれる流通形態がある。SPAの先駆けはGAPで，その後ZARA，H&Mにもみられる。SPAとは，自社で商品開発から製造，販売までを管理する小売業の仕組みである。

第8章 日本的経営と人的資源管理

8.1 日本的経営とは

　日本的経営（Japanese Management Style, Japanese Management System）とは，日本企業に共通した経営システム，経営スタイルのことである。その研究は，一般に1958年のアベグレン（Abegglen, J. C.）の著書『日本的経営』が始まりとされ，日本的経営研究の先駆的業績と捉えることができる。

　アベグレンは，シカゴ大学で人類学と臨床心理学の博士号を取得し，その後フォード財団の研究員として，1955年に来日している。このときに，日本各地の工場を訪問し，日本企業の実証的な調査・研究の結果をまとめたものが『日本的経営』である。アベグレンは，日本企業における競争力の源泉は，日本独自の経営システムにあるとし，その特徴を「終身雇用，年功制，企業別組合」としている。この3つの特徴は，いわゆる「三種の神器」として広く知られるようになった。彼は，その他に，集団主義的な意思決定，稟議制度，系列取引，福利厚生施設の充実など，組織間の関係や広範な内容を日本的経営の特徴として取り上げている。

　1960年代後半から1970年代に入ると，いわゆる「日本的経営ブーム」が到来し，間宏氏，尾高邦夫氏，山城章氏，津田眞澂氏，占部郁美氏，岩田龍子氏など，社会学，経営学の代表的な研究者によって，文化論，経営学などのアプローチによるさまざまな研究がなされた。その中の一人である尾高（1984）は，日本的経営論の特徴として「終身雇用制，年功序列制，丸抱え的な一括採用，平均的な会社人間をつくる定型訓練，競争の抑制と人の和の尊重，おみこし経営と集団責任体制，手厚い温情主義配慮，稟議制度，ジェネラリストを育成す

る職場履歴，権威主義的であるとともに民主的」などを挙げている。一般的に日本的経営の特徴は三種の神器とされているが，尾高の著作にあるように，集団主義に着目をした「おみこし経営」，「和を重んじる組織」など，日本独特な経営方式も重要視されている。

　1972年には，OECD（Organization for Economic Cooperation and Development：経済協力開発機構）の『対日労働報告書』で，「日本の急速な経済発展を支えたのは三種の神器にある」と発表し，その特徴を，終身雇用，年功制，企業別組合であると発表した。そのうえで，日本企業の強さの秘密はその独特の経営システムにあるとし，これを日本的経営（Japanese Management）と名づけている。これが契機となり，さらに三種の神器が国内外に広く知れわたることになった。

　日本経済高度成長期の終わる1970年代半ば，世界経済は2度にわたる石油危機を経験した。しかし，日本企業は柔軟な対応によって，迅速な回復を見せ，乗り切ることができた。こうした危機に対応できたのは，三種の神器によって支えられた，技術進歩に対する柔軟性，大企業における高い定着率と低い欠勤率，自発的な所定時間外労働，活発な小集団活動，協調的な労使関係などの日本独自のシステムにあったと注目が集まり，海外の経済・ビジネス誌などにも取り上げられ，より一層注目されることになる。

　1980年に入ると，ハーバード大学の社会学者ヴォーゲル（Vogel, E.）の『ジャパン・アズ・ナンバーワン』（1980）が発表されることで，日本的経営が高く評価され，ボトムアップ方式の経営などが強調された。また，1980年代は，トヨタ生産システムなど日本企業の優れた生産方式，品質管理などへの関心が，世界的にも高まりをみせていった。

　このように，日本企業の強さの秘密は，日本的経営にあるとされ，海外からも注目を集めてきた。しかし，日本的経営は当然のことながら長所と短所を併せ持ち，時代の変化や人口構造とともに，それが変容することもある。バブル経済が崩壊し，個人の価値観やライフサイクルが多様化したいま，日本的経営に対する変革や見直しを問う声もあり，その強みと弱みについて多様な議論がなされている。

用語解説
(1) 終身雇用：定年に達するまで，企業が継続的に雇用を保証するといった雇用慣行のこと。
(2) 年功制：年齢や勤続年数に応じて昇進や昇給していく慣行のこと。
(3) 企業別組合：特定の企業またはその事業所ごとに成立する労働組合のこと。
(4) 稟議制度：下位者が起案した稟議書（会議の手間を省くための発案書類）をボトムアップの流れに従い，下位から上位へと回覧させて，最終決裁者である上位者の承認を得る制度のこと。
(5) おみこし経営：責任の所在が不明確であり，お神輿にのった上位層を下位層が支えながら経営をしているようにもみえることから，「皆でお神輿を担いでいる」といった意味で名づけられた。
(6) 小集団活動（Small Group Movement）：一般的に従業員が10名程度で一つのグループ（小集団）をつくり，そのグループごとに自主的に品質改善や生産性向上のために行う諸活動のことを指している。品質管理の手法としては，全部門で品質管理活動を行う総合的品質管理（Total Quality Control：TQC，別名：全社的品質管理），主に工場などの製造部門などで，それぞれの現場の品質管理を行うQCサークル（Quality Control Circle）などがある。

8.2　日本的経営の特質

　日本的経営の特質としては，すでに記述した三種の神器，その他以外にも福利厚生と教育訓練が重視されている。

(1) 福利厚生

　労働者雇用には，「現金給与」，退職金，教育訓練などの「労働費用」が必要不可欠である。また，労働者の総合福祉の向上を目的として，賃金とは別に企業が従業員およびその家族に対して行う施策，諸制度の「福利厚生」がある。

　福利厚生は，健康保険料，厚生年金保険料，労災保険料，雇用保険料など，企業にその費用の負担が法律で義務付けられた「法定福利費」，各企業独自の福利厚生施策「法定外福利費」に分類できる。法定外福利費とは，具体的に，住居，医療保険，食事，文化・体育・娯楽，私的保険制度への拠出金，慶弔見舞金などである。福利厚生は，従業員の生活向上，ストレス発散や健康，余暇

の充実などを目的とし，結果として従業員が働きがい，生きがいを見出し，職場の定着率，生産性の向上へとつながるように期待がされている。

> **参照：カフェテリアプラン**
> 企業は従業員に対して，一律に福利厚生制度を提供してきた。しかし，地域，年齢，性別など個人のライフスタイルの相違がもたらすニーズの多様化により，企業が多品種少量型の対応を余儀なくされた。そこで，個人の状況に応じて，住宅ローンの低廉貸付，健康診断，保育所の利用，レクレーションといった多種多様なサービスを提供する「カフェテリアプラン」が注目された。カフェテリアプランでは，自分の持つポイントの範囲内で，それぞれ消化ポイント額が設定されている複数の福利厚生項目の中から選択をし，従業員が自分や家族の生活上に最も適したメニューを選ぶことができる。日本では，1995年にベネッセコーポレーションが初めて導入している。

(2) 教育訓練

日本の大企業では，終身雇用と年功制を支えるものとして，新卒者の一括採用により，未経験の新入社員を採用する傾向がある。そこでは，企業が時間と資金をかけて従業員を育てる体制がとられている。当然のことながら，良い人材を育成できれば，企業成長にもつながる。そのため教育制度を整備することが重要視されてきた。わが国の代表的な教育訓練として，OJT（On the Job Training），Off-JT（Off the Job Training），自己啓発（Self Development：SD）の3種類がある。

① OJT

OJTとは，職場内教育・訓練のことを意味する。企業内における教育訓練の一方式で，職場内で上司や先輩が，部下に対して業務遂行に必要な知識や技術などの向上をはかることが目的である。実際に仕事を進めながら教育を行うため，理屈や理想ではない具体的かつ実践的な教育効果が期待できる。一方，忙しい部門や熱心ではない上司などのもとではうまく機能しないなどの問題点もある。

② Off-JT

Off-JTとは，企業内教育訓練の一方式で，職場を離れ日常の業務と関連付けながら行われる人材教育の総称である。一般的には，外部講師やインストラ

クターらによって行われる集合教育を指すが，その他にも本職以外の職場を経験させること，社外の講習会，大学などの教育専門機関に参加させることなどが挙げられる。

③自己啓発

自己啓発は，個人の意思で知識，技能，経験を身につけようと行動し，自己成長を促進することである。自己啓発を援助する施策として，通信教育の斡旋や費用の補助，資格取得の援助などがある。事例として，トヨタコミュニケーションシステムでは，TOEICのスコアごとの報奨金，社外英会話教室の50％の受講費補助などを行っている。

8.3　日本的経営の長所と短所

(1) 日本的経営の長所

日本的経営の特長として，和の精神を重んじる文化，集団主義経営などがあり，従業員は個人の利益よりも組織の利益を優先させる傾向がある。たとえば，従業員が企業に対して，高い忠誠心を持ち，「わが社のためなら」と，一体感を強め，一団となって企業に貢献してきた。これを支えてきた施策の一つが「終身雇用」である。従業員の帰属意識が強まり，その結果として，高い生産性へとつながり，経済成長を導いたと捉えられる。

また，終身雇用制は，正社員として企業に採用されると定年退職まで一社で働き続けることができる。雇用の安定と保証をもたらすことによって，従業員は「安心感」を得ることができ，社会的な安定にも貢献している。このような雇用の安定が労働力の確保にもつながったと考えられる。

長期雇用は，熟練労働者を育成し，企業内において内部競争が促進され，OJTなどの教育訓練を通じて，幅広い職務をこなすことが可能なジェネラリストを育成する傾向があった。ジェネラリストの育成は，内部労働力を有効に活用することを可能にしている。

年功制では，若いときは低い賃金で，後に高い賃金を支給し，バランスをとる年功序列による賃金制度が受け入れられているため，社内秩序の安定，従業員の生活設計が立てやすいなどの利点があった。

(2) 日本的経営の短所

　長所でも挙げたが，日本人は和を重んじる人柄を重視する傾向がある。これは長所でもあるが，マイナスに作用した場合，先輩社員より出世することは「出る杭」とみなされてしまうケースがある。これにより従業員の働く喜び，働きがいの欠如などにつながり，能力に自信のある従業員はモチベーションの低下などをもたらす可能性がある。とくに，学歴や人柄を重視した採用は，創造性や革新性が欠如してしまうなど，新奇性を求めない凡庸な従業員を生み出すことへの懸念がある。

　雇用に関しては，女性労働者，中途採用，パートタイム労働者，アルバイトなどに対し，キャリア形成・賃金上昇などの面における差別待遇などの問題もある。近年においては，中高年の余剰やポスト不足の深刻化，中高年社員の人件費高騰による経営の圧迫が問題化している。また，大量採用した団塊の世代が定年退職に近づくことによる，退職金などの問題も抱えている。この問題の解決策として，人件費抑制として年功制を見直し，早期退職制度を導入する企業も増加傾向にあり，これが，無理な解雇や早期退職勧告，契約社員の雇止め，賃金削減のための年俸制導入など，多くの問題を生み出している。これらの問題への対処策としてワークシェアリングの導入を求める声もあるが，安易な導入は低賃金労働を生み出し貧困化を招く恐れも懸念される。現時点において具体的な方策が見出されているとは言い難いものの，社会保障整備やワーク・ライフ・バランスの改善などにも期待の声が寄せられている。

8.4　成果主義

　成果主義とは，実際の仕事の成果を反映して，昇給額や賞与額，または昇格・昇進などの処遇を変える制度のことであり，従来の日本的経営の特質である年功制とは相いれないものである。成果主義を具体化した人事制度としては，(1) 裁量労働制，(2) 目標管理制度（Management by objectives：MBO），(3) 年俸制などが挙げられる。

(1) 裁量労働制

　実際の労働時間に関係なく，労働者と使用者の協定で定めた時間を労働時間

とし，賃金を支払う制度である。仕事のやり方，進め方を個人の裁量に任せることで，時間に縛られることなく，自由に働けるというメリットがある。一方，使用者の側が，残業代のカットのためにこの制度を導入しているという指摘もある。

(2) 目標管理制度

上司などとの面談を通じて，従業員自らが自己の業務目標を設定し，ある一定期間にどれだけ達成できたかを判定することで，賞与，昇給などに反映させることである。

(3) 年俸制

個人の能力や業務の達成度合いなどの実力に応じて，賃金の年間支給額が決められる制度のことである。

バブル経済の崩壊後，倒産，解雇などが相次ぎ，生涯一社で働き続けることへの不安を抱えている人が多い。たとえば，若年層で能力に自信がある人は，年功制を採用している企業ではなく，「若い時から評価され，高賃金を得たい」と考え，成果主義を導入している企業を選択するケースもある。また，外資系企業の多くが成果主義を導入していることから，優秀な人材が外資系に流れるなどの懸念もある。

成果主義の長所として，企業側は優秀な人材が確保でき，高い業績の労働者のモチベーションを高めることができる。それに対して，従業員側には，業績が給料，賞与に反映されること，転職が容易となり，多種多様なライフコースを選択することが可能になったことなどの利点がある。成果主義の短所として，企業側には，企業に対する従業員の帰属意識やモラールの低下などがある。従業員側は，短期間で数字を表すことが目的となり，忠誠心や働きがいを喪失することなどが挙げられる。

成果主義には，査定方法の公平性の観点から，不平・不満の声がある。なぜなら，仕事量の評価内容には，定量的，定性的なものもあり，評価基準が曖昧であり，評価者の主観が入り，場合によって不利益を被る従業員もいるからである。従業員は，正当に評価されなければ，「貢献したのに評価が下がった」などの不満感を募らせ，忠誠心を失うことにもつながりかねない。また，成果主義の目標管理制度では，短期的な結果を追求する傾向があり，その弊害とし

て，達成可能な簡単な目標を設定し，チャレンジをしなくなることなどもある。また，同僚が成果を上げれば，自分の評価が下がる可能性などもある。このことから，従業員のモラールが低下，人間関係が希薄化し，日本的なチームワークの良さが失われるなどの短所もある。

> **参照：成果主義に関するアンケート調査**
>
> 日経ビジネスによると，「成果主義は，仕事への意欲に影響を与えているか」という問いに，「意欲を低めている」(41.4%)，「特に影響を受けていない」(40.6%)，「意欲を高めている」(18.0%) という結果になっている。また，「決められた期間における目標達成制度（成果）を評価されることは，成長に結びついているか」という問いに対しては，「結びついていないと思う」(59.2%)，「結びついていると思う」(25.5%) であった。「成果主義に基づいた人事評価制度において，自分の評価に納得しているか」という問いについては，「納得していない」(50.1%)，「どちらとも言えない」(32.6%)，「納得している」(17.3%) という結果であった。
>
> 資料出所：日経ビジネスオンライン「ザ・ターニングポイント」(2007 年 12 月 10 日)，http://business.nikkeibp.co.jp/welcome.html

8.5　少子高齢社会と人的資源管理

わが国における急速な少子高齢社会の到来は，高齢者および若年者，障害者，外国人の雇用などに変化をもたらし，それとともに，従来の日本的経営のもとで見られた雇用形態にも変容をもたらしてきている。本節では，その実態について考察していくことにする。

8.5.1　高齢者と雇用
(1) 高齢者と統計的実情

まず，中高齢期市民の実態であるが，2010 年 3 月の時点で，1947 年から 1949 年生まれの団塊の世代が 60 歳を迎えている。内閣府『高齢社会白書』(2010) によると，中高齢期男性の就業状況は，55〜59 歳で 90.5%，60〜64 歳で 73.1%，65〜69 歳で 50.1% という実態で，60 歳以上の人たちも就業を継

続していることがわかる。同じく，女性は，55～59歳で61.6％，60～64歳で43.5％，65～69歳で28.8％という実態で，女性でも，60歳以上の社会参画が決して少なくないことが明らかとなった。

さらに，60歳以上を対象とした内閣府「高齢者の地域社会への参加に関する意識調査」(2008)によると，「働けるうちはいつまでも」という割合が39.9％，「70歳ぐらいまで」が26.1％，「75歳ぐらいまで」が10.4％と，依然として就業継続を希望する意識は高い。そして，高齢者が就業を希望する上位の理由として，男性は，「健康を維持したい」(23.5％)，「収入を得る必要が生じた」(15.7％)，「知識や技能を生かしたい」(12.4％)という順であった。それに対して，女性は「収入を得る必要が生じた」(22.8％)，「健康を維持したい」(21.2％)，「時間に余裕ができた」(14.5％)という理由が挙げられた。

このような調査からもわかるように，社会参画の動機として，①健康の維持，②収入の確保，③知識や技能の活用などの理由がある。そして，中高齢期を中心として，新たな生きがいを見出したり，企業で培ってきた知識や経験を社会に還元したいという想いがある。超高齢社会，人口減少型社会を迎えたわが国にとって，中高齢者を中心とした多様な社会参画の方途を検討することが重要課題である。近年，社会的な課題を解決するために，公共施設や空き店舗などの地域資源を活用しながら，中高齢期の人的資源を生かしたビジネスに取り組む支援策も増えつつある。このような高齢者の社会参画が，地域社会の活性化はもちろん，持続可能な地域社会の構築などにつながるものである。

> **参照：高齢者の定義**
>
> 高齢者とは，国連の世界保健機関（WHO）の定義では，65歳以上の人のことを意味している。また，「高齢者等雇用の安定等に関する法律」（高年齢者雇用安定法）では，「高年齢者」を55歳以上と定義づけしている。
>
> 一般的な区分としては，65歳以上75歳未満を前期高齢者，75歳以上のことを後期高齢者と区分している。高齢化率とは65歳以上が占める割合で，高齢者の人口が7％以上を超える社会を「高齢化社会」，14％以上を「高齢社会」，21％以上を「超高齢社会」と呼んでいる。日本では，2007年には21.5％に達したため「超高齢社会」となった。

(2) わが国における継続雇用に関する概要

まず，高齢者の多様な社会参画の促進について，企業を中心とした事例を取り上げる。企業の定年は60歳が大多数の割合を占めていたが，近年，定年に関する選択肢も変化を遂げている。2010年度の『高齢社会白書』によると，全産業の雇用者数の推移は，他の年齢層が微増，減少傾向にあるなかで，60歳以上の雇用者数は増加傾向にある。この理由の一つとして，2006年4月より「高齢者等雇用の安定等に関する法律」に基づく定年の引き上げと継続雇用制度の導入が義務付けられたことが挙げられる。これにともない，2005年が48.4％だったのに対し，2009年は71.3％と高齢者雇用者数が増加傾向にあった。また，継続雇用制度の導入はもちろん，これに付随する助成金などの支援策もある。さらに，高齢者の雇用・就業機会の確保を促進することを目的とした「シニアワークプログラム」の推進がある。シニアワークプログラムとは，高齢者を対象とした地域の事業主団体等の参画により，雇用を前提とした技能講習，合同面接会，職場体験講習等を実施することである。シニアワークプログラムは，雇用就業機会の確保を図るとともに，介護サービス分野を中心にシルバー事業の就業機会拡大のため，技能講習等を実施することが目的である。

参照：高齢者等雇用の安定等に関する法律の一部改正

　少子高齢社会の進展を踏まえて，日本の経済活力を維持していくため，高齢者の積極的な活用が課題となっている。年金支給開始年齢までは働き続けられるように，定年の引き上げと継続雇用制度の導入等を義務付けることで，高齢者の安定雇用の促進，再就職の促進，定年退職者に対する就業機会の確保などを目的としている。具体的には，第9条において，定年（65歳未満）の定めをしている事業主に対して，①定年の引き上げ，②継続雇用制度の導入，③定年の定めの廃止のいずれかの高年齢者雇用確保措置を講じることを義務づけている。

　その年齢は，男性の年金支給開始年齢のスケジュールと併せ，2013年4月1日までに段階的に引き上げられる。また，「高齢・障害者雇用支援機構」は，主な高齢者雇用に関する助成金・奨励金について，定年引き上げ等奨励金（中小企業定年引き上げ等奨励金，高年齢者雇用モデル企業助成金，高年齢者雇用確保充実奨励金）などを挙げている。

資料出所：厚生労働省，http://www.mhlw.go.jp/bunya/koyou/index.html

(3) 高齢者雇用の事例

次に，高齢者雇用を支える代表的な「シルバー人材センター」の取り組みと，先進的に高齢者の人材派遣事業を展開している「株式会社高齢社」の事業内容を取り上げる。

①シルバー人材センター

60歳以上の者に対する短期・臨時的就業の場を提供するシルバー人材センター（高齢者事業団）は，高齢者雇用の安定を図る組織として，高齢者雇用安定法（1971年，法律第68号）に基づき設立された。シルバー人材センターでは，高齢者が，組織的に働くことを通じて生きがいを持ち，長年の経験を生かし，地域社会に貢献するといった「自主・自立，共同・共助」を基本理念としている。このようなシルバー人材センターを通じて社会参画を遂げることで，高齢者は活力ある地域社会づくりに貢献することができる。

②株式会社高齢社

高齢者の多様な就業機会の一例として，「株式会社高齢社」が注目されている。同社では入社年齢が60歳以上で，「人は財産，人は宝」という考え方に基づき，定年を超えても，意欲，技能，ノウハウ，知力を持つ高齢者を積極的に活用する人材派遣事業であり，日本社会の発展はもちろん，高齢者自身の生きがいや雇用の創出にも貢献している。

同社は，2000年1月に設立された。創業者である上田研二氏には次のような3つの夢がある。①お金が中心ではない，人間味あふれる企業づくりと社会づくり，②75歳まで体力，気力，知力に合わせて働くのが当たり前の国づくり，③業界別高齢者活用企業の設立，である。上田社長は，パーキンソン病を患っているが，その自身の経験から，他者のために生きる人生を送りたいという想いを通じて，新会社の設立，高齢者活用連絡協議会の設立，ドキュメンタリー映画製作への個人的な寄付などを行っている[1]。同社は，創業以来順調に売上高，経常利益を伸ばしていることから，事業性はもちろん，60歳以上の雇用という社会的な課題の解決に取り組む革新的な企業である。その売上高も，2002年度は4,382万円，2006年度は1億6,297万円，2009年度は3億1,320万

1）坂本光司『なぜこの会社はモチベーションが高いのか』商業界，2009年。

円と右肩上がりである。

8.5.2 若年者と雇用

現在，若年者の雇用問題が深刻化している。厚生労働省の発表によると 15 歳から 24 歳の若年者の完全失業率は，2009 年度が 9.1％と，全年齢平均の 5.1％と比較しても依然と高い数値であることがわかる。若年層の高い失業率は，長引く経済不況の影響により，新規学卒者の就職環境が厳しくなっていることが一因である。また，若年者の就職に対する目的意識の希薄化や経済的豊かさなどの影響もあり，近年，ニートやフリーターと呼ばれる人たちがいる。

(1) ニート（Not in Education, Employment or Training：NEET）

ニートという言葉は，1999 年に英国の労働政策で用いられたのが始まりであり，「就学，就業，職業訓練中にない」が原義である。日本においては，たとえば厚生労働省が「15 〜 34 歳の非労働力人口のうち，家事も通学もしていないその他の者」と定義している。総務省統計局「労働力調査」によると，ニートの推移は，1999 年に 48 万人，2009 年には 63 万人と増加傾向にある。2009 年の内訳は，15 〜 19 歳が 10 万人，20 〜 24 歳が 16 万人，25 〜 29 歳が 18 万人，30 〜 34 歳が 18 万人であった。

(2) フリーター

1980 年代半ば，定職に就かず，アルバイトで生計を立てる人を「フリー・アルバイター」と呼び始め，それをさらに簡略化した言葉が「フリーター」である。ちなみに，フリー（free）が英語，アルバイト（Arbeit）がドイツ語であり，これに「人」を表す英語の語尾「-er」を付けた日本独自の造語である。

本来の語義からも，フリーターとは，上記のとおり「定職に就かず，アルバイトで生計を立てる人」の意味であるが，たとえば総務省の労働力調査では，「フリーター」を狭義に「15 歳〜 34 歳の既卒の男性および既卒の未婚女性で，パート，アルバイトとして働く者，またはこれを希望する者」のことと定義し，これに従った調査によって諸々の結果を公表している。統計でいえば，フリーターの推移は，2003 年の 217 万人をピークに 5 年連続で減少傾向にあったが，2009 年は 178 万人と増加している。その内訳は，15 歳〜 24 歳が 87 万人，25 歳〜 34 歳が 91 万人となっている。

フリーターの意識は多様であるが，日本労働研究機構（2000）によると，①モラトリアム型（離学モラトリアム型，離職モラトリアム型），②夢追求型（芸能志向型，職人・フリーランス志向型），③やむをえず型（正規雇用志向型，期間限定型，プライベート・トラブル型）に分類している。

若年者の支援策としては，ハローワークやジョブカフェ（若年者のためのワンストップサービスセンター）などが挙げられる。今後の課題として，学校から就業への円滑な移行のために，企業内での育成システム，若年者の職業選択への取り組み，学校，行政，企業が一体となったマッチングなどが重要である。また，企業外の職業能力開発機能，インターンシップの実施などを図るとともに，企業における定着率を高めることも課題である。

> **参照：厚生労働省「平成21年若年者雇用実態調査結果の概況」**
>
> 　全労働者に占める全若年労働者の割合は32.9％（正規雇用21.1％，非正規雇用11.7％）であった。若年者の育成方法としては，新規学卒者が「OJT」（60.4％），「自己啓発への支援」（33.1％），「Off-JT」（27.5％），中途採用者は，「OJT」（58.6％），「自己啓発への支援」（30.4％），「Off-JT」（21.4％）という順であった。
>
> 　若年労働者の育成目標は「就業意識・勤労意欲」（正規雇用58.5％，非正規雇用59.9％），「業務に役立つ専門知識や技能」（同48.7％，同36.7％），「マナー・社会常識」（同44.6％，同55.4％），コミュニケーション能力（同28.3％，同30.3％）「チャレンジ精神」（同21.2％，14.4％）となっている。
>
> 　正社員の求人にフリーターが応募してきた場合に，「採用する場合がある」（87.5％），「採用しない」（8.1％）であった。フリーターを採用すると回答した事業所に対して，「どのような態度や能力を身につけていれば採用するか」という問いに対し，「就業意識・勤労意欲」（62.4％），「マナー・社会常識」（49.7％），「組織への適応性」（29.6％）という結果であった。
>
> 資料出所：厚生労働省「平成21年若年者雇用実態調査結果の概況」，http://www.mhlw.go.jp/toukei/itiran/roudou/koyou/young/h21/index.html

8.5.3　障害者と雇用

障害者については，「障害者の雇用の促進等に関する法律」（障害者雇用促進法）がある。この法律は，身体および精神障害者の雇用や職業生活上の自立の促進を目的とし，事業主に対し，全従業員中に占める障害者の割合を一定比率

以上とすることが義務づけられている。

　2010年6月の厚生労働省による障害者の雇用率調査の結果は，民間企業（法定雇用率：1.8％）が，実雇用率は1.68％，公的機関（法定雇用率：2.1％，都道府県等の教育委員会：2.0％）は，国が実雇用率2.29％，都道府県が同2.50％，市町村が同2.4％，教育委員会が同1.78％，独立行政法人などが同2.1％という結果であった。

　法定雇用率を達成した場合は，障害者雇用調整金（超過一人月額2万7千円）を支給し，未達成の場合は，障害者雇用納付金（不足一人月額5万円）が徴収される。各種助成金に関しては，障害者を雇い入れるための施設の設置，介護者の配慮等に助成金を支給することが定められている。

　地域の就労支援関係機関においては，障害者に対する職業リハビリテーション事業（ハローワーク，地域障害者職業センター，障害者就業・生活支援センター）などの支援策がある。また，障害者雇用促進法の一部が改正され，2009年4月より段階的に施行されている。この改正は，中小企業における障害者雇用の状況の改善に主眼が置かれ，主な改正点として，①障害者雇用納付金制度の対象事業主が拡大されること，②短時間労働が障害者雇用率制度の対象となることなどが挙げられる。障害者が職業を通じて自立した生活を送ることができるよう，さらなる企業，国・地方自治体の努力が課題となる。

参照：企業における障害者雇用
(1) 日本理化学工業株式会社
　障害者雇用に積極的な企業の事例もある。たとえば，粉の出ないチョークなどの製造で知られる日本理化学工業株式会社では，全体の70％以上が知的障害のある従業員で，重度の人が半数以上を占めている。障害者雇用のきっかけは，1959年，大山氏が，卒業を控えた障害をもつ15歳の女子生徒の就職を養護学校の先生から頼まれたことである。当初は断ったものの，先生から「一度だけでも働く体験をさせて欲しい」と要望され，実習生として受け入れた。実習期間中の女子生徒たちは，就業のチャイムが鳴り止んでも手を止めることはなく，一生懸命に働く彼女たちに心を打たれ，雇うことにしたという。これが障害者雇用のはじまりであった。その後，社員の協力により，作業環境を徐々に整え，作業工程に工夫を凝らすなどの努力をしていった。同社は障害者雇用の草分け的な企業であり，2005年には財団法人日本フィランソロピー協会より「企業フィランソロ

ピー対象社会共生賞」も受賞している。
(2) 株式会社スワン（ヤマト運輸の特例子会社）
「障害のある人もない人も，共に働き，共に生きていく社会の実現」という理念を実現するために，小倉昌男氏が，1998年6月に株式会社スワンを設立し，スワンベーカリー店舗の全国展開を遂げている。従業員の7割以上が知的，精神的，身体的に障害をもっている。民間の共同作業所で働く障害者の月給が1万円以下では自立には程遠いとし，「月給10万円以上を目指す」と謳い，「焼きたてのおいしいパン」という構想のもと，アンデルセン，リトルマーメイドで知られるタカキベーカリーの協力も得て，これを実践した。スワンベーカリーは，障害者の雇用，収入の確保，自立支援などを目的として掲げている。

資料出所：日本理化学工業，http://www.rikagaku.co.jp/，政策情報かわさき，http://www.kawasaki-net.ne.jp/vtr/kgk/nihonrikagaku.html，サイエンスポータル，http://scienceportal.jp/enterprise/25-2.html，スワンベーカリー，http://www.swanbakery.jp/swan/index.html

8.5.4 外国人と雇用

日本においては少子高齢社会の到来などによる労働力不足を懸念し，外国人労働力に対する期待する声もある。外国人労働者の受け入れを肯定する見解としては，労働力確保，企業競争力を支える労働力としての期待などが一例としてある。受け入れを否定する見解としては，外国人による犯罪の増加などを懸念する見方もある。さらに，労働基準法や健康保険法などの法令が，国籍を問わず外国人にも等しく適用され，労働条件面での国籍による差別は禁止されているという規定はあるものの，低賃金，長時間労働を厭わない外国人労働者が多く流入してくる職種もあり，結果として，日本人の雇用機会を縮小させることを懸念する声もある。

また，日本が法律的，制度的にも，また社会的にも外国人労働者を受け入れる対応ができているのかが焦点となってくる。たとえば，外国人労働者をめぐっては，不法就労なども問題となっている。その一因は，日本の法的枠組みにもある。現行の入管法では，特別な知識や技能のある外国人労働者の在留は認めるが，それ以外の外国人の就労目的での在留は認めないという厳密な方針がある。少子高齢化などで社会の一層の変化が予想される今日，行政におけるより現実的な対応が期待されよう。

> **参照：外国人の日本国内就労**
> (1)「出入国管理及び難民認定法（入管法）」によって外国人労働者の在留資格が規制されている。①就労が認められる在留資格は，外交，公用，教授，芸術，宗教，報道，投資・経営，法律・会計業務，医療，研究，教育，技術，人文知識・国際業務，企業内転勤，興業，技能，特定活動（技能実習生など）。②原則として就労が認められない在留資格は，文化活動，短期滞在，留学，研修，家族滞在である。ただし，留学生の在留資格をもってアルバイト等を行う場合は，地方入国管理局で資格外活動の許可を得て，その範囲内でアルバイトを行うことができる。③就労労働に制限がない在留資格は，永住者，日本人の配偶者等，永住者の配偶者等，定住者の資格を持つ者の場合である。
> (2) 厚生労働省の「外国人雇用状況の届出状況（平成 20 年 10 月末時点）」
> 　外国人労働者数は 486,398 人，雇用している事業者数は 76,811 となっている。国籍別には，中国（43.3％），ブラジル（20.4％），フィリピン（8.3％）となっている。在留資格別には，「身分に基づく在留資格」（「永住者」，「日本人の配偶者等」，「永住者の配偶者等」，「定住者」）が 46.0％，技能実習生等の「特定活動」が 19.5％，「専門的・技術的分野の在留資格」（「教授」，「芸術」，「宗教」，「報道」，「投資・経営」，「法律・会計業務」，「医療」，「研究」，「教育」，「技術」，「人文知識・国際業務」，「企業内転勤」，「興行」，「技能」）が 17.5％であった。
> 厚生労働省，http://www.mhlw.go.jp/houdou/2009/01/h0116-9.html

❏❏❏ 参考文献

　　Abegglen, J. C., *The Japanese Factory. Aspects of its Social Organization*, The Free Press, 1958（占部都美監訳『日本の経営』ダイヤモンド社，1958 年）．
　　シャイン，エドガー著，金井壽宏訳『キャリア・アンカー』白桃書房，2003 年。
　　厚生労働省「外国人雇用状況の届出状況（平成 20 年 10 月末時点）」，http://www.mhlw.go.jp/houdou/2009/01/h0116-9.html
　　厚生労働省「平成 21 年若年者雇用実態調査結果の概況」，http://www.mhlw.go.jp/toukei/itiran/roudou/koyou/young/h21/index.html
　　内閣府「平成 20 年版高齢社会白書」，http://www8.cao.go.jp/kourei/whitepaper/w-2008/zenbun/20pdf_index.html
　　内閣府「平成 22 年版高齢社会白書」，http://www8.cao.go.jp/kourei/whitepaper/w-2010/zenbun/22pdf_index.html
　　内閣府「高齢者の地域社会への参加に関する意識調査」(2008)，http://www8.cao.go.jp/kourei/ishiki/h20/sougou/zentai/index.html

日本理化学工業　http://www.rikagaku.co.jp/
日本労働研究機構編『フリーター意識と実態』2000年。
日経ビジネスオンライン「ザ・ターニングポイント」（2007年12月10日），http://business.nikkeibp.co.jp/welcome.html
尾高邦雄『日本的経営』中央公論社，1984年。
OECD編『対日労働報告書』日本労働協会，1972年。
サイエンスポータル，http://scienceportal.jp/enterprise/25-2.html
政策情報かわさき，http://www.kawasaki-net.ne.jp/vtr/kgk/nihonrikagaku.html
スワンベーカリー，http://www.swanbakery.jp/swan/index.html
トヨタコミュニケーションシステム，http://www.toyota-cs.com/
Vogel, E., *Japan As Number One,* Cambridge：Harvard University Press, 1979（広中和歌子・木本彰子訳『ジャパンアズナンバーワン』TBSブリタニカ，1979年）．

学習を深めるために

平野文彦・幸田浩文『人的資源管理』学文社，2010年。
上林憲雄・厨子直之・森田雅也『経験から学ぶ人的資源管理』有斐閣，2010年。

コーヒーブレイク　キャリアデザイン

　キャリアデザインとは，自分の人生のこれまでの経験などから，長期的なキャリアを考え，進むべき方向性をデザインする「人生設計」のことである。キャリア研究で知られるシャインは，個人がキャリアを選択する際に，最も大切で他に譲れない価値観や欲求のことを「キャリアアンカー」と名づけている。キャリアアンカーは，①専門・職能別，②全般管理，③自律・独立，④保障・安定，⑤起業家的独創性，⑥奉仕・社会貢献，⑦純粋な挑戦，⑧生活様式の8つのカテゴリーに分類されている。アンカーを探るためには，①自分にできることは何か（能力，才能），②自分は何がやりたいのか（動機，欲求），③自分は何をやることに価値を感じるか（意味・価値）を挙げている。
　参考文献：シャイン，エドガー著，金井壽宏訳『キャリア・アンカー』白桃書房，2003年。

第9章 女性の雇用

　女性の地位向上の国際的な改革の流れは,「国連婦人の10年」(1976～1985年)の世界的な運動から始まったといわれている。これは,フェミニズム運動における史的展開の始まりであった。わが国では,国際的な視点から見ると条約の批准の遅れなどさまざまな問題点がある。男女雇用機会均等法(1985年5月成立,1986年4月施行)が成立し,1999年に,男女共同参画社会基本法が施行され,本格的な「男女共同参画社会」へと移行する段階にきているように思われる。このような動向は,女性の生活に大きな変化をもたらし,いままでは,女性差別であると認識されにくかった事象についても,社会問題として取り上げられるようになってきた。さらに,総務省統計局「労働力調査」によると,女性の社会参加が増大し,2000年に雇用者総数に占める女性の割合は初めて40％に達した。

　わが国では,少子高齢社会の到来により,大幅な若年労働者不足が予想され,女性労働力への期待が高まっている。同時に,未婚化・晩婚化傾向の進展により,出生率低下の問題が顕在化している。いままでは,出産・育児を境に女性は社会的活動から排除されてきた風潮があった。しかし,女性のライフスタイルの変化,女性を取り巻くさまざまな状況変化にともない,女性の社会参加を促進し,その能力を最大限に活用することが望まれる。また,家族の育児,介護の負担は,今後ますます増大すると考えられている。

　少子高齢社会,核家族化などが進展するなかで,育児や家族介護の問題は,労働者が仕事を継続していく上で大きな問題となる。このため,育児や介護を行う労働者が,安心して育児休業や介護休業を取得し,職場復帰できる環境の整備,また就業を継続しながら,家族としての責任を果たすことができるような環境整備が重要視されている。

9.1 女性の社会参加とその動向

9.1.1 女性のライフスタイルの変化

従来型の女性のライフスタイルは，以下のように分類することができる。
①成長期（0歳～25歳前後）：出生から結婚（正規雇用など）
②育児期（25歳前後～35歳前後）：出産・育児（正規雇用など）
③活動期（35歳前後～65歳前後）：育児からの解放（パートタイム労働，テレワークなど）
④老齢期（65歳～）：老齢年金から死亡（内職など）

しかし，このような，ライフサイクルは，個人や家族の一生に規則的な推移があることを前提にした理論であり，しかも平均的な家族を前提として捉えることに特徴がある。そこで，「家族ありきから，個人ありきへ」という新たな視点で導入されたのが，ライフコース（life course）である。ライフコースとは，個人が生まれてから死ぬまでにたどる人生の道筋のことを意味している。

わが国においても従来の女性のライフサイクルのような規則性はなくなっていることから，ライフコースという考えが望ましい。現代の女性は高学歴化にともない，ただお金を稼ぐために働くのではない。そこでは，自己の目標達成，もしくは自己実現を目指す女性が多くみられる。さらに，少子化・晩婚化という現状から，結婚をせず仕事を続ける人，DINKS（Double Income No Kids），DEWKS（Double Employed With Kids）など，さまざまなタイプに分類することができる。時代とともに，生活スタイル，組織文化も変化していく。それにともない，男性と女性のスタイルも変化し，新たな文化が生まれる時期にきているのかもしれない。

9.1.2 女性の社会参加の背景

わが国では，社会全体を「世帯単位」で捉え，「性別役割分業」に基づき，税制・社会保障制度，年金，医療保険などが成立している。これが，女性の社会参加と大きく関わっている。そこで，現代までの，わが国の社会慣習の動向を取り上げ，次いで，女性の社会参加について取り上げる。

(1) わが国の社会慣習の動向

　日本企業はしばしば，"ウチ社会"と呼ばれ，その組織のなかで中核人物となっているのが，男性の正規雇用である。ウチ社会では，男性従業員に終身雇用制や年功制，昇進・昇格などが適用され，企業から恩恵を受けている。わが国では，男性を世帯主とした世帯単位がとられ，税金の扶養控除や年金制度などは世帯単位に基づき成立している。従来，その下で男性を支えるという補佐的な役割や，個人的な雑用を行うのが女性である。そして，男性の支えとなり，身の回りの世話をしているのが女性（妻）であった。このウチ社会の壁は厚く，そのソトで働く労働者として，フルタイムやパートタイム労働者が存在している。しかし，ウチ社会にいる男性労働者と同じような恩恵を受けることはできない。このような男性中心の企業社会こそが，日本企業社会の実態であった。このような慣習は「家父長制」といわれ，「男性が女性を支配し，年長者の男性が年少者を支配する」といった，1970年代の家族政策で前提とした家族である[1]。

　この「家父長制」が基盤となり，男性は仕事中心，女性は家庭中心といった「性別役割分業」が根づいていた。そして，高度経済成長期は，この性別役割分業が日本経済の発展の支えともなり画一化されていた。多くの男性が定年までの勤続を保障され，夫一人の収入で安定した生活が成り立っていた。このため，多くの女性は結婚を期に仕事を辞め，「専業主婦」を選択する傾向があった。多くの女性労働者は，働くようになっても，結婚や出産などの要因により，退職してしまうケースが多く，若いときだけ働く"一時雇用"が主流となっていた。"お茶くみ"や"職場の花"という表現ができたのも，このような背景によるものと考えられる。

　しかし，現在，このような日本的雇用慣行の崩壊にともない，それに代わって，成果主義が主流となってきている。そこでは，労働者，家族ともに，将来の保証が得られなくなったのである。このような背景から，サラリーマン世帯で，専業主婦の減少など，大きな変化がみられるようになった。また，女性の社会参加の増加とともに，性別役割分業も変化を遂げてきている。

---

[1] 大内章子・藤森三男「日本の企業社会―女性労働についての考察―」『三田商学研究』第37巻第6号，慶應義塾大学商学会，1995年，1-16頁。

1992年には,「共働き世帯」が男性雇用者と無業の妻からなる「伝統的世帯」を上回った。総務省の「平成19年就業構造基本調査」では,「夫婦のみの世帯」,「夫婦と親から成る世帯」,「夫婦と子どもから成る世帯」,「夫婦,子どもと親から成る世帯」の4類型合計のうち,共働き世帯が占める割合は46.4%であった。このように,共働きが半数以上を占めている実情からも「伝統的世帯」が「典型的家族」とはいえなくなったといえる。

> **用語解説：性別役割分業**
> 　「男は仕事,女は家庭」といった役割分担のことを,「性別役割分業（gender Division of Labor）」や「性別役割分担」と呼んでいる。性別役割分業とは,性別を理由とする社会の分業や家庭内の役割分担のことを意味している。

(2) 女性の社会参加

　女性の社会参加という言葉が現れたのは,1970年頃からである。女性の社会参加といってもさまざまな形がある。主なものとして,次の内容が挙げられる。
①職場進出における経済的参加
②NPO（ボランティア活動などを含む）など
③町内,PTA活動などの地域活動,趣味,稽古事
④投票行動や選挙運動,そして社会運動などといった政治参加
　さらに,女性の生涯教育への関心に高まり,大学で行われている公開講座など社会教育への参加や,キャリアアップを求めて,大学や大学院へ再度入学を果たす女性も珍しくなくなってきた。
　近年,このような社会参加のいずれかに積極的に参加している女性が増加している。その理由として考えられるのが,①社会に貢献し,自分の能力を活かしたい,②自己実現を目指すことで,生きがいを感じているなどの考えがある。これらの変化の要因としては,①男性も女性も性差に縛られず自らの能力を発揮できる社会「男女共同参画社会」へと変化するにつれ,意識変化が起きたこと,②電化製品などの驚くべき進歩により,家事の負担が軽減したことなどが挙げられる。
　また,出産や介護を期に仕事を中断すると,再就職の門戸は狭く,納得のい

く仕事を手に入れるのは難しい。このような状況から,「年齢に関係なく働きたい」,「自分の裁量で仕事をしたい」などを理由として,多様な社会参加の一つとして,女性の起業も注目されている。

しかしながら,わが国は主要先進国の仲間入りを果たしていながらも,国連開発計画の統計などの数値に見られる女性の地位向上がいまだに他の先進国並みとはいえず,批判を受けているのも事実である。

表9.1　人間開発指数とジェンダー不平等指数

	HDI（人間開発指数）		GII（ジェンダー不平等指数）	
1	ノルウェー	0.938	オランダ	0.174
2	オーストラリア	0.937	デンマーク	0.209
3	ニュージーランド	0.907	スウェーデン	0.212
4	アメリカ	0.902	スイス	0.228
5	アイルランド	0.895	ノルウェー	0.234
6	リヒテンシュタイン	0.891	ベルギー	0.236
7	オランダ	0.890	ドイツ	0.240
8	カナダ	0.888	フィンランド	0.248
9	スウェーデン	0.885	イタリア	0.251
10	ドイツ	0.885	シンガポール	0.255
11	日本	0.884	フランス	0.260
12	韓国	0.877	日本	0.273

注：人間開発指数（Human Development Index：HDI）とは,「健康で長生きできるか,知識を得る機会があるか,人間らしい生活を送れるか」について,その度合いを測定する総合的な指標である。従来の指標である健康,知識,生活水準に加えて,出生時平均寿命,修学予測年数,平均修学年数などが新たに加えられた。「ジェンダー不平等指数（Gender Inequality Index: GII）」とは,性と生殖に関する健康（妊産婦死亡率,低年齢女性の出産率）,エンパワーメント（立法府の議員に占める割合,中学・高等教育への進学状況）,経済活動への参加（女性の労働市場への参加率）の3つの側面を数値化した指標である。
出典：*Human Development Report 2010*, http://hdr.undp.org/en/media/HDR_2010_EN_Complete.pdf, 人間開発報告書2010における総合指数の解説資料, http://www.undp.or.jp/hdr/pdf/release/101109_03.pdf

9.2	わが国における女性の社会参加に関する取り組み

女性の中で,能力を発揮できないと感じている人たちの多くは,①女性の活用に対する上司・同僚などの意識をより深めること,②育児・介護休業制度,保育施設を充実させること,③会社の人事制度で男女の平等化を進めることな

ど，改善策を求めている。

　企業が女性の能力を有効に活用するためには，①女性が働きやすい条件を整備すること，②女性にも男性と同じようなやりがいのある仕事を与え，仕事そのものに動機づけをすること，③家庭の役割をすべて女性に任せるのではなく男性も自立して家庭の役割を果たす制度を設けること，④意欲のある女性たちに，組織の中で役割を持ち，人の上に立つことができるような基礎的職業教育やキャリア形成のための教育・訓練を行うことなどが挙げられる。

　このような，女性の能力を最大限に生かすための具体的施策としては，男女雇用機会均等法，国際労働機関による政策，ポジティブ・アクションの推進，CSR の推進，ファミリー・フレンドリー施策の推進が必要であると考えられていることから，その現状をここで取り上げることにする。

9.2.1　男女雇用機会均等法の成立と法改正

　諸外国に約 10 年遅れ，1985 年より男女雇用機会均等法が成立した。また，1997 年に男女雇用機会均等法の大改正が行われ，また，労働基準法における女性に対する時間外労働・休日労働・深夜業に対する規制が解消された。同時に，1997 年には育児休業法の改正により介護休業制度が導入され，一部を除き，1999 年 4 月 1 日より施行されることになった。

　男女雇用機会均等法各条文のうちから，差別禁止の対象となったのは，募集・採用，配置・昇進・教育訓練，福利厚生，定年・退職・解雇などである。1999 年の法制度の改革にあたっての基本的理念は，①雇用の分野における男女平等の原則に，できるだけ諸制度を近づけるということ，②母子ないし妊産婦（労働基準法上は，妊娠中および産後 1 年を経過しない女性）をできるだけ保護しようとする理念，③職業生活と家庭生活の両立を可能とする制度設計への試みなどが挙げられる。

　1999 年 4 月の「改正男女雇用機会均等法」で得た権利として大きかったのは，定年・退職・解雇，福利厚生についての禁止規定だという考えが多い。女性だけが，就業の打ち切りが早い状況では，将来への不安や差別を実感し，意欲をそいでいたのであろう。結婚や出産，若年定年によって就業を中断されずに，自らの意志で継続できるようになった意味は大きい。

その後，2007年4月に新たな「改正男女雇用機会均等法」が施行された。この法改正では，労働者が性別による差別を禁止し，母性保護を尊重しながら，その能力を発揮できる環境整備が重要点となっている。とくに，①性別を理由とする差別禁止の範囲が拡大（対女性差別のみでなく，男性に対する差別も対象化）したこと，②妊娠・出産・育児休業等を理由とする解雇，不利益取り扱いが禁止されたこと，③セクシュアル・ハラスメント防止策などが挙げられる。

このような法改正にともない，法内容が実態より先行しているという見方もある。一方，この改正は，少子高齢社会，女性の社会進出といった雇用環境の変化の現状に即し，快適な就業環境の整備のため，一歩進んだ内容を持つものと捉えることもできる。

> **用語解説：セクシュアル・ハラスメント**
>
> セクシュアル・ハラスメント（sexual harassment）は，改正男女雇用機会均等法によると「職場において行われる性的な言動で女性労働者の対応によりその労働条件につき不利益を受けること，またはその性的な言動により当該女性労働者の就業環境が害されること」と定義づけられている。その内容は，①「対価型セクシュアル・ハラスメント」と②「環境型セクシュアル・ハラスメント」の2種類に分類することができる。
> ①対価型セクシュアル・ハラスメント：職場の地位を利用した性的な言動に対する労働者の対応により，解雇，降格，減給など雇用上の不利益を負わせるような行為のこと。
> ②環境型セクシュアル・ハラスメント：使用者，上司，管理職，同僚等による職場において性的な言動によって労働者の就業環境が不快なものとなり，精神的圧迫感や屈辱感を与え，労働者の就業に支障をきたすこと。

9.2.2 国際労働機関による政策

ここでは，国際労働機関（International Labor Organization，以下「ILO」と称する）による政策を取り上げ，仕事と家庭生活の両立を目指す政策の現状を概観することにする。ILOは，1919年に，社会正義実現のための労働条件の改善を主たる目的として設立され，広範にわたるその改善対象の一つとして女性の雇用・労働条件と環境の整備を含むものである。

ジェンダー格差と雇用機会の創出に関連する政策として，まず，ILO条約の

表9.2　改正男女雇用機会均等法の概要

事項	改正前（1999年）	改正後（2007年）
性別を理由とする差別禁止	女性に対する差別的取り扱いの禁止	男女双方に対する差別的取り扱いの禁止
	募集，採用，配置，昇進，教育訓練，福利厚生，定年，解雇についての禁止	募集・採用・配置，昇進・降格，教育訓練，福利厚生，職種の変更，雇用形態の変更，退職勧奨，定年・解雇・労働契約の更新
	女性に対するポジティブ・アクションは法違反とならない	
間接差別の禁止	規定なし	厚生労働省令で定める措置については，合理的な理由がない限り禁止
妊娠・出産・産休取得等を理由とする不利益取扱いの禁止等	婚姻・妊娠・出産を退職理由とする定めの禁止	
	婚姻を理由とする解雇を禁止	
	妊娠，出産，産前産後休業の取得を理由とする解雇の禁止	母性健康管理措置，母性保護措置，妊娠または出産に起因する能率低下等を理由とする解雇その他不利益取り扱いを禁止
		妊娠中・産後1年以内の解雇は，事業主の反証がない限り無効
セクシュアル・ハラスメントの防止	女性労働者を対象とする事業主の雇用管理上の配慮義務	男女労働者を対象とする事業主の雇用管理上の措置義務
	規定なし	調停などの紛争解決援助の対象にセクシュアル・ハラスメントを追加
	規定なし	是正指導に応じない場合の企業名公表制度の対象にセクシュアル・ハラスメントを追加
母性健康管理	事業主の措置義務（妊娠中および出産後の女性労働者が保健指導または健康診査を受けるための必要な時間の確保，当該指導または診査に基づく指導事項を守ることができるようにするための措置の実施）	
	規定なし	苦情の自主的解決，調停などの紛争解決援助の対象に母性健康管理措置を追加
	規定なし	是正指導に応じない場合の企業名公表制度の対象に母性健康管理措置を追加
ポジティブ・アクションに対する国の援助	①労働者の配置等の状況の分析，②分析に基づく計画の作成，③計画で定める措置の実施，④実施体制の整備を行う事業主に対する相談その他の援助	①労働者の配置等の状況の分析，②分析に基づく計画の作成，③計画で定める措置の実施，④実施体制の整備を行う事業主に対する相談その他の援助，⑤取組状況の外部への開示を行う事業主に対する相談その他の援助

資料出所：厚生労働省，http://www.mhlw.go.jp/topics/2009/07/tp0701-1.html

第100号（採択1951年6月，発効1953年5月）「同一価値の労働についての男女労働者に対する同一報酬に関する条約（同一報酬条約）」が挙げられる。この条約は，同一の価値の労働に対しては性別による区別を行うことなく，同等の報酬を与えなければならないと規定した。批准国となったのは，スウェーデン（1962年6月），日本（1967年8月）であった。次いで，パートタイム労働者の労働条件が，フルタイム労働者と少なくとも同等になるよう保護し，その活用促進を目的とする条約ILO条約第175号（採択1994年6月，発効1998年2月）「パートタイム労働に関する条約」が挙げられる。批准国となったのは，スウェーデン（2002年6月），日本は未批准である。次いで，第156号「家族的責任労働者条約」などが挙げられる。

　仕事と家庭生活の両立に対する国際的な政策の動向として，1981年にILOによって採択された「男女労働者，とくに家族的責任を有する労働者の機会均等および均等待遇に関する条約（156号）」が挙げられる。この条約にある「家族的責任を有する労働者」とは，子どもや，介護または援助が必要な家族に対する責任をもつ者を指している。また，この条約の前文において，①家族に対する責任は女性のみが担うのではなく，男女が平等に担って働くこと，②育児や介護のために休暇をとった家族的責任を有する労働者を差別しないこと。同時に単身者や子どものいない共働き夫婦も区別されないこと，という2点の目的を掲げている。さらに，家族的責任を有する労働者に対する特別な措置とともに，労働時間短縮などの労働者の状況を全般的に改善する措置が必要であると述べている。この条約により，家族的責任をもつ人もたない人も，すべての人の職業生活と家庭生活の調和が図られ，平等で人間らしい生き方が図られる社会を目指している。ILO156号は，1981年以降，多くの国で批准されている。その国々の中でも最も早い批准国は，ノルウェー（1982年6月），スウェーデン（1982年8月）であった。日本が批准国となったのは，1995年6月のことであった。日本では，男女雇用機会均等法（1985年5月成立，1986年4月施行）の成立，男女共同参画審議会の設置を境に，女性を取り巻く環境は急速に整備されたのである。

9.2.3 ポジティブ・アクションの取り組み

　日本が，経済活力を維持していくために，職場において女性労働者が能力を発揮できるよう職場環境を整備することが重要課題となっている。また，企業における固定的な性別役割分業意識から，「営業職に配置されている女性が少ない」，「課長以上の管理職に就く女性が占める割合が低い」などの問題がある。

　たとえば，厚生労働省の「平成21年度雇用均等基本調査」によると，係長相当職以上の管理職（役員を含む）で女性が占める割合は，2009年度が8.0％（2006年度6.9％）という結果であった。役職別にみると，部長相当職が3.1％（同2.0％），課長相当職が5.0％（同3.6％），係長相当職が11.1％（同10.5％）と，前回の調査よりは上昇傾向にあるが，諸外国と比較すると高い水準とはいえない。

　今回の調査結果から「女性管理職が少ない，全くいない」と回答した企業の理由として，「現時点で，必要な知識や経験，判断力などを有する女性がいない」，「勤続年数が短く，管理職になるまでに退職する」，「将来，管理職に就く可能性のある女性はいるが，現時点では在職年数などを満たしていない」などの理由が多く挙げられている。

　このため，女性管理職としての資質，能力の向上はもちろん，「企業においてあらゆる面において，性別によることなく，個々人の意欲，能力適正に基づく公正な取り扱いを行うとともに，男女の労働者の間における事実上生じる格差を解消するための積極的取り組み，「ポジティブ・アクション」が求められている。

　ポジティブ・アクションを企業で推進する際，各企業の実態に応じた具体的な目標を設定することが効果的だといわれている。具体的な取り組みは，「"女性の採用拡大"と"女性の職務拡大"とは密接に関係しており，これらの取り組みが進んでいると"女性管理職の増加"も効果的に進められる」また，「"女性の勤続年数の伸長"と"職場環境・風土の改善"は，これらの取り組みを支えるものである」という考え方に基づくものである。

　ポジティブ・アクションの具体的な進め方は，①現状の分析と問題点の発見，②具体的取り組み計画の作成，③具体的取り組みの実施，④具体的取り組み成果の点検と見直しである。これは厚生労働省が取りまとめた「女性労働者の能

力発揮のための企業の自主的取り組みのガイドライン」に基づいて，具体的な取り組みを整理したものである。

　厚生労働省の「平成21年度雇用均等基本調査」によると，ポジティブ・アクションに「取り組んでいる」企業の割合は，2009年度が30.2%（2006年度が20.7%），「今後，取り組むことにしている」とする企業の割合は2009年度が10.7%（同年度6.7%）と，前回の調査より上昇傾向にある。同調査によるとポジティブ・アクションの推進を必要と考える企業の理由として，「男女ともに職務遂行能力によって評価されるという意識を高めること」，「女性の能力が有効に発揮されることで，経営の効率化を図ること」，「男女の能力発揮により生産性向上，競争力強化につながること」などが上位に挙げられた。一方，ポジティブ・アクションに「今のところ取り組まない」と回答した企業の理由としては，「すでに十分に女性が能力発揮し，活躍している」が最も多く，次いで，「日常の業務が忙しいため，対応する余裕がない」などの順であった。

　女性の積極的活用については，制度は整ってきたものの，勤続年数が短い，家庭への配慮から時間外労働・深夜労働をさせにくいなどの諸問題も浮き彫りになっている。このことからの仕事と生活の調和「ワーク・ライフ・バランス」が課題となっている。

用語解説：ワーク・ライフ・バランス
　内閣府によると，「国民一人ひとりがやりがいや充実感を感じながら働き，仕事上の責任を果たすとともに，家庭や地域生活などにおいても，子育て期，中高年期といった人生の各段階に応じて多様な生き方が選択・実現できる社会」と定義づけられている。具体的には，①就労による経済的自立が可能な社会，②健康で豊かな生活のための時間が確保できる社会，③多様な働き方・生き方が選択できる社会となっている。
　資料出所：内閣府仕事と生活の調和推進室，http://www8.cao.go.jp/wlb/index.html

9.2.4　CSRの推進

　近年，女性の積極的活用は，「企業の社会的責任（Corporate Social Responsibility：CSR）」の観点からも重要視されている。
　CSRの企業評価基準は，①従業員対象，②環境対策，③地域社会対策，④

経済・倫理対策の4点で評価することが一般的である。「社会的責任」の概念には柔軟性があり，評価分野は年代・地域によって異なるのが実情である。近年，この4つの基準に「女性の活用と働きやすさ」を加える動きが急激に起こり，ここ数年で主流になってきている。また，CSR 推進組織を有する日本の企業においても，「従業員対象」の基準に「女性の働きやすさや管理職登用率」を入れる例が多くなってきた。CSR という観点から「女性の働きやすい職場環境」を目指すことは，企業の「責任」だけでなく，その取り組みがより良い組織をつくり，ビジネスとしても成功へ導くものであると重要視されている。

　企業では，ダイバーシティ・マネジメントの一環として，企業内で女性の積極的な活用を支援するため，女性リーダーの育成，企業風土づくり，女性管理職の増加，ワーク・ライフ・バランスなどの施策を導入している。また，女性活躍推進室などを設置する企業も存在する。たとえば，INAX では，2009 年11月より EPOCH 女性活躍推進室から EPOCH ダイバーシティ推進室へと変更し，女性だけに限らず，年齢・国籍などにとらわれない多様な人材の活用を推進することを掲げている[2]。

> **参照：ダイバーシティ・マネジメント（Diversity Management）**
> 　ダイバーシティ・マネジメントとは，「女性の活用」というイメージを強く持たれるが，本来は，性差，年齢，学歴，ライフスタイル，国籍，文化など，一人ひとりのもつ多様な価値観を受容し，これらを企業活動に取り込み，活かすことによって，企業の競争力強化などに結び付ける考え方を意味している。

9.2.5　ファミリー・フレンドリー企業

　ファミリー・フレンドリー企業とは，厚生労働省の定義によると「仕事と育児・介護とが両立できるようなさまざまな制度をもち，多様でかつ柔軟な働き方を労働者が選択できるような取組を行う企業」である。具体的な内容については，①法を上回る基準の育児・介護休業の規定，仕事と家庭のバランスに配慮した柔軟な働き方ができる制度があり，実際に利用されていること，②仕事

---

[2] EPOCH とは，Encouraging People and improving Organizational Capabilities for High Performance の略で，「高い業績を実現する，人材の活性化と組織能力開発」の意味がある。(INAX のホームページより，http://www.inax.co.jp/company/news/2009/090_company_1104_494.html)

と家庭との両立がしやすい組織文化が形成され，実際に取り組みを行っている企業などが挙げられる。

　個人の価値の増大や，男女の一層の平等化の進展，さらにわが国に関していえば，少子高齢化の到来など，人間と社会をめぐる価値観の変化，また自然との共生の必要性など，価値観の転換期にあるともいえる21世紀の今日，企業もまた旧態依然とした価値観から脱却し，あらたな価値観を求め，一市民として社会や自然との共生の努力をしていくことが不可欠である。ファミリー・フレンドリー企業が求められる背景には，このような事情が潜んでいるのである。

9.3　少子高齢社会における女性の役割と就業支援策

　わが国では国際化・情報化が進むなかで，世界的にも類をみない速さで高齢社会が到来している。これから先，いわゆる「団塊の世代」が高齢者層に入ることで，急激に高齢化が進むと予測されているのである。さらに，高齢化が進む一方，少子化が予測を超える速度で進んでおり，また，日本の総人口が減少するといった「人口減少時代」が懸念されている。一般的に人口が増減しない水準は，合計特殊出生率が2.08人である。しかし，わが国の出生率は1970年代前半から合計特殊出生率を下回っているというのが現実である。このような，出生率低下の理由については，20代女性の未婚率の上昇，晩婚化に伴う晩産化によるものと考えられている。出生率が回復し，それが生産年齢人口として反映されるには，約四半世紀の年月を要するといわれている。

　そこで，「仕事か家庭か」を女性に迫る社会の仕組みを改善し，育児や介護のために労働市場からの撤退を余儀なくされる現状を食い止める必要がある。女性の社会参加を推進していくため，保育サービス，福祉サービスに対する企業，地方自治体への期待も高まっている。さらに，少子高齢社会において，就労年齢層の負担が増大するという問題も顕在化してきている。

9.3.1　高齢者介護と介護休業制度の問題点

　高齢社会の到来により，多くの家庭で老親の介護問題に直面する。わが国では高齢者介護は「自宅で家族が担う」という考えが根強く，介護者の多くを女

性が占めている。しかし，近年，高齢者介護が，身体的，精神的にも限界となり，高齢者に対する虐待などさまざまな問題も顕在化してきた。さらに，女性が介護を担う場合，介護を境に仕事を辞めるケースが多い。介護と仕事を両立していくためには，「老人ホームなどの施設の充実」はもちろん，「介護休業制度」や「勤務時間の選択」などの制度に期待が高まっている。

　介護休業制度とは，介護を必要とする家族がいる労働者が，介護のために一定期間休むことができる制度である。事業主は，介護休業制度を拒否することはできず，「介護休業を理由に解雇など不当な取り扱いをしてはならない」と指針に明記されている。さらに，事業主は，短時間勤務制度，フレックスタイム制，介護サービス費用の助成制度の措置をとらなければならない。

　総務省「平成19年就業構造基本調査」によると，家族の介護や看護を理由として，離職・転職した雇用者の数は，2006年10月から2007年9月までの1年間で14万4,800人にのぼり，2002年からの5年間では50万人存在することが明らかとなっている。その年齢構成は，40から50歳代が約6割と多く，離職・転職の約8割が女性という結果であった。介護を必要とする両親を持っているのは，働き盛りの中高年である。中高年齢層は，子どもの教育費や住宅ローンなどの負担がある労働者が多いと考えられ，経済的に苦しい労働者も多い。改正介護休業法などの法整備を含め，家族の介護をしながらも働き続けるための多様な制度が求められる。さらに，このような統計からもわかるように，高齢者問題は女性問題であるといっても過言ではない。女性は，夫の両親を看取り，自分の両親を看取り，夫を看取るケースが多い。また，年老いた両親を年老いた子どもが介護をするといった「老々介護」もあり，「共倒れ」といった事態を招く恐れもある。

　高齢社会では，女性の平均寿命が長く，高齢者になるほど女性の比率が高まり，85歳以上に占める女性の割合は，男性の約2倍である。後期高齢者になると，配偶者（夫）に先立たれるケースは女性の方が多く，自分の老いを迎えたときに誰に看取ってもらえるのか不安が大きい。また，年金の支給額が男性より低いなど女性の老後生活は経済的格差があるのが現状である。現在も，育児や介護を期に仕事を中断する女性が多く，パートタイム労働者などの低賃金労働に就くことが多い。再就職後，女性が経済的自立を遂げられるような環境

整備をしない限り，老齢期における女性の生活に不安が残る。

9.3.2 育児に関する就業支援策
(1) 少子化の検討課題

低出生率の問題解決としては，経済負担や育児休業制度，保育サービスの充実などがよく挙げられる。少子化により，出産や育児を個人の負担に任せるといった従来型から変革が求められている。従来型の男性の雇用形態を変革しなければ，就業継続を望む女性は，"結婚をしない"，"結婚しても就業継続するために子どもをもたないカップル（DINKS）"が増えることになる。また，仮に共働きでも子どもを育てたいという（DEWKS）場合は，子どもは最小限の一人となるだろう。この現状を打開しない限り，少子化の進行を食い止めることはできない。

保育施設に関して，最も期待されているのが，「保育施設の保育時間を長くすること」，「保育施設数を増やし，いつでも誰でも入れるようにする」といった項目であった。政府も積極的に保育施設の改善に取り組んでいることから，どこまで実現できるのかが今後の鍵となる。保育所・学童保育所の現状として，労働者の雇用形態の多様化，核家族化の進展により，延長保育や低年齢児からの保育ニーズが高まっている。しかし，保育所と学童保育所には，①都市を中心に待機児童が多く，保育施設が十分ではない，②保育施設のコストが高い，③保育施設の保育時間が短く，子どもを育てながら安心して就業継続することができないなどの問題点も挙げられている。保育利用が進む国ほど，女性の労働力率は増加傾向にあることから，保育所，学童保育所の充実，多様化が望まれる。近年では，職場付近やオフィス街に保育所を運営する企業も出現し，新たな動きとして期待できる。

女性の社会参加が増大している一方，合計特殊出生率が年々低下している背景として，保育施設など仕事と家庭を両立する支援策が十分ではないことが明らかとなってきている。

女性の保護施策は，産休産後休暇，通院・つわり休暇，妊婦の通勤緩和措置，生理休暇制度など諸々の制度が挙げられるが，女性の就労継続の問題に対しては，とりわけ育児休業制度の充実が求められる。

(2) 育児休業制度の現状と課題

　育児休業制度（1991年成立，1992年4月1日施行）導入の目的は，女性労働者の就業意欲の向上や，既婚女性労働者の定着を図るためなどである。育児休業制度の試行により，労働者（日々雇用される者を除く）は，男女を問わず，1歳に満たない子どもを養育するため，休業が取得できるようになった。日々雇用される労働者，労使協定で定められた一定の労働者以外は，子どもが1歳6カ月に達するまで休業できる。また，就業しながらの育児を支援する制度として，①時間外労働の制限，②深夜業の制限，③勤務時間の短縮などの措置，④子どもの看護のための休暇などが挙げられる。

　育児休業制度の実施により，出産後も働き続ける女性が増え，会社への定着度も高まることが期待される。また，正規雇用のままで短時間勤務制度，半日単位の有給休暇制度のある企業の方が，出産後も働き続ける女性の割合が高くなっている。育児休業制度は男女の仕事と家庭の両立を目的としているにもかかわらず，この制度を取得するのは女性が多く，男性の取得率はほとんど伸びていない。厚生労働省「平成21年雇用均等基本調査」によると育児休業制度の取得率は，2009年度は，女性労働者が85.6％，それに対して男性は，1.72％となっている。女性に関しては，調査を開始してから増加傾向にあり，2008年度が90.6％という高い取得率が発表されたが，今年度は減少という結果となっている。男性に関しては，取得率は増加傾向にあるもののわずかにすぎないのが実情である。

　男性の育児休業取得率の低さには，職場の理解や仕事に対する責任など企業における環境と，休業中の減収などが一例としてある。育児休業期間中は，「育児休業基本給付金」，「育児休業者職場復帰給付金」などが支払われることになってはいるが，決して十分な金額だとは思えない。今後の課題として，①家事，子育ての意識改革（性別役割分業の見直し），②企業側としては，子育て期の男性労働者を配慮した勤務時間，男性も育児休業制度を取得しやすい環境整備などが現時点で考えられる。女性に対する支援策のみならず，男性も育児に従事しやすい環境が整わない限り，結婚・出産後の女性の就業継続は決して容易なものとはならないのである。

9.4 多様化する就業形態と格差

　高度経済成長期には，パートタイマーという雇用形態が現れ，石油危機以降は，加えて派遣労働，テレワーク（在宅勤務）サテライトオフィスなど新しい雇用形態も現れ，就業形態選択の幅が広がってきている。厚生労働省「平成19年就業形態の多様化に関する総合実態調査」によると，就業形態別労働者の割合を性別に見ると，2007年の正規雇用は男性71.6％（2003年72.3％），女性28.4％（同27.7％）となっている。それ以外は，男性37.2％（同34.3％），女性62.8％（同65.7％）と，圧倒的に女性が占める割合が高い。とくにパートタイム労働者については，男性26.5％（同24.7％），女性73.5％（同75.3％）と，女性の割合の方が著しく高いという結果であった。ここでは，パートタイム労働者，派遣労働者，テレワークを取り上げて，その実態をみていくこととする。

9.4.1 多様化する就業形態
(1) パートタイム労働者

　パートタイム労働者とはフルタイム労働者より就労時間が短い労働者（短時間労働者）を意味している。公式な定義としては，1993年6月11日成立，同年6月18日公布（同年12月1日施行）の「パート労働法」の第2条「短時間労働者」において「1週間の所定労働時間が同一の事業所に雇用される通常の労働者の1週間の所定労働時間に比べて短い労働者」と規定されている。

　日本のパートタイムの特徴としては，①女性労働者が占める割合が高い，②短時間労働という名称にもかかわらず，長時間のフルタイムパート，③労働時間や仕事内容がほとんど同じでも，労働条件に著しい賃金格差があることなどが挙げられる。

　2008年4月に「改正・パートタイム労働法」が施行された。その特徴は，賃金，職務内容，教育訓練，福利厚生施設の機会などの，正規雇用との均衡などを定めていることにある。この法律の「パートタイム」の対象者は，パートタイマー，アルバイト，嘱託など呼び方は異なっても，この対象に当てはまると定義づけられている。しかし，上述の「パート労働法」の定義から，労働時

間の長いフルタイムのパート労働者は対象とならない。つまり，正規雇用，パートタイム労働者という身分の違いによって，同じ仕事内容，同じ時間であってもその処遇が異なることを意味している。このことからも「同一労働・同一賃金」に関する問題が浮上している。

(2) 派遣労働者

派遣元事業者（派遣会社）が，派遣を依頼した企業に派遣する非正規雇用のことを意味している。1985年，「労働者派遣事業の適正な運営の確保及び派遣労働者の就業条件の整備に関する法律（労働者派遣法）」が制定され，翌年から施行されるようになった。この法律は，「自分の知識や技術を生かし，自分の都合にあった仕事を希望する労働者の雇用の安定や福祉の増進」という目的を持つ。1985年の法制定においては，専門性の高い一定の職種に限定されていたが，1996年の改正では「26職種」を許可し，1999年の改正では一部の事業を除いては，職種制限はなくなっている。

派遣事業の特徴としては，①本人の職務能力に基づいて処遇される，②仕事内容を自分の希望に合わせられる，③仕事と生活の調和がとりやすい，④特定の企業に縛られないですむなどの内容が挙げられる。しかし，自分自身の実力が勝負であるため，職業に関する能力を維持させるための日々の努力が欠かせない。

派遣労働者は，仕事における選択の幅を広げるという長所があるが，その反面，短期労働力として使い捨てにされるという短所があると指摘されている。

(3) テレワーク

テレワークとは，パソコンの情報処理機能や通信ネットワークを使いながら，オフィス以外の場所で仕事をするという働き方であり，主に在宅勤務を意味している。テレワークでは，労働者にとって，①通勤時間の短縮，②自由に労働時間を選べることによる，育児・介護の必要がある労働者，障害者，高齢者などの雇用機会の拡大などが長所として挙げられる。女性労働者の中には，幼い子どもを抱えながらも働くといった，育児との両立を図る労働形態として選択されることが多い。しかし，職場内のコミュニケーションの減少や適正な評価が行われるのかなどの短所も挙げられる。

企業側としては，①人材の有効活用（育児・介護の必要がある労働者，障害者，

高齢者），②コストの削減（オフィスを用意する必要性があまりない），③顧客サービス向上などが挙げられる。しかし，職務遂行上の管理や評価の難しさ，情報漏洩のリスク，設備コスト，労働時間と私的時間との区別の難しさなどが短所として挙げられる。

> **参照：テレワークの類型**
>
> 　テレワーク協会によると，実施場所による分類として，施設を利用する場合を，①施設利用型テレワーク（サテライトオフィスなど），自宅利用型テレワーク，施設に依存しない場合を，②モバイル型テレワークとしている。
> 　サテライトオフィスとは，企業などの本拠とは別に，ネットワーク環境が整備された離れたところに設置されたオフィスのこと。通勤時間の短縮による従業員の負担の軽減，都市に事務所スペースを確保する必要がないためにコストが削減できるなどのメリットがある。
> 　日本におけるサテライトオフィスの実験事例としては，1984年に三鷹市でNTTによって実施されたINS実験の一環であるNEC吉祥寺C&Cサテライトオフィス実験が始まりとされている。その後，テレワークそのものを主眼として行われたのが1988年から住友信託銀行，富士ゼロックス，NTTグループなどの大手企業が勤務実験を行った志木サテライトオフィス実験である。この実験を期に，サテライトオフィスが注目されるようになった。
> 参考文献：日本テレワーク協会，http://www.japan-telework.or.jp/index.html

9.4.2　多様化する就業形態と課題

(1) 賃金格差

　厚生労働省「平成21年賃金構造基本統計調査」によると，正規雇用の男性の平均賃金水準を100とした際，2008年の男性の正規雇用以外が66，女性正規雇用は70という数値となった。雇用形態別の賃金平均は，男性の正規雇用が33万7,400円，正規雇用以外が22万2,000円，女性正規雇用は，24万4,800円，正規雇用以外は17万2,100円という結果であった。このことから，依然として男女間，就業形態（正規・非正規）による賃金格差の存在が明らかである。

　このような賃金格差が，女性の経済的自立を拒んでいることはいうまでもない。また，正規雇用と同じように働いても，さまざまな格差が生じている。パ

ートタイム労働者と正規雇用との格差を国際的に比較した場合，わが国はどこの格差が大きな国はあまりない。

(2) 再雇用制度の充実

わが国の再雇用制度を諸外国と比較すると，整備の遅れは明らかである。諸外国には，育児期に就業が中断されても，復帰後は，以前と同じような仕事に就くことが保障されている国もある。わが国においても，情報提供や，即戦力となりうる能力を身につける支援体制の整備が求められる。

女性が就業を中断する理由については，①育児や介護に関わる法制度や施設などの社会制度が充実していないこと，②夫が育児や介護のために，定時に帰宅すると職場で批判の眼で見られること，③育児や介護，家事は女性がすべきであるという考え方が根強いという理由が挙げられる。

後に再雇用を目指す女性にとっては，年齢制限などをはじめとする諸々の理由により，正規雇用への途が閉ざされているという問題がある。このような背景から，正規雇用以外のパートタイマーという雇用形態に加えて，テレワークなど，勤務形態が多様化し，選択の幅が広がっている。

正規雇用としての復帰を目指す人たちに対する現状の支援策としては，「再雇用特別措置」が期待すべき制度といえよう。「再雇用特別措置」の規定内容は，「事業主は，妊娠，出産，育児または介護を理由として退職した者に，必要に応じて，再雇用特別措置，その他これに準ずる措置を実施するよう努めなければならない」とある。また，再雇用特別措置の普及・促進を図るため，再雇用を実施した事業主に対して，助成金が給付されている。

9.5　女性の社会参加と今後の課題

日本の女性は全労働力人口の4割を占めるようになった。徐々にではあるが，職場において昇進・昇格を遂げ，勤続年数も伸びているが，管理職に占める割合は，1割に満たないのが現状である。さらに，25歳から39歳の女性は，出産，子育てなどを理由に，仕事を辞めることが多い。この現象は，「M字型」と呼ばれ，その要因として，いまだに性別役割分業意識が存在することや，職場環境，長時間労働，保育施設などの支援の不備などが挙げられる。

> **用語解説：M字型労働**
> 　女性の就業率をグラフで表すと，30歳代前半をボトムとするM字型カーブを描いていることから，M字型労働，M字型曲線と呼ばれる。このように，結婚や出産時に就業率が低下し育児終了後に就業率が回復する現象から，いまだに「育児や介護」といった家庭環境に左右されていることがうかがえる。また，日本の男性労働者は諸外国と比較しても，就労時間が長く，育児や家事といった家庭の仕事は女性に任されるケースが多い。

　また，目にみえない壁「ガラスの天井（glass ceiling）」にふさがれ，現実の女性の組織上層部への参画はさほど進んではいない。先進国でありながら，日本では女性に対する雇用差別解消が進まないなどの理由で，国際的批判を受けている。このことは，国連開発計画の調査結果からも明らかである。

　このような現状からも，女性の能力を最大限に発揮できるか否かが，今後の企業の競争力，生き残りに大きな影響を与えると考えられる。そこで，男女といった性別の垣根を越えて，能力，実力のある人材を活用し，異質な発想や価値観を有する人材の融合により，組織の価値創造を向上させることにつなげうる。このような意味で，今後，女性の積極的活用は，企業戦略の重要な鍵でもある。

　日本では，個人のライフスタイルが多様化したいま，それに応じた多様な就業形態と支援策が必要である。時代の変化や新たなライフスタイルに合った生き方を選択できる社会を目指すためには，教育システム，就業支援策の充実，職場内でのメンタリングなどが大切である。企業における女性職員の雇用差別を解消し，モチベーションを高めること，出産，育児，介護などの両立支援策を充実させることが必要である。そして，職務に対する公正な評価ができる施策も課題となる。

> **用語解説：メンタリング**
> 　メンターとは組織における年上の助言者のことであり，メンタリングとはメンターによる助言のことである。メンターの欠如は，女性にとって昇進の障害になるといわれている。日本では1980年以降，社会へ進出する女性が増加した頃から目にするようになった。また，有能な男性経営者には，有能なメンターが存在するといわれ，女性の管理職などの育成と昇進にもメンターの存在が望まれる。

❏❏❏参考文献

遠藤ひとみ「スウェーデンと日本におけるジェンダー・マネジメントの萌芽過程」『東洋大学大学院紀要』第 42 集，東洋大学大学院，2006 年，337-350 頁．

遠藤ひとみ「高齢社会における女性の社会参加」『東洋大学大学院紀要』第 40 集，東洋大学大学院，2004 年，271-298 頁．

Human Development Report 2010, http://hdr.undp.org/en/media/HDR_2010_EN_Complete.pdf

井上輝子・上野千鶴子・江原由美・大沢真理・加納実紀代『岩波女性学事典』岩波書店，2002 年．

INAX, http://www.inax.co.jp/company/news/2009/090_company_1104_494.html

金谷千慧子「CSR（企業の社会的責任）としての女性の働きやすさ」『京都労働ニュース Vivid』京都政府民労働部労政課，2005 年，2 頁．

今野由梨・門脇秀一「女性に社会進出における今後の展望」『NIRA 政策研究』第 5 巻第 12 号，総合研究開発機構，1992 年，54-59 頁．

厚生労働省，http://www.mhlw.go.jp/topics/2007/06/tp0605-1.html

厚生労働省，http://www.mhlw.go.jp/topics/2009/07/tp0701-1.html

厚生労働省，http://www.mhlw.go.jp/toukei/list/5-19.html

厚生労働省「平成 21 年賃金構造基本統計調査（全国）結果の概況」, http://www.mhlw.go.jp/toukei/itiran/roudou/chingin/kouzou/z2009/index.html

厚生労働省「平成 21 年度雇用均等基本調査」結果概要，http://www.mhlw.go.jp/stf/houdou/2r9852000000civ3.html

内閣府仕事と生活の調和推進室，http://www8.cao.go.jp/wlb/index.html

日本テレワーク協会，http://www.japan-telework.or.jp/index.html

人間開発報告書 2010 における総合指数の解説資料，http://www.undp.or.jp/hdr/pdf/release/101109_03.pdf

大内章子・藤森三男「日本の企業社会―女性労働についての考察―」『三田商学研究』第 37 巻第 6 号，慶応義塾大学商学会，1995 年，1-16 頁．

総務省「平成 19 年就業構造基本調査」結果概要，http://www.stat.go.jp/data/shugyou/2007/gaiyou.htm

総務省「労働力調査（平成 22 年 11 月分結果）」，http://www.stat.go.jp/data/roudou/sokuhou/tsuki/index.htm

杉本貴代栄『女性化する福祉社会』勁草書房，1997 年．

杉本貴代栄『ジェンダーで読む福祉社会』有斐閣，1999 年．

『週刊ダイヤモンド』ダイヤモンド社，2009 年 2 月 7 日号．

高橋正泰・山口善昭・牛丸元『組織とジェンダー』同文館，1998 年．

山田昌弘「転換期の家族政策」『社会政策研究』No.2，東信堂，2001 年，24-48 頁．

山岡熙子・赤岡功・筒井清子・渡辺峻・長坂寛『ワーキング・ウーマンの仕事と生活』マネジメント社，1995 年．

山岡熙子・筒井清子「低成時代と中高年婦人（低成長下の賃金）」『経営労働研究双書 8 ―低成長下の雇用・賃金・労務―』中央経済社，1979 年。

学習を深めるために
木本喜美子『女性労働とマネジメント』勁草書房，2003 年。
谷口真美『ダイバシティ・マネジメント』白桃書房，2005 年。

コーヒーブレイク 生涯賃金について

　平均的日本人が一生のうちに稼ぐ賃金について，生涯正規雇用は，大学卒業の場合，男性 2 億 6,900 万円，女性 2 億 2,800 万円，高卒男性 2 億 1,100 万円，女性 1 億 6,100 万円，正社員転換，男性（非正規雇用で入社し，30 歳で正社員）1 億 7,500 万円，女性（30 歳で正規雇用退職，40 歳でパート復職）4,500 万円，生涯パートは男性 6,300 万円，女性 4,900 万円，生涯派遣社員は男女とも 8,800 万円，生涯臨時社員は男性 1 億 1,200 万円，女性 5,300 万円となっている。

資料出所：『週刊ダイヤモンド』ダイヤモンド社，2009 年 2 月 7 日号。

第Ⅲ部　現代経営学の新潮流

第10章 新しい公共経営

　従来，公共の領域は行政が担ってきたが，わが国を取り巻くさまざまな環境変化，市民のニーズの多様化などによって，行政の対応力に限界が見え始めている。このような状況から「新しい公共経営（New Public Management：NPM）」という言葉が広がりをみせている。新しい公共経営とは，大きく分類して，政府や自治体といった「行政セクター」，企業など営利活動といった「営利セクター」，市民の非営利活動といった「市民セクター」の3セクターから構成される。

　近年，市民セクターに含まれるNPO（Non Profit Organization）などといった市民が中心となって組織する非営利組織の活動範囲が一層広がりをみせ，進展してきている。市民セクターが地域社会に与える利点は，地域ごとのニーズに対応し，既存の行政組織や営利組織では供給できなかったサービスを提供することにある。一例として，育児，家事サービス，高齢者への援助といった福祉サービス，環境改善に関わるサービスなどが挙げられる。こうしたサービスは，既存の組織，団体では十分に対応できないうえ，それぞれ，地域に特有な性格をもっており，画一的な政策対応が難しい。市民セクターは，このニーズを充足し，それと同時に，雇用機会を広げるという波及効果をもたらすことも期待されている。その発展は，地域雇用政策，あるいは，地域独自の雇用創出政策を目指すという観点で，大きな期待と評価を集めている。

　このような状況を踏まえ，本章では新しい公共について取り上げ，その中でも市民セクター，とりわけNPOを中心に展開していく。

10.1 公共性と公益

10.1.1 公共性の生成

17世紀のヨーロッパにおいて，ボランティアという言葉が初めて使われたが，それは，当時，自警団や志願兵を意味しており，市民自らが自発的に為政の一端を担おうという考えに基づいたものである。たとえば，フランスにおけるボランティアの始まりは，17世紀，市民たちがサロンやコーヒーハウスなどの場に集まり，政治や社会に対する自分たちの考えを討論したことによっている。

ハーバマス（Habermas, J.）は，著書『公共性の構造転換』（1990）において，「市民的公共性」の意味について，公権力に対抗するために，公衆として集合した市民が形成した公共的空間のことであるとしている。そのような市民が討論する場では，①社会的地位の平等性を前提とするどころか，そもそも社会的地位を度外視するような社会様式，②このような公衆における討論は，それまで問題なく通用していた領域を問題化することが前提，③万人がその討論に参加しうることが必要とする，という共通した3つの基準があった。

現代のヨーロッパにおいて，ボランティア活動は，新しい市民的公共性の実現へ向けて，市民による討論や実践活動をすることは不可欠とされている。このような歴史的な経緯が，現在のヨーロッパにおけるボランティア活動の背景にある。ハーバマスは，公共性の領域に空間概念を導入し，公共性の概念に大きな貢献をもたらした。このような，彼に代表される公共性の概念は，空間的公共性と捉えられている。そして，近年，空間概念のみならず，時間や世代の概念へと拡大した時間的公共性も存在している。時間的公共性の一例としては，次世代のための利益配慮があり，エリクソン（Erikson, E. H., 1963, 1964）の世代生成継承性（ジェネラティヴィティ：generativity）においても，その重要性が説かれている。世代生成継承性とは，世代を育むこと，文化や伝統などを次世代に引き継ぐことであり，これを可能にしていく力は，「ケア」（care）である。

10.1.2 公益とは

わが国では，近年，核家族化が進み，地域社会とのつながりも希薄になって

いる。その一方，NPOなどに代表される市民活動が活発化してきている。NPOは，公益活動を実践する代表的な団体の一つである。小松（2004）によると，NPOなどに代表される公益活動は，「貧困，差別，障害，不足，欠落，怪我，損壊などなんらかの問題を抱え，救済，援助，補助，保護，保全，保障などのニーズをもつ人や地域・環境に対して，非営利でサービスを提供する理念や活動」を意味する。そして，その公益活動成立のための基本要因として，「ニーズ」，「サービス」そして，「ソーシャル」という3つの概念が挙げられる。公益活動においては，個人が思いやりや正義感を持ち，地域住民と支え合いながら，より良い地域社会を構築していきたいという気持ちがある。このようなことから，公益活動において，ケアと支え合いの心をもつことで，世代継承，世代生成に向けて個々人が役割を果たしていくことは，持続可能な社会の実現を意味している。

> **参照**
> (1) 特定非営利活動法人と公益
> 　特定非営利活動促進法（第1章第1条）は，「この法律は，特定非営利活動を行う団体に法人格を付与すること等により，ボランティア活動をはじめとする市民が行う自由な社会貢献活動としての特定非営利活動の健全な発展を促進し，もって公益の増進に寄与することを目的とする」と規定し，「公益」が目的であることを明確に定めている。
> (2) NPOと法人格
> 　「法人格あり」とは，民法第34条に基づく公益法人（財団法人・社団法人），民法34条の特別法に基づく法人（社会福祉法人・学校法人など），特定非営利活動法人（NPO法人）である。一方，「法人格なし」とは不特定多数の利益の増進を目的とする任意団体（ボランティア団体など），地縁組織（町内会など）などが挙げられる。

10.2　新しい公共経営の構造

　新しい公共経営とは，1980年代中頃から，行政実務の現場で形成されたマネジメント理論である。その核心は，企業における経営管理の理念，手法，さ

らには，成功事例などを可能な限り適用することであった。新しい公共経営の目的は，公共部門の効率化と活性化にある。

　この効率化，活性化の実現は，旧態依然とした行政のみによる対応で事足りるものではない。現在では市民のニーズの多様化などによって，行政の力だけでは，それらに十分に対応できない状況が発生している。このような多様化した「市民の」ニーズにきめ細かに対応するための公共経営の担い手として，行政でも企業でもなく，「市民自ら」が主体となった活動としてのNPOが進展してきている。NPOは，新しい公共経営の担い手の一つとして，市民の意向に対してきめ細かく対応するにとどまらず，さらに行政を補完し，政策の提言をするまでになってきた。

　この点に関連し，松行・松行（2004）は，「新しい公共経営という認識は，ガバナンスの視点が，新しく加わったものとみてよい。そこには，新しい公共経営のステークホルダー（stakeholder）は，顧客（customer）あるいは株主（stockholder）としての市民であるとする認識の変化がある」と述べ，「ガバナンス」という観点の重要性を説く。

　ガバナンスに関しては，論者によってさまざまであるが，古川（2001）は，「中央政府だけでなく，地方政府，住民，企業，NPO，NGOなどが共同，協働，対立しつつ，権力を分有して，統治を行う状況をさす」と定義している。宮川・山本（2002）は，「統治者が一方的，トップダウン的に被統治者を統治するというものではなく，両者の信頼関係をはじめ，社会の諸構成員の協力や合意によって統治することという意味合いを強くもっている」と，信頼関係と合意を強調している。

　社会福祉事業や公共事業などの分野において，さまざまな問題を抱えている現在のわが国では，とりわけ，医療，保健，福祉の分野において，政府主導による福祉政策から，相当程度，企業，NPOなどへ，その対応する主体が移行しており，これに際し，行政と市民との中間に位置し，それぞれとの間に信頼関係を構築しつつ，両者との架け橋となる中間的な役割を担うのがNPOである。

　図10.1は，「新しい公共経営における3つの組織間関係」を表したものである。

第10章 新しい公共経営

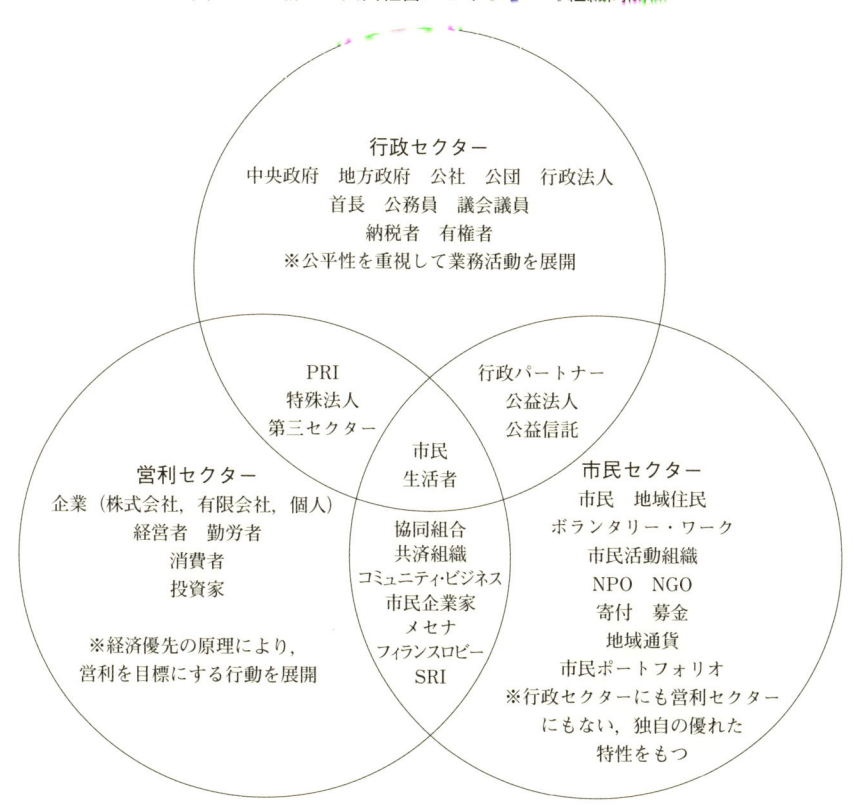

図10.1　新しい公共経営における3つの組織間関係

```
                    行政セクター
              中央政府　地方政府　公社　公団　行政法人
                    首長　公務員　議会議員
                      納税者　有権者
              ※公平性を重視して業務活動を展開

          PRI                    行政パートナー
         特殊法人                    公益法人
        第三セクター    市民         公益信託
                      生活者
  営利セクター                        市民セクター
  企業（株式会社，有限会社，個人）          市民　地域住民
       経営者　勤労者                 ボランタリー・ワーク
        消費者        協同組合          市民活動組織
        投資家        共済組織           NPO　NGO
                  コミュニティ・ビジネス     寄付　募金
                    市民企業家          地域通貨
  ※経済優先の原理により，   メセナ          市民ポートフォリオ
   営利を目標にする行動を展開 フィランスロビー  ※行政セクターにも営利セクター
                     SRI               にもない，独自の優れた
                                        特性をもつ
```

資料出所：市民立法機構編『市民セクター経済圏の形成』日本評論社，2003年より，著者が一部加筆した。

　公共サービスを提供する主体は，次の3セクターで構成される。
①行政セクター：政府や自治体といった公的部門である「行政組織」
②営利セクター：企業などの経済団体である「営利組織」
③市民セクター：NPO，ボランティア団体など，市民が中心となって組織して活動を進める「非営利組織」
　松行・松行（2004）によると，これらの3セクターがもつ価値観，使命，任務は，表10.1のように著しく異なっている。さらに，公共サービスは，行政がもっぱら企画立案し，実施するものと受けられていた。近年，新しく登場し

た「新しい公共経営」とは，このような狭義の「行政経営」という意味を超えている。新しい公共経営は，"より高い効率"で，"より良質なサービス"を提供できるようにすることを目的としている。

表10.1　新しい公共経営の特徴

公セクター（行政）
・一般的に，平等，公平，中立，安定などの使命，価値観の実現
・いつでも，誰にでも，平等に均一的なサービスを安定的に提供
・市民の多様化したニーズに対応して，きめ細かなサービスを提供することに限界
私セクター（企業）
・一般的に，経済原則，競争原理，市場原理によって，利益優先主義を重視
・日本企業では，グローバリゼーションや情報化社会の進展，消費者行動の変化，地球環境問題の広がり，企業の不祥事を未然に防ぐため，「企業の社会的責任」に対する関心が高まっている。
共セクター（NPO）
・一般的に，多様性，先駆性，個性，創造性，柔軟性という価値観を重視
・公共サービスの対象者に，サービスの多様化はもちろん，新たなサービス分野の開拓，対話を伴う「情感溢れるサービス」を提供（新しい価値の創発）

資料出所：松行康夫・松行彬子『公共経営学—市民・行政・企業のパートナーシップ』丸善，2004年より引用し，著者が作成した。

10.2.1　新しい公共経営とNPOの役割

「地方分権の推進を図るための関係法律の整備等に関する法律」（地方分権一括法）のもとで整備されている法律に基づき，地域社会における計画行政，公共サービスの提供において，行政に加えて，住民，市民も，また，重要な役割を担う必要がある。今後は，ガバナンスの主体である市民が，議会を通じ行政サービスに対する意見を表明し，行政側もそのような住民，市民の意向に的確に対応していくことが求められる。しかし，従来，公共サービスを提供する主体であった行政も，多様化する市民のニーズにきめ細かに対応することが困難となってきている。そこで，行政を批判するのではなく，市民も積極的に政策に参加していく姿勢こそが，新しい公共の核となるのである。

たとえば，わが国では，核家族化が進展し，家族の社会的機能は縮小してきているが，都市化した地域では，伝統的な地域共同体の絆も崩れ，近隣のサポートネットワークも弱まっているのが実情である。こうした家族や地域の変動に起因して，とくに育児や介護などの機能が弱体化し，地域の一人暮らし高齢

者や乳幼児をもつ家族などを支える社会的な仕組みの再構築が求められている。一方，行政セクターのサービス提供能力は低下していく。市民のニーズの多様化とサービス低下とのギャップが深刻になっていくなかで，社会サービスを非営利で提供できる新しい組織の仕組みが求められている。NPO は，こうした要請に応える可能性の一つとして注目されているのである。

> **参照**
> (1) NPO 受益者の範囲と収入について
> 　行政は，平等，公平が原則であり，そのサービスの受益範囲も行政区域内の市民に限定される。一方，NPO はその社会的使命に基づいて，地域内外，都道府県，国内外などそのサービスの及ぶ範囲が多種多様であることから，その受益者は限定的なケースもあれば，多くの人々を対象にすることもある。また，地域という範囲に捉われず，介護，福祉，教育などといった社会的使命によって，受益者を限定することもある。次いで収入に関しては，行政は，市民が納めた税金を財源とするが，NPO は，事業収入，寄付金，会費，行政からの委託事業費などさまざまであり，年度によって財源にばらつきがある。
> (2) NPO と企業との違い
> 　企業は営利性を追求する組織であり，事業で上げた収益を分配する。一方，NPO は，社会的使命の追求を目的とし，収益の分配が目的ではない。たとえば，積極的に社会貢献活動に取り組む企業も増加傾向にあるが，公益事業に取り組む場合も採算性を考えるため，利益が見込まれない領域の活動はなかなか実施できない。しかし，NPO は，収益の有無ではなく，社会的使命の実現に必要であれば活動を実施する。

10.2.2　新しい公共経営におけるパートナーシップ

　近い将来，NPO は，市場において企業と競争となり，さらに成長していけば，「小さな政府」と呼ばれるまで発展していく可能性を秘めている。今後，NPO が十分に活動するには，知識，能力をもった市民を育て，NPO 同士，あるいは行政，企業などと連携をすることによる新しいパートナーシップが求められる。その際，パートナー間で知識連鎖を通じた組織間学習（interorganizational learning）によって，新しい協働が生まれる。
　行政と NPO が共に良きパートナーであるためには，パートナーシップの基

本的原則に基づいた関係を相互に構築しなければならない。松行・松行（2004）による，パートナーシップの基本的原則は，①対等性の尊重，②自立性の尊重，③信頼関係，④緩やかな連結，⑤互恵性，⑥補完性である。

また，日本NPOセンター代表理事の山岡氏は，市民と自治体行政の領域を次のように分類した。Aは「市民活動の固有の領域」，Bは「市民活動主体で自治体が支援する領域」，Cは「市民活動と自治体とが対等の協同領域」，Dは「自治体主導で市民活動が参加する領域」，Eは「自治体固有の領域」を示す。山岡によると，これまでの市民活動と行政の関係は，大多数が「D」の領域であったと指摘する。Dの領域では，必ず行政責任がともない，市民活動の自己責任などは発達しない。このような関係から，行政と市民活動の上下関係が自然に培われてきた。しかし，自発的なボランティア活動や市民活動が発達することにより，「D」の領域は，「C」や「B」の領域へ移行すると述べている。そして，「C」の活動こそが，市民と行政とのパートナーシップが発揮される領域である。

近年，行政，企業，NPOの官民パートナーシップ，パブリック・プライベート・パートナーシップ（Public Private Partnership：PPP）が盛んになってきている。パブリック・プライベート・パートナーシップとは，行政と民間企業，NPOなどがパートナーを組み，事業を計画し，実践することなどを意味する。

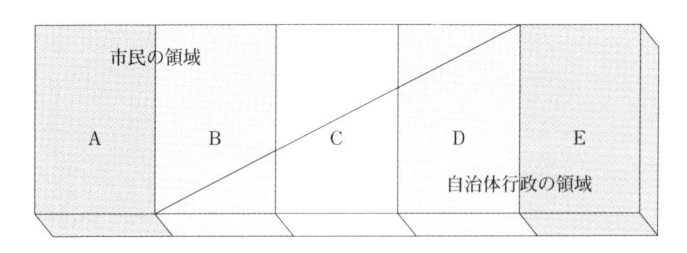

図10.2　市民と自治体行政の関係における諸概念

資料出所：山岡義典編『NPO基礎講座―市民社会の創造のために―』ぎょうせい，1996年。

10.3 NPO の先行研究

10.3.1 レスター・サラモン

　NPO とは，一般的に，政府関係機関を除いた非営利組織体を意味する。現在，こうした NPO の活動に対して，グローバルな関心が高まっている。数年前から取り組まれている，米国非営利セクターの国際比較プロジェクト（Comparative Nonprofit Sector Project：CNP）は，ジョンズ・ホプキンス大学政策研究所のレスター・サラモン（Salamon, L. M.）が中心となって，NPO に対する国際的に共通する基準を提示した。サラモン（1999）によると NPO の要件は次のとおりである。

①非営利（nonprofit）：NPO が利潤を分配しないことは，最も基本的な要件である。その活動の結果として，利潤が発生しても，将来において組織の使命を遂行するために再投資する。
②非政府（nongovernmental, private）：NPO は，政府の一部分でなく，政府から独立している。
③フォーマル（formal）：NPO は，組織としての体裁を備えている。ただし，NPO は，必ずしも法人格をもつ必要はない。
④自立性（self-governing）：NPO は，自己統治をしている。NPO は，他の組織体に支配されず，独立して組織運営をしている。
⑤自発性（voluntary）：NPO は，自発性の要素が求められる。NPO は，自発的に組織化され，部分的には寄付やボランティア労働力に依存することがある。

　上述の5項目を満たす組織体や団体が，非営利組織体，あるいは非営利団体としての NPO である。

10.3.2 ドラッカー

　いままでは，マネジメントといえば，企業のマネジメントが前提であったが，ドラッカー（Drucker, P. F.）は，1980年代から非営利組織の経営を研究し始めた。彼は，営利を目的としない組織においても，組織の目的を遂行し，組織を

維持発展させるためには営利組織のマネジメント手法の活用が有効であることを論じ，効率的な事業運営と社会的ミッションの両立をはかる重要性を指摘している。

ドラッカーはその著者『非営利組織の経営』(1991) で,「NPOは人と社会の変革を目的としている」と述べ，利益を追求するものではないとして，非営利活動の最たる目的を，顧客に最適化したサービスの提供であるとしている。また，組織である限り，営利組織と同様に事業運営，サービスの提供にもコストが発生する。同時に，非営利性が特徴ではあるが，あくまでも事業体であり，団体として活動経費や管理費などが必要である。しかし，営利組織とは異なり，その利益は個人には分配されず，運営コストである経費を差し引いた利益の部分は次期の活動資金となる。NPOに雇用される職員は有給であっても，それは団体の経費であり，利益の分配にはあたらないと述べている。

ドラッカーは，非営利組織において重要なことは，組織の使命と戦略であると述べている。

(1) 使命

ドラッカーによれば,「非営利組織は，人と社会の変革を目的」とし，まず重要なのは使命を定めることである。マネジャーの役割は，組織の使命を定め，行動目標を具体化していくことである。また，使命達成に必要な3つ要点は，「機会」,「能力」,「信念」であるとしている。われわれが生活の向上とコミュニティの構築を望み，使命に忠実で，目的を達成して成果を上げようとするならば，自らのあり方を反省し，みつめることが必要であるとも述べ，自己評価の手法として，①われわれの使命は何か，②われわれの顧客は誰か，③顧客は何を価値あるものと考えるか，④われわれの成果は何か，⑤われわれの計画は何か，これらの5段階の考え方を提起している。

(2) 戦略

ドラッカー (1990) は，非営利組織の使命を行動に転換させるために「戦略」が必要であると述べている。その著作によれば,「戦略は，第1に，市場を知ることから始まる。誰が顧客か，誰が顧客であるべきか，誰が顧客になりうるかを知ることから始まる。そして，この顧客と自分たちの使命とを一体化させるためのマーケティング戦略が必要になる」と述べている。「戦略は使命から

始まる。そして戦略から作業計画が立てられる。戦略は、正しい道具を開発したところで終わる。」と述べている。今日、家族やコミュニティの希薄化、価値観の喪失が問題視されているなか、NPO活動による自発的な社会参画を通じて、市民たちが地域コミュニティにおける絆と新しい価値を生み出している。

10.4 わが国におけるNPOの台頭とその実情

10.4.1 NPO活動の生成

わが国におけるNPO活動は、古く江戸時代におけるボランティア活動などにもその原型をみることができる。たとえば、長屋暮らし、町火消し、村方三役、村の結、連などが、現在でいう広義のボランティア活動に相当するものである。このような意味で、わが国におけるボランティア活動には、相当長い歴史があるといえよう（松行・松行2004）。以降の主要な事跡を挙げると、1877年（明治10年）における日本赤十字社の設立、1920年（大正9年）における生活協同組合の設立などの例を指摘できる。1960年代後半には、わが国でも、ボランティア活動や非営利組織の活動が、国民の間で認識されるようになった。さらに、1971年（昭和46年）に、当時の文部省が「婦人ボランティア活動促進事業」を展開し、主婦層を中心として、点字や手話などのボランティア活動を始めている。そして、現在のように、その活動への関心が高まったのは、1995年の、いわゆる「ボランティア元年」以降である。同年の阪神淡路大震災で、地方自治体や国の行政機関などが機能不全に陥ったところに、多数で多様なボランティアたちが駆けつけ、具体的な救援活動に勤しんだ事実は広く国民に認識された。また、1997年になって、ナホトカ号油流出事故などにおけるボランティアたちの活躍も、引き続いて社会的に大きく評価された。

これらの出来事を契機として、ボランティアに対する国民的な関心が急速に高まり、1998年3月には、「特定非営利活動促進法」（以下、NPO法）が議員立法として成立した。この法律の制定により、市民によるボランティア活動は、すべて無報酬であるとする旧来的な考えから、有給職員や専門スタッフを要する組織体による事業活動として認識されるようになった。

10.4.2　NPOの現状

2010年10月末時点で，NPO法人数は，4万1,171団体を数えている。特定非営利活動は，「不特定かつ多数のものの利益の増進に寄与する」ことを目的とした団体，組織体のことをいう。2003年の「改正NPO法」で明記された活動促進領域は，下記の17分野である。

①保健，医療または福祉の増進を図る活動
②社会教育の推進を図る活動
③まちづくりの推進を図る活動
④学術，文化，芸術またはスポーツの振興を図る活動
⑤環境の保全を図る活動
⑥災害救援活動
⑦地域安全活動
⑧人権の擁護または平和の推進を図る活動
⑨国際協力の活動
⑩男女共同参画社会の形成の促進を図る活動
⑪子どもの健全育成を図る活動
⑫情報化社会の発展を図る活動
⑬科学技術の振興を図る活動
⑭経済活動の活性化を図る活動
⑮職業能力の開発または雇用機会の拡充を支援する活動
⑯消費者の保護を図る活動
⑰前各号に掲げる活動を行う団体の運営または活動に関する連絡，助言または援助の活動

さらに，設立認証の申請手続きの簡素化，暴力団を排除するための措置の強化などが，改正NPO法の施行により改正された。

公共の領域は，1998年のNPO法成立以前は，ほとんど行政が担っていた。しかし，同法成立以降，市民がNPO活動に参加することで，公共サービスの提供に携わることが法的にも認められるようになった。地域社会において，NPOは，行政や企業だけでは解決できない社会問題の解決のために，新しく役割を担うことができるようになった。

> **参照：NPO のデータ**
> **(1) 活動領域**
> 　特定非営利活動法人（認定特定非営利活動法人を含まない）の活動領域で最も多かったのが「保健・医療・福祉増進」(41.5%)，次いで「環境保全」(10.8%)，「子どもの健全育成」(10.2%) という順であった。認定特定非営利活動法人は「保健・医療・福祉増進」(25.5%)，次いで「環境保全」(17.6%)，「子どもの健全育成」と「国際協力」が同数 (13.7%) という順であった。
> **(2) 財務状況**
> 　特定非営利活動法人における一法人当たりの前事業年度の総収入は平均 1,898 万円であった（中央値 505 万円）。その分布は「1 円から 250 万円以下」(37.5%) の法人数が最も多く，49.9% は 500 万円以下の収入規模であることが明らかとなった。その一方で，5,000 万円以上の収入がある法人も 9.5% 存在している。認定特定非営利活動法人における前事業年度の総収入は平均 2 億 971 万円であった（中央値 2,305 万円）。その分布は「1 円から 1,000 万円以下」(30.3%) の法人数が最も多く，その一方で，10 億円以上の収入がある法人も 5.1% 存在している。
> 注：特定非営利活動法人とは特定非営利活動促進法（NPO 法）により設立し，所轄庁（内閣総理大臣または都道府県知事）の認証を得て，登記し法人格を取得する。認定特定非営利活動法人は国税庁において租税特別措置法第 66 条の 11 の 2 第 3 項に規定する認定特定非営利活動法人として認定された法人。
> 資料出所：調査概要は平成 21 年度市民活動団体等基本調査報告書, https://www.npo-homepage.go.jp/data/report26.html より引用しまとめている。

10.4.3　NPO の類型

　NPO の中には，伝統的な慈善型 NPO，監視・批判型 NPO，そしてそのサービスを有料・有償で提供する事業型 NPO がある（**表 10.2 参照**）。非営利というと，社会的使命を追求し利益や収益を求めないというイメージがある。しかし，NPO は，その使命に基づき寄付や事業を展開し，得た収益をメンバー間で再分配しなければよいという意味である（非分配原則）。具体的には，営利組織の場合，得た利益を従業員や株主で分配するが，非営利組織の場合は，利益の分配をせず，今後の事業，次年度の予算にあてることになる。さらに，NPO は，事業活動を行うスタッフを必要とし，そのフタッフに報酬を与えることができる。当然のことならが，NPO は有給職員が事業を運営し，その事業運営には，家賃，光熱費，人件費などの資金が必要である。このような実情

表 10.2　NPO の類型

	慈善型 NPO	監視・批判型 NPO	事業型 NPO
活動	チャリティ（無償）	政府や企業の監視と政策提言（無償）	社会的事業（有償）
スタッフ	ボランティア・スタッフ	ボランティア／プロ併用	プロのスタッフ
組織運営	アマチュアリズム	アマチュアリズム	ソーシャル・アントレプレナーシップ
行動原理	博愛主義	問題意識と批判性	効率性（市場競争，コア・コンピタンスへの意識）
マーケティング活動	受動的，マーケティング意識はない	マーケティング意識の萌芽（資源獲得において）	顧客志向・マーケティング（資源獲得，サービス提供において）
主な資金源	寄付・会費中心	寄付・会費中心	事業収益中心
企業・政府との関係	独立的	独立的	コラボレーション

資料出所：谷本寛治編『ソーシャルエンタープライズ―社会的企業の台頭―』中央経済社，2008 年。

からもわかるように，企業と同様にマネジメントが重要となる。また，寄付金，助成金等に関しては非課税であるが，収益事業は課税対象である。

> **参照：NPO の範囲**
> NPO を指し示す範囲は多種多様である。一般的に，①最狭義：特定非営利活動法人（NPO 法人），②狭義：市民活動団体，ボランティア団体を含む公益的な活動を行う組織，③広義：財団法人，社団法人，社会福祉法人，学校法人，宗教法人，医療法人などの公益法人などを含む公益的な活動を行う組織，④最広義：経済団体，生活協同組合，労働組合などを含む共益的な活動を行う組織とされることがある。
> 資料出所：経済企画庁編『平成 12 年版国民生活白書』大蔵省印刷局，2000 年。

10.4.4　アンペイドワークの評価基準
(1) NPO と報酬

　NPO の活動は，金銭の獲得が目的ではなく，「自己の能力を活かしたい」，「社会貢献をしたい」という使命が基本になっている。しかし，なかには，仕事の成果に対してある程度の報酬がある方が，その仕事に対して責任を持てる

という考えを持つ人もいる。両者の仕事に対する意欲は、基本的に同じではあるが、同じ団体で活動しながらも、有給職員にだけ報酬が支払われるという現状がある。そのことから、現場においては、有給職員が厳しい目にさらされるなど、有給・無給職員間に軋轢が生じることがある。有給・無給の職員であることを問わず、同じ目的をもつもの同士が、不平、不満なく、気持ちの良い活動ができるようにすることも課題となる。

(2) アンペイドワークとは

人間の生産活動は、①人に代わってもらうことができない活動（睡眠、食事、休息など）、②人に変わってもらうことができるアンペイドワーク（家事、介護・看護、育児、買い物、ボランティア活動など）、③労働にともない、賃金や報酬が支払われるペイドワークの3つに分類できる（図10.3参照）。

一般的に、労働は、賃金や報酬が支払われるペイドワーク（paid work）と、家事、育児・介護、ボランティア活動などに代表されるアンペイドワーク（unpaid work）の2種類に分類できる。

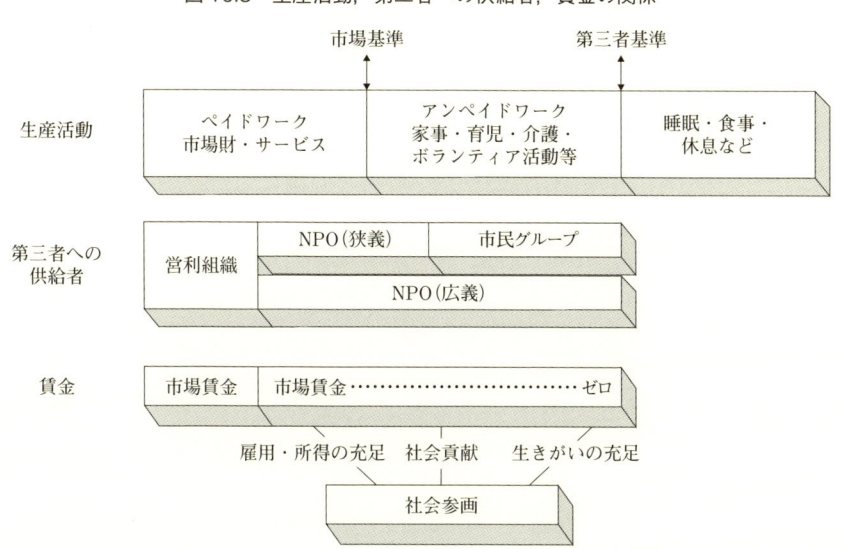

図10.3 生産活動、第三者への供給者、賃金の関係

生産活動	ペイドワーク 市場財・サービス	アンペイドワーク 家事・育児・介護・ ボランティア活動等	睡眠・食事・ 休息など
	←市場基準→	←第三者基準→	

| 第三者への
供給者 | 営利組織 | NPO(狭義) | 市民グループ |
| | | NPO(広義) | |

| 賃金 | 市場賃金 | 市場賃金 ……… ゼロ | |

雇用・所得の充足　社会貢献　生きがいの充足
→ 社会参画

資料出所：遠藤ひとみ・松行康夫「高齢社会におけるライフコースとアクティブシニアのアンペイドワーク」『地域学研究』第35巻第2号、日本地域学会、439-450頁。

アンペイドワークとは，賃金や報酬はないが，生活を営むうえで不可欠の労働である。しかし，対価をもたらさない労働であるため，これまで，「価値のない労働」や「見えない労働」として，社会的な評価は低く置かれていた。そして，このアンペイドワークの担い手の多くは，女性であり，しかも女性の経済的な自立を拒んでいるなど，女性問題の一つとして取り上げられてきた。しかし，シニアや家事従事者である女性などを中心に，NPOや市民活動などアンペイドワークを選択する人が増加している。21世紀の現在，われわれは，経済的な欲求を満たすだけでなく，より良く生きるといった精神的価値や生活の質（QOL）を問う時代に入った。このような背景からも，社会貢献，生きがいを見出せるアンペイドワークが注目されている。

> **参照：NPOの人件費**
>
> 　法人総収入人件費率は，特定非営利活動法人が42.0％，認定特定非営利活動法人は26.3％であった。年間を通じて従事している常勤有給職員1人当たりの平均年間人件費は，特定非営利活動法人が230万円，認定特定非営利活動法人が302万円であった。
>
> 資料出所：平成21年度市民活動団体等基本調査報告書，https://www.npo-homepage.go.jp/data/report26.html より引用しまとめている。

❏❏❏参考文献

Drucker, P. F., *The Drucker Foundation Self Assessment Tool For Nonprofit Organizations,* Jossely-Bass Inc, 1993（田中弥生訳『非営利組織の自己評価手法』ダイヤモンド社，1995年）．

Drucker, P. F., *Management: Tasks, Responsibilities, Practices,* Harper Business, 1993（上田惇生訳『マネジメント―基本と原則―』ダイヤモンド社，2002年）．

Drucker, P. F., *Management the Nonprofit Organization,* Harper Collins Publishers, 1990（上田惇生・田代正美訳『非営利組織の経営―原理と実践』ダイヤモンド社，1991年）．

遠藤ひとみ「市民セクター形成と新しい女性の役割」『現代社会研究』第3号，東洋大学現代社会総合研究所，2006年，56-67頁．

遠藤ひとみ・松行康夫「高齢社会におけるライフコースとアクティブシニアのアンペイドワーク」『地域学研究』第35巻第2号，日本地域学会，439-450頁．

Erikson, E. H., *Childhood and Society,* New York: W. W. Norton, 1963（仁科弥生訳『幼児期と社会』みすず書房，1977年）．

Erikson, E. H., *Insight and Responsibility: Lectures on the Ethical Implications of Psychoanalytic Insight*, New York: W. W. Norton, 1964（鑪幹八郎訳『洞察と責任——精神分析の臨床と倫理』誠信書房，1971年）.
GIVING JAPAN『寄付白書2010』日本経団連出版，2010年.
Habermas, J., *Strukturwandel der Öffentlichkeit: Untersuchungen zu einer Kategorie der bürgerlichen Gesellschaft*, Suhrkamp, 1990（細谷貞雄・山田正行訳『公共性の構造転換』未来社，1992年）.
平成21年度市民活動団体等基本調査報告書，https://www.npo-homepage.go.jp/data/report26.html
古川俊一・北大路信郷著『公共部門評価の理論と実際』日本加除出版，2001年.
経済企画庁編『平成12年版国民生活白書』大蔵省印刷局，2000年.
小松隆二『公益とは何か』論創社，2004年.
松行彬子「企業・行政・NPO間のグループ経営とパートナーシップ」『嘉悦大学研究論集』嘉悦大学，第46巻第1号，2003年，9-23頁.
松行康夫・松行彬子『公共経営学——市民・行政・企業のパートナーシップ』丸善，2004年.
宮川公男・山本清『パブリック・ガバナンス』日本経済評論社，2002年.
内閣府『平成21年度市民活動団体等基本調査報告書』内閣府大臣官房市民活動促進課，2010年.
Salamon, L. M., *Holding the Center: America's Nonprofit Sector at a Crossroads*, Nathan Cummings Foundation, 1997（山内直人訳『NPO最前線』岩波書店，1999年）.
市民立法機構編『市民セクター経済圏の形成』日本評論社，2003年.
谷本寛治編『ソーシャルエンタープライズ——社会的企業の台頭——』中央経済社，2008年.
山岡義典編『NPO基礎講座——市民社会の創造のために——』ぎょうせい，1996年.

学習を深めるために

松行康夫・松行彬子『公共経営学——市民・行政・企業のパートナーシップ』丸善，2004年.
ピーター・ドラッカー著，上田惇生・田代正美訳『非営利組織の経営——原理と実践』ダイヤモンド社，1991年.

コーヒーブレイク 日本社会と寄付

　認定NPO法人に寄付をした個人や法人，認定を受けたNPO法人は国税庁より税制上の優遇措置を受けることができる。NPOというと寄付金が多いイメージがあるが，内閣府「平成21年度市民活動団体等基本調査報告書」によると事業

収入（74.5％），補助金・助成金（11.4％），寄付金（4.3％）会費（5.6％）という順であった。また『寄付白書』（2010）によると2009年の個人・法人による寄付額は日本が1兆395億円（個人52.5％，法人・その他47.5％），米国が25兆4,196億円（個人82.75％，法人・その他17.3％），英国（2006）は1兆9,386億円（個人70.5％，法人・その他29.5％）となっている。

資料出所：平成21年度市民活動団体等基本調査報告書，https://www.npo-homepage.go.jp/data/report26.html，内閣府『平成21年度市民活動団体等基本調査報告書』内閣府大臣官房市民活動促進課，2010年，GIVING JAPAN『寄付白書2010』日本経団連出版，2010年。

第11章 ソーシャルビジネス

　近年，わが国では，地域社会の活性化，まちづくり，保健，医療，福祉，子育て支援，教育，人材育成，環境保全，食の安全と安心など，さまざまな社会的課題が顕在化している。いままで，このような問題に対しては政府や行政が中心となって対処するべきものとされてきた。しかし，ほとんどの自治体において財政状況が逼迫している折り，すべての社会的課題の解決を行政頼みにすることの限界は明らかとなってきている。

　このような状況下，市民[1]が自ら立ち上がり，地域社会が抱えている問題を解決しようとする動きが全国各地で生まれてきている。そして，その問題解決の方法は，単なるボランティアではなく，NPO（Non Profit Organization：非営利組織），株式会社，有限会社，中間法人，ワーカーズ・コレクティブなどさまざまで，いずれの事業形態も，市民が主体となり，ビジネスの手法を取り入れつつ活動を進めている。

　ソーシャルビジネス（Social Business：SB）とは，社会的課題に対して，その担い手がビジネスの手法を用いて，社会性と事業性を両立させながら，その問題を解決することである。ソーシャルビジネスは，地域社会に，新たな社会的価値，経営革新をもたらす可能性がある。さらに，わが国の失業問題の深刻化を背景に，ソーシャルビジネスに雇用創出効果を期待する声も，日増しに高まっている。

1）市民・住民・地域住民など，呼称はさまざまであるが，本書では引用を含めて「市民」に統一をしている。

11.1　日本におけるソーシャルビジネス

近年，わが国では，事業を通じて社会的課題の解決に取り組む，「ソーシャルビジネス」，「コミュニティビジネス（Community Business：CB）」，「社会的企業（Social Enterprise）」などが台頭しているが，その呼称は，国際的に統一化されてはいない。本書では，主にソーシャルビジネスという言葉を用いるが，現時点においては，実態に照らし合わせて，「ソーシャルビジネス」が最も妥当性を持ちやすいことを示すために，まず，ソーシャルビジネス研究のアプローチと社会起業家について説明し，次いで「コミュニティビジネス」の本来意味するところを明らかとしたい。

11.1.1　ソーシャルビジネス研究のアプローチと社会起業家

ソーシャルビジネス研究のアプローチは多様であり，大別すると，①組織に焦点を当てる研究，②ソーシャルビジネスを起業する人たち，すなわちその個人特性や資質，リーダーシップなどを研究するタイプ，社会起業家研究に分類できる。そして，わが国における初期の研究は，後者が主流であった。

社会起業家研究の代表者の一人として町田が挙げられる。彼によると，社会起業家とは，「医療，福祉，教育，文化などの社会的サービスを事業展開する人たち」（町田 2000）であると規定している。社会起業家は，利益追求のみを目的とせず，社会的課題の解決を使命として，個人の責任に基づいて起業する，または非営利組織をプロとして運営するなど，その活動方法は，きわめて広範囲にわたることを町田は指摘している。また，社会起業家と創業者を比較し，①医療，福祉，教育，環境，文化などの社会消費を対象にしていること，②ステークホルダーが地域社会の人々であり，企業のように株主第一ではないことなど，その違いを論じている。

> **参照：ソーシャルビジネスの代表事例「ビッグイシュー」**
> イングランドやスコットランドを中心に事業活動を展開し，現在は世界各国に普及している。その事業内容は，ホームレスの救済ではなく，仕事を提供することで社会的な自立を支援することを目的とする。わが国では，NPOという事業

形態ではなく，有限会社という形態で活動を展開している。その販売システムは，1冊300円の雑誌を売り上げることで160円がホームレスである販売員の収入となる。2003年9月（創刊）から2010年3月までに388万冊を販売し，5億748万円が販売者の収入となっている。

参考文献：ビッグイシュー，http://www.bigissue.jp/

11.1.2 コミュニティビジネスとは

わが国では，コミュニティビジネスという概念は，細内（1999）の著書のタイトルとして初めて登場した。彼によれば，コミュニティビジネスという用語は，ヨーロッパに発祥したものである。その定義について，「市民が良い意味で企業的経営感覚をもち，生活者意識と市民意識のもとに活動する市民主体の地域事業とし，地域コミュニティ内の問題解決と生活の質の向上を目指す地域コミュニティの元気づくりを，ビジネスの手法を通じて実現化すること」としている。

細内（1999）は，コミュニティビジネスについて，企業とボランティア活動の中間領域のビジネスだと位置づけている。その特徴は，①市民主体の地域密着ビジネスであること，②地域コミュニティのサイズにあった規模があり，必ずしも利益追求を第一の目的としない適正規模，適正利益のビジネスであること，③営利追求ビジネスとボランティア活動との中間であること，④世界的な視野のもとに自分達の情報をオープンにし，地域で活動を起こすことなどに集約することができる。

藤江（2002）は，地域社会の公益に貢献する市民事業という意味で，コミュニティビジネスという言葉を用いている。そして，その定義として，「利益は得るが，その追求を至上の使命とせず，あくまでも地域活性化とし，市民の便益を供することを第一の目的とする事業」であると規定している。また，地域の社会的課題の解決を目的とした継続的な活動は，コミュニティビジネスの担い手になりうると述べている。

本間・金子他（2003）は，コミュニティビジネスとは，「コミュニティに基盤をおき，社会的課題を解決するための活動」であると規定している。彼は，このようなコミュニティビジネスの特徴として，①ミッション性，②非営利追

求性，③継続的成果，④自発的参加，⑤非経済的動機，を挙げている。彼は，コミュニティビジネスとNPOが活躍する分野は，重なり合うことが多いとし，結果，コミュニティビジネスの担い手は，NPO，株式会社，有限会社などさまざまな形態をとることを指摘している。また，同著において「とくに事業型NPOに注目する」という記述もあり，基本的には，NPOという視点からコミュニティビジネスを捉えているように考えられる。

　政府刊行物による代表的な定義としては，まず，『国民生活白書』（2000）で，コミュニティビジネスは，「地域社会のニーズを満たす財・サービスの提供などを有償方式により担う事業で，利益の最大化を目的とするのではなく，生活者の立場に立ち，さまざまな形で地域の利益の増大を目的とする事業」と規定している。

　また，経済産業省では，「市民が中心となって，地域が抱える課題を，ビジネスとして継続的に取り組むことにより，地域の問題を解決し，新たな雇用を創りだして，地域を活性化する事業」としている。さらに，経済産業省の関東経済産業局は，コミュニティビジネスとは，「地域の課題を市民が主体的に，ビジネスの手法を用いて解決する取り組み」であると規定している。

　わが国では，行政サービスの限界，雇用状況の悪化，市民のニーズの多様化など，さまざまな問題があり，このような社会的問題を背景とし，市民による自立したコミュニティの確立を目指すものがコミュニティビジネスなのである。つまり，コミュニティビジネスとは，地域が抱える問題に対して，市民のニーズに対応しながら問題を解決する事業のことである。その組織は，市民が主体であり，NPOや株式会社などさまざまな組織を通じて，地域の問題を解決することとともに，新たな雇用の創出なども目的としている。さらに，ボランティア活動ではなく，ビジネスを通じて継続的に事業を行うことが求められるため，企業とボランティア活動の中間に位置づけられていることが多い。そこには，市民の生活環境を整備することはもちろん，地域の活性化に取り組むという目的も明確に存在している。

　コミュニティビジネスの組織は，NPO法人，市民活動団体という視点から，非営利性を強く打ち出していくものと，非営利性には捉われないものに大きく分類できる。この両者に対する認識が混同してしまうと，コミュニティビジネ

ス・イコール・即ボランティア活動と考えられてしまう場合もあり，収益性がない組織だと誤解される要因にもなってくる。また，「コミュニティビジネス」という言葉は，地域社会に貢献するという使命を強調する傾向がある。このことから，地域という枠組みの中のみにおいて考える傾向が強いものであるが，現実の「コミュニティビジネス」の担い手である人たちの視野は「コミュニティ」の枠を超えている場合などもあり，その言葉が意味するところの枠組みが実態にそぐわないなどの議論がある。それゆえに，用語としては「ソーシャルビジネス」がより汎用性をもつことになるのである。

11.2　ソーシャルビジネスの概要

11.2.1　ソーシャルビジネスとは

　経済産業省では，2007年度からソーシャルビジネス（コミュニティビジネス）支援に向けた課題を探るために，谷本寛治氏を座長とした「ソーシャルビジネス研究会」を発足させている。地域社会に根ざした特定非営利活動法人（NPO法人）や，企業など，公益性だけでなく収益性もある程度見込める自立的なビジネスとしての発展を目指している。これは，わが国においてソーシャルビジネスの重要性が顧みられるようになっていることの一つの証左となるものである。

　しかしながら，ソーシャルビジネスとは，広く一般的に社会的課題を解決するための事業活動を呼称するために用いられる広義の用語であり，その担い手もNPO，株式会社，有限会社などのようにさまざまであるのが現状である。そうした現状を鑑み，ここではまず，ソーシャルビジネスの概念に絞って，検討することとする。

　谷本（2006）によれば，次の3つの要件を満たす事業活動を，「ソーシャルビジネス」と規定している。

①社会性：現在，解決が求められる社会的課題に取り組む事業活動を社会的使命とすること。

②事業性：社会的使命をビジネスの形に表し，継続的に事業活動を推進すること。

③革新性：新しい社会的商品・サービスや，それを提供するための仕組みを開発したり，活用したりすること。

また，彼は，その事業領域について，次のように述べている。

①政府，行政の対応を超える領域（福祉，教育，環境，健康，貧困，コミュニティ再開発，途上国への支援など）。政府・行政のタテ割り的対応によって，こぼれ落ちてきたような領域（たとえば，障害者がコンピュータを学ぶ就労の可能性を探るなど）。

②市場の対応を超える領域。

このような事業領域を通じて，新しい社会的活動を創出することが課題である。また，経済産業省のソーシャルビジネス研究会においても，彼と同様の要件をソーシャルビジネスと位置づけている。

わが国では，政府や行政では対応しきれない多種多様な社会的課題を抱えている。これらの多くの問題は，地域社会のニーズに対応するために，コミュニティビジネスとして，NPO法人の定着とともに誕生し，成長してきた分野ともいえる。

ソーシャルビジネスが注目される理由の一つは，地域社会や国内外に捉われない幅広い活動領域が必要だと考えられたためである。このような背景から，特定の地域社会に根ざした課題をビジネスで解決する活動をコミュニティビジネス，それ以外をソーシャルビジネスとして，使い分ける傾向がある。しかし，地域社会という枠に捉われず，海外を視野に入れているコミュニティビジネスもある。このことからも，コミュニティビジネスとソーシャルビジネスを厳密に区分することは困難である。さらに，事業活動を通じて社会的課題を解決したいという意志は共通していても，地域社会を志向する組織もあれば，全国や諸外国へ事業展開を志向する組織などさまざまである。

そこで，本書でいう，「ソーシャルビジネス」については，遠藤（2009）に従い，コミュニティビジネスを含み，広義の意味で，ソーシャルビジネスと捉えることにする。具体的には，いままでのサービスが十分に対応できない社会的課題に対して，強い意志や高い社会性をもって取り組む「社会起業家（ソーシャル・アントレプレナー：Social Entrepreneur）」が担い手であり，その社会起業家が率いる組織のことをソーシャルビジネスと呼ぶことにする。その事業形

態はさまざまであるが，単なるボランティアではなく，NPO法人，株式会社，有限会社，ワーカーズ・コレクティブなどが挙げられる。その事業は，利益追求を第一に掲げる企業とは異なるが，顧客満足の観点からも，継続的に発展し，かつ適切な利潤を確保することで事業を存続していくことが求められる。ソーシャルビジネスは，その組織の経営資源を活用し，社会的課題に対して，社会性と事業性を両立させながら，問題解決することが求められる。最終的には，社会に対して，新たな価値，経営革新を創発させていく事業のこととする。

ソーシャルビジネスは，いまだ萌芽過程であり，社会的な認知度も低い。また，ソーシャルビジネスが取り組む事業内容，そのスタイルは，国や地域社会，そして時代によって変化する。今後，ソーシャルビジネスの一層の普及とともに，その形態は一層わが国の社会環境や市民の特性を反映したものとして発展を遂げていくものであると同時に，より複雑化する社会を反映し，さらに多元的な要素の絡み合う一層複雑なものとなることが考えられる。

11.2.2　ソーシャルビジネスの類型

ソーシャルビジネスの事業活動を大別すると，(1) 地域課題解決型，(2) 地域資源活用型に類型することができる。

(1) 地域課題解決型

地域課題解決型では，地域社会のニーズに焦点を当て，顧客ターゲットは地域内と設定する。そして，地域内でソーシャルビジネスの生み出す経済的価値と社会的・文化的などの非経済的価値を自律的に循環させる。地域社会の経済成長とともに，社会的課題に取り組むことで，市民の不満を解消し，満足感を与えることが目的である[2]。社会変化にともなう地域課題の多様化に，ビジネスを通じて対応していくことが求められる。

一例として，①福祉関連：高齢者を対象とした介護保険制度に基づく訪問介護や居宅介護支援，デイサービス，食事や移送サービスなど，在宅福祉サービスに関すること。また，高齢者施設の運営，ショートステイ，障害者の自立支援施設やグループホームなど，福祉や医療施設に関するサービス，②育児・教

2）コミュニティビジネスの豊かな展開，http://www.pref.hokkaido.lg.jp/ss/sum/academy/te-ma.html

育関連：認証保育園の運営や幼児の教育，しつけ教育，児童や社会人向けの事業として，出前授業によるキャリア，金銭，農業，環境教育，就業支援としてのパソコン講座，資格取得向けの講座，③コミュニティ維持関連：コミュニティレストラン，地域事業を通じた安否確認システム，地域の安全や安心に関わるパトロールなどがある。

(2) 地域資源活用型

　地域資源活用型では，地域内にある経営資源を活用し，その経営資源から産出される価値を利用し，地域内外の顧客をターゲットとして，ビジネスを展開する。地域内外の顧客から得た経済的価値や非経済的価値を地域社会に還元させる循環システムを創造することである3)。たとえば，地域社会における振興と発展対策として，商店街の活性化に関すること，地域の歴史的建造物の活用，地域資源を活用した商品，サービス，伝統技術や技能の継承，地域観光促進活動などが挙げられる。また，これに関連して，経済産業省の地域資源活用型研究開発事業の対象は，地域の強みとなる経営資源を活用し，他地域の製品との

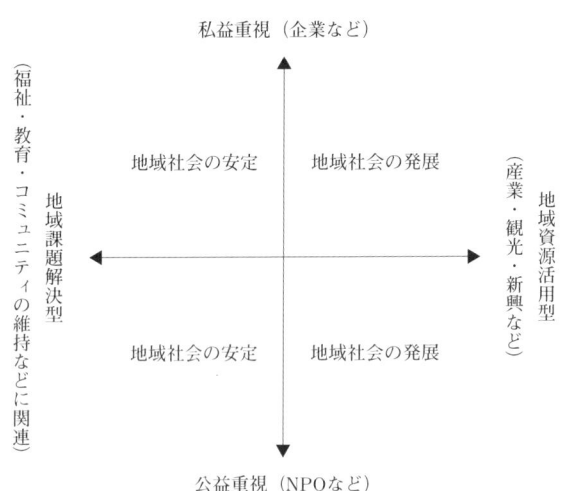

図11.1　ソーシャルビジネスの類型

私益重視（企業など）

（福祉・教育・コミュニティの維持などに関連）　地域課題解決型

地域社会の安定　　地域社会の発展

（産業・観光・新興など）　地域資源活用型

地域社会の安定　　地域社会の発展

公益重視（NPOなど）

資料出所：遠藤ひとみ「わが国のソーシャルビジネスに関する一考察」『嘉悦論集』第53巻第2号，2011年，45-62頁。

---

3) コミュニティビジネス豊かな展開

差別化が図られ，地域産業の形成・協会に有効な手段として期待できる製品や技術開発が中心となっている。

11.2.3 ソーシャルビジネス事業の発展過程

起業支援ネットの報告書では，ソーシャルビジネスの成長プロセスには2通りあることが指摘されている。

① ソーシャルビジネス（公益重視型）：「ステップ1：想い醸成期」→「ステップ2：共同学習」→「ステップ3：社会実験」→「ステップ4：事業展開」→「ステップ5：成長・安定・分化」という大きく5つのステップに類型

図11.2 ソーシャルビジネス事業の成長過程

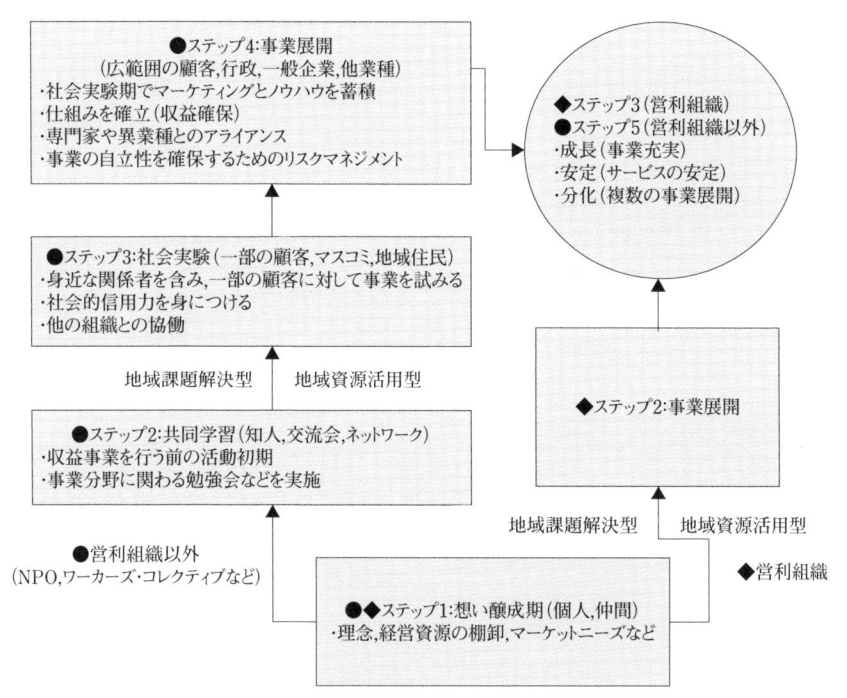

●ステップ4:事業展開(広範囲の顧客,行政,一般企業,他業種)
・社会実験期でマーケティングとノウハウを蓄積
・仕組みを確立(収益確保)
・専門家や異業種とのアライアンス
・事業の自立性を確保するためのリスクマネジメント

◆ステップ3(営利組織)
●ステップ5(営利組織以外)
・成長(事業充実)
・安定(サービスの安定)
・分化(複数の事業展開)

●ステップ3:社会実験(一部の顧客,マスコミ,地域住民)
・身近な関係者を含み，一部の顧客に対して事業を試みる
・社会的信用力を身につける
・他の組織との協働

地域課題解決型　地域資源活用型

●ステップ2:共同学習(知人,交流会,ネットワーク)
・収益事業を行う前の活動初期
・事業分野に関わる勉強会などを実施

◆ステップ2:事業展開

●営利組織以外
(NPO,ワーカーズ・コレクティブなど)

地域課題解決型　地域資源活用型

◆営利組織

●◆ステップ1:想い醸成期(個人,仲間)
・理念,経営資源の棚卸,マーケットニーズなど

注：起業支援ネットでは，「コミュニティビジネスの事業過程」としているが，本書では，「ソーシャルビジネス」は，コミュニティビジネスを含むより広義の概念と捉えている。
資料出所：起業支援ネット『コミュニティビジネスガイドブック』特定非営利活動法人起業支援ネット，2005年を参照に著者作成。

②企業（私益重視型）：「ステップ１：想い醸成期」→「ステップ２：事業展開」→「ステップ３：成長・安定・分化」という３つのステップに類型

　この，①ソーシャルビジネスと，②企業との違いからもわかるように，一般的にソーシャルビジネスは，その発展過程が５つのステップを踏まえるスロービジネスだと捉えられる。社会的な課題を解決したいという共通の認識を持つ仲間と出会い，想いを醸成することから始まり，事業が軌道に乗るまでに時間がかかるケースが多い。さまざまな問題に直面しながら，その想いに賛同する地域社会との連携などを通じ，ビジネスを展開している。事業展開により，成長および分化へと新たな分岐を迎えることで，新たな社会的課題に取り組み，市民のニーズにきめ細かに対応していく可能性も秘めている。ソーシャルビジネスは大別して地域課題解決型と地域資源活用型に類型できるが，その展開過程において両類型にまたがる事業へと発展を遂げていく可能性も考えられる。

参照：ソーシャルビジネス研究会アンケート調査概要
(1) 認知度
　具体的事例に関する認知度は「思いつかない」が83.6％と最も多く，商品・サービスを使ったことのある者は，「ほとんど使っていない」が31.0％であり，その理由として，「公的な認証のなさ（61.5％）」，「事業が継続するか不安（30.8％）」，「口コミなどによる周囲の評価（15.4％）」の順であった。
(2) 主な事業分野
　上位の分野は，「地域活性化・まちづくり（60.7％）」，「保健・医療・福祉（24.5％）」，「教育・人材育成（23.0％）」，「環境保全・保護（21.4％）」，「産業振興（19.7％）」という順であった。また，利用したことのあるサービス・商品分野では，「障害者や高齢者，ホームレスなどの自立支援（41.4％）」，「子育て支援（19.0％）」，「地域活性化・まちづくり（19.0％）」という結果であった。さらに，今後期待する分野としては，「保健・医療・福祉（21.3％）」，「子育て支援（17.8％）」，「障害者や高齢者，ホームレスなどの自立支援（15.5％）」という順であった。
(3) 組織形態
　NPO法人（46.7％），営利法人（株式会社・有限会社20.5％），個人事業主（10.6％），組合（6.8％），ワーカーズ・コレクティブ（1.7％），有限責任事業組合（Limited Liability Partnership：LLP）（0.4％）であった。
(4) 収入
　１団体当たり年間の売上高：1,000万円～5,000万円未満が最多（26.4％），500

万円未満 (16.3%)，1億円以上 (12.9%)，500万円～1,000万円未満 (9.3%) であった。また，実施事業の収益状況は，概ね収支バランス (38.1%)，事業収入の5%以上の赤字 (20.1%)，事業収入の5%以上の黒字 (13.5%)，事業収入5%未満の黒字 (11.8%) であった。

(5) 従業員数と平均年齢

常勤：「0～4人」(52.6%)，「5～9人」(19.0%)，「10～19人」(8.0%)，「20～29人」(4.9%)，「30人～」(4.0%) であった。

非常勤：「0～4人」(33.4%)，「5～9人」(18.4%)，「10～19人」(16.1%)，「20～29人」(4.9%)，「30人～」(7.2%) であった。

従業員の平均年齢：「40～49歳」(30.2%)，「30～39歳」(19.9%)，「50～59歳」(18.6%)，「60歳以上」(14.6%)，「20～29歳」(7.2%) であった。

資料出所：ソーシャルビジネス研究会より引用，http://www.meti.go.jp/press/20080403005/03_SB_kenkyukai.pdf

11.3 ソーシャルビジネスと女性

　ソーシャルビジネス研究会（2008）によると，わが国のソーシャルビジネスの市場規模は約2,400億円，事業者数は約8,000，雇用規模は約3.2万人と推計されている。経済産業省の『ソーシャルビジネス研究会報告書』によると，ソーシャルビジネスの事業形態の割合は，上位からNPO法人（46.7%），営利法人（20.5%），個人事業主（10.6%），ワーカーズ・コレクティブ（1.7%）となっている。その担い手の平均年齢は，40歳以上が6割以上で，女性や中高齢期の人たちが中心として参加をしている。また，厚生労働省『コミュニティビジネスにおける働き方に関する調査報告書概要』（2004）によれば，コミュニティビジネスの従事者の年齢構成は，40歳以上が約8割を占め，性別については，女性が6割を占めている。このような調査からも，ソーシャルビジネスを通じた新しいタイプの女性が注目され，新たな萌芽として捉えることができる。このような現状から，ここでは女性とソーシャルビジネスについて，とくに女性の進出の著しいNPO法人とワーカーズ・コレクティブを中心に取り上げることにする。

11.3.1　女性起業家の現状

経済産業研究所（2007）の調査結果によると，NPO法人の代表者に占める女性の割合は，全体で22.5％となっている。また，女性が過半数を超えている分野は，「男女共同参画社会の形成の促進を図る活動」における17分野中1分野であった。そして，「保健，医療または福祉の増進を図る活動」，「子どもの健全育成を図る活動」では女性代表者が多い傾向がみられる。

ソーシャルビジネスを通じた社会参画，自己実現を遂げたいという女性は，地域社会に貢献したいなど，主婦や生活者の視点で人的サービスを行うことが多い。その分野をまとめると，①高齢者福祉，障害者福祉，児童福祉，②子育て支援，家事代行サービス，③リサイクルショップや自然食レストラン，無農薬野菜の販売などが，その内容として挙げられる[4]。このように，自分の日々の生活，経験に発起する内容が，事業設立の契機になることが多い。

女性と仕事の未来館（2007）の調査によると，女性の起業動機として，①年齢に関係なく働きたい（45.8％），②好きな・興味のある分野で仕事をしたい（45.8％），③自分の裁量で働きたい（43.8％）という3つが，上位を占めている。このように，女性の中には，企業で働くという選択肢だけでなく，柔軟性をもつ社会参画を望む人も多い。そして，そのような柔軟な社会参画を可能とする一つの選択肢がソーシャルビジネスなのである。

11.3.2　NPOと女性

女性を取り巻くさまざまな社会環境の変化，個人のライフコースの多様化が始まっている。そして，子育て後の女性を中心として，NPO設立など起業が目立ってきている。自分の家庭も大切にしながら，自己の「専門性を活かしたい」，「生活の知恵や経験の蓄積を活かしたい」など，何か地域社会に貢献し，役割を果たせる場をもちたいと願う女性も多い。女性にとって，NPOは，利益を分配せず，社会的使命，自発性を優先させるという社会的使命の点でも，きわめて魅力的である。

このような「新しいタイプの女性」は，自らの育児や介護などの経験から得

4）女性起業家アントレウーマン，http://www.entre-woman.jp/index.html

た知識，能力を自発的に生かしたいと願う。さらに，NPOも，女性の力を必要としており，両者の思惑は一致しているといえる。また，女性がNPOの活動を求める理由として，NPOで活躍する女性が多く，営利組織と比較すると男女間格差があまりないこと，就労時間などが柔軟であることが女性の理想的な働き方と合致している点などが考えられる。また，新しい雇用の創出という視点からもNPOには期待が寄せられている。今後，女性の強みと特徴を生かすことは，結果として，地域社会貢献活動における大きな活力と経済活力の維持とに大きな影響をもたらすことになる。

> **ケーススタディ：NPO法人高齢社会の食と職を考えるチャンプルーの会**
> **（東京都立川市）**
>
> 　東京・立川市にあるエルロード商店街に「レストランサラ」,「デイサービスサラ」,「ひろばサラ」という3つの施設がある。事業運営をするのは,「高齢者の食と職を考えるチャンプルーの会」(以下チャンプルーの会) というNPO法人であり，紀平容子氏を含む団塊世代の女性が3人で起業したものである。「自分たちが住みなれた地域で，高齢になっても安心して暮らしていきたい」という3人の話し合いの中から，食の大切さを重視し，1998年4月にチャンプルーの会を結成した。事業内容は，まず弁当事業から開始し，配達も高齢者を採用し，顧客の安否確認も行う。そして翌年には，レストランサラを開店させた。その後，チャンプルーの会は，NPO法人格を取得し，2002年には，弁当の宅配事業を軌道に乗せた。食を重要視するサラでは，栄養士や調理師の資格をもつ女性が，栄養のバランスや安全性を考えた料理で，地域社会の高齢者を中心とした人たちの健康を支えている。また，それぞれの施設において高齢者たちがコミュニケーションを楽しむ場を提供するデイサービスサラにおいては，きめ細かなサービスで高齢者のケアを行っている。
>
> 資料出所：NPO法人高齢社会の食と職を考えるチャンプルーの会，http://members.jcom.home.ne.jp/npo-sarah/，関東経済産業局『コミュニティビジネス経営力向上マニュアル』関東経済産業局，2007年。

11.3.3　ワーカーズ・コレクティブと女性

(1) ワーカーズ・コレクティブの特徴

　ワーカーズ・コレクティブは，メンバー一人ひとりが「出資し，経営し，労働する」という一人三役を担う協同組合方式の新しい働き方を実践するもので

ある。具体的には，①相互扶助を根幹とする「協同組合の精神」に基づき，その趣旨に賛同するメンバーによって構成されること，②一人ひとりが出資した資本金をもとに活動を展開していること，③経営者と被雇用者のような上下関係がないこと，④メンバーが対等な立場で，相互の合意と自己責任に基づき，組織の運営方針を決定し活動していること，などの特徴をもつ。市民セクター（NPOを含む）の多くは，行政依存が強いことが指摘されている。しかし，ワーカーズ・コレクティブは，自ら資金を持ち寄ることにより，基本的に公的な補助をあてにしていないことから，その特徴は，自立的な事業組織であるといえよう。さらに，ワーカーズ・コレクティブは，組織のもつ独自性を生かしやすく，既存の枠に捉われない柔軟な活動スタイルである。新しいタイプの女性は，一人では小さな力であっても，メンバーと力を合わせることにより，地域社会貢献活動の可能性は拡大する。また，ワーカーズ・コレクティブは，メンバーが対等な立場であることで，一人ひとりの意見が活動内容に反映される。そして，その活動成果が目に見えたとき，達成感や満足感を得て，「生活の質」を高めることにもつながる。

　ワーカーズ・コレクティブネットワークジャパンは，その活動の価値と原則を図11.3のようにまとめている。

(2) ワーカーズ・コレクティブの歴史と現状

　日本におけるワーカーズ・コレクティブの歴史は，1982年に神奈川県で「にんじん（生活クラブ委託）」が設立されたことが始まりである。その後，1984年に東京，千葉でもワーカーズ・コレクティブが設立され，1985年以降，全国に数々のワーカーズ・コレクティブが設立された。ワーカーズ・コレクティブネットワークジャパン（2008）の調査によると，1993年の時点では，その加入者数は全国164組織，約4,000人の活動者であったが，2007年は全国600組織，約1万7,317人まで増加し，事業高は約136億円であった。

　ワーカーズ・コレクティブは，時間に束縛されない働き方であり，主婦層を中心に圧倒的な割合を女性が占めている。また，ワーカーズ・コレクティブネットワークジャパン（2008）によると，年齢構成として45～50歳未満（16.2％），50～55歳未満（20.8％），55～60歳未満（22.2％）が最も多いことから，その多くは中高齢期であることがわかる。

図11.3 ワーカーズ・コレクティブの価値と原則

価値	ワーカーズ・コレクティブは、相互扶助の精神で自立、相互責任、民主主義、平等、公正という価値に基礎をおく。また、そのあらゆる活動において、正直、公開、社会的責任、ならびに他者への配慮を大切にする。
目的	ワーカーズ・コレクティブは、社会的、経済的自立をめざす人々が、地域に開かれた労働の場を協同でつくりだすものである。
加入	協同労働に参加し、人間としての自立を推進する事業を共有するために、責任を引き受ける用意のある人は、誰でも自発的意思によって出資をして加入できる。
民主主義	小集団制をとり一人一票の民主的運営を行う。また、一人ひとりが経営責任を負い、組織の情報を共有する。
財務	初期出資で起業をする自覚を持ち、また起業に必要な資本を準備する。なお資本の一部分は、不分割とし、個人に帰さないものとする。社会的基準による公正な労働所得および社会保障の実現をめざし、財務に関する情報は公開しなければならない。解散時に清算後の組合財産は他の協同組合、または、ワーカーズ・コレクティブに譲る。
教育	社会、経済、エコロジーなどについての基礎知識を学習し、生活価値産業の技術を共有によって高める。
社会貢献	ワーカーズ・コレクティブの事業は地域の生活価値に直結するものであるから、事業を通じて地域社会の維持発展に役立つ領域を拡大していく。
協同組合間協同	ワーカーズ・コレクティブおよび他の協同組合などとの提携による協同事業、共同利用施設の設置を進める。
公的セクターとの関係	ワーカーズ・コレクティブは、政府その他の公的組織から独立した市民の団体である。目的および地域社会への責任を果たすうえで必要な事業については、事業分野を明確にしたうえで、公的セクターとの連携を行う。

資料出所：ワーカーズ・コレクティブネットワークジャパン、http://www.wnj.gr.jp/ より著者が作成した。

　ワーカーズ・コレクティブは、当初、生活クラブ生協の業務委託として始まり、その活動分野は、食品販売・弁当・惣菜製造販売が多く、リサイクル、医療、託児サービス、介護サービス、家事援助サービス、清掃など多岐にわたっている。そして、2000年の介護保険制度が導入されてから、家事・介護などの福祉分野が増加傾向にある。

　このような多岐にわたる活動分野に、主婦としての経験を生かしてソーシャルビジネスを展開する人たちも増加傾向にある。また、ILO第90回総会（2002年6月20日）で「協同組合の促進に関する勧告（第193号）」が採択され、雇用政策、雇用促進としても期待が高まっている。

11.3.4 女性起業家とその支援策

女性の社会参画には，多様な支援策が求められる。女性と仕事の未来館（2007）の調査によると，女性起業家の中で，「役に立った相談先」としては，①「セミナー講師」(56.3%)，②「起業家」(50.0%)，③「身内・知人」(43.8%)，④「税理士や専門家」(31.3%) という結果で，女性起業家が「希望するサービス・援助」は，①「コンサルティング」(52.1%)，②「情報提供」(45.8%)，③「交流」(39.6%) であった。内閣府男女共同参画局のチャレンジサイトでは，全国で活躍している女性を紹介するなどの情報提供はもちろん，ニーズに対応したアドバイスなどを通じた支援，女性センター，男女共同参画センターなどを中心としたネットワークづくりを実施するなど，女性起業家に対する支援も徐々にではあるが整備されてきている。そのほか，株式会社としては，「職づくり・起業ステーション WWB/ ジャパン」，また，財団法人女性労働協会が運営する「女性と仕事の未来館」などが女性起業家支援を展開する代表的な組織である。

11.4 ソーシャルビジネスとアクティブシニア

高齢社会が加速するわが国においては，「アクティブシニア」(active senior) の果たす役割が注目されるようになってきている。アクティブシニアとは，さまざまな定義がなされているが，本書では，「団塊の世代を中心とした，元気な中高齢以上の年長者とし，介護を必要としない，活動的シニア」と位置づける。

11.4.1 アクティブシニアの多様な社会参画

厚生労働省（2004）の調査では，コミュニティビジネスの従事者の年齢構成は，40歳以上が約8割，ソーシャルビジネス研究会（2008）の調査では，平均年齢が40歳以上の組織が6割以上であり，女性や中高齢期の人たちが中心となって参画していることが明らかとなっている。この従事者の年齢構成を見てもわかるように，ソーシャルビジネスを通じた地域社会の活性化には，アクティブシニアの役割が重要である。

アクティブシニアは，本来的に「生涯現役」という志向が強く，定年退職という人生の転機でさえも，多様なライフコースの分岐点にすぎなくなった。こうした分岐点に立つアクティブシニアの選択肢は，定年延長，独立開業，NPOなどが挙げられ，多様な組織を通じたソーシャルビジネスへの社会参画という道も用意されている。

これに関しては，ドラッカーも，その著書『明日を支配するもの——21世紀のマネジメント革命』(1999)において，①職場あるいは職業を変える方法，②現在の仕事以外のキャリアをもつ方法，③地域社会のために働く(NPOなどで働く)など，3つの選択肢を挙げている。ドラッカーは，これらの方法を通じて，アクティブシニアが，新しいパターンのライフデザインを模索していくことを提案している。

内閣府(2003)の調査結果によれば，60歳代後半の80％，80歳以上でも65％の人が，「健康に関してとくに気になることはない」と回答した。高齢社会を迎えたわが国において，貴重な労働力となりうる元気な高齢者，すなわちアクティブシニアの現状を考察し，彼らが地域社会においてどのような貢献をなしうるのか，そしてその貢献により地域社会が活性化し，さらに高齢者に生きがいを与えることができる方途を考察することが求められる。

以下，著書，論文，経済産業省などの政府機関などで取り上げられることの多いアクティブシニアの代表的な事例について紹介する。

11.4.2 アクティブシニアの事例
(1) NPO法人イー・エルダー[5]（東京都渋谷区）

イー・エルダーは，日本IBMで営業部長，広報部長，社会貢献担当部長を歴任した後，2002年に同社を退職した鈴木政孝氏が理事長を務める。2000年より仲間と立ち上げたNPO法人の理事に就任し，パソコンのリユース，ウェブアクセシビリティの普及，e-ネット安心講座サポート事業をはじめ多岐にわたるソーシャルビジネス事業に取り組んでいる。イー・エルダーはシニアの知的財産を活用して，NPOの活性化と高齢者・障害者の社会参画，就業支援な

---

5) イーエルダー，http://www.e-elder.jp/public1/index.html

どを目的とした事業活動を実践し，雇用創出にも寄与している。創業以来，事業型 NPO として社会的課題をビジネスの手法で解決する取り組みを徹底し，その実績が評価されている。

(2) 株式会社いろどり[6]（徳島県上勝町）

　徳島県上勝町は，徳島市中心部から車で約 1 時間半の場所に位置している。人口は，約 2,000 人で，高齢化率が 50％近い，過疎化と高齢化が進展する町である。その一方，全国的な脚光を浴びた地域活性型農商工連携のモデルとなっている。

　この町では，高齢者を中心とした農家で，葉っぱ（つまもの）を料亭やホテル，旅館に出荷する事業を展開している。このビジネスは，高齢者が活躍できるビジネスとして，1987 年に始まり，地域資源を活用したビジネスとして発展した。20 年以上にわたり農商工が連携しながらビジネスを行っていることになる。葉っぱビジネスの強みの一つは，高齢者に使いやすいパソコンを開発した点にある。マイクロソフトと提携し，個人の売上とその順を公表することで競争心が生まれ，モチベーションの向上にもつながっている。また，横石社長は，情報通信技術（Information and Communication Technology：ICT）の重要性を強調し，情報を町の人たちが共有し，「どこで何が行われているのか」を明確にするよう，情報の透明化にも取り組んでいる。現在の年間売上は 5 億円と，町の主力産業になっており，町全体の活性化に大きく貢献しているといえよう。また，町では寝たきりの老人は数名数えるにすぎず，U ターン者・I ターン者も増加しているなど，さまざまな社会経済効果を生んでいる。

　アクティブシニアの事業に共通していることは，地域社会における豊かさの提供である。まず，自ら働き続けることで元気で健康なシニアが多く，健康増進につながっている。また，社会参画を通じた生きがい，自己実現という精神的な豊かさを実現していることに気づく。さらに，社会参画を通じて収入を確保していくことで，消費意欲が向上し，市場の活性化にもつながってくる。

　このように，地域社会との多様な関わり方を通じて，地域資源の新たな発見などができ，地域市民全体の生活の質をより高めることが可能になってくる。

6）株式会社いろどり http://www.irodori.co.jp/，ソーシャルビジネスネット，http://www.socialbusiness.jp/

さらには，生活しやすい地域社会づくりを目指すことで，市民のネットワークが形成され，また経営資源が好循環を生み出すことによって地域力を高めることができ，活性化につながっていくのである。

また，アクティブシニアによるソーシャルビジネスの成功には，①自分の経験や技術を生かすこと，②身の丈にあった起業をすること，③ソーシャル・アントレプレナーシップ，などが重要となっている。アクティブシニアが，自己の人生経験を生かし，さらに能力を向上させるための積極的な活動をしていくためには，プロダクティブ・エイジング（productive aging）[7]とエンプロイヤビリティ（employability）[8]という概念が必要不可欠となってくる。

社会を良くしたい，社会貢献をしたいという信念を持った人びとが，ソーシャルビジネスを通じて社会的な課題に取り組むことは，地域社会の活性化，さらには，日本経済の活性化にもつながる。老若男女を問わず，貴重な人的資源を活用していくこと，社会参画のしやすい社会条件をつくることが重要である。

日本は世界に類をみない速さで少子高齢化が進展している。この現状に鑑み，定年延長や雇用継続だけでなく，シニアが多様な組織を通じて社会的な課題に取り組むソーシャルビジネスが重要である。

11.5　ソーシャルビジネスとその支援策

ソーシャルビジネスは，企業と同様に事業活動を行う組織である。そして，地域社会の多様なニーズに応え，その活動を支える制度を少しずつ整備している。しかし，ソーシャルビジネスは，提供したサービスに対して，十分な対価を得ることが困難である場合もある。ソーシャルビジネスを支えるために，インターミディアリー（中間支援組織）が創業期における資金の支援や，技術支援，情報提供，さらに経営支援を行うことが必要とされる。

7）プロダクティブ・エイジングとは，有償・無償を問わず，就業，ボランティア，生涯学習など多様な社会参画を通じて，シニアの持つ能力や技術を活用し，生きがい，やりがいといった生活の質（QOL）および生産性の向上を図る諸活動のことを意味している。
8）エンプロイヤビリティとは，「雇用されうる能力」という意味で用いられる。具体的には健康であることはもちろん，技術や技能などの職業能力など総合的な能力を指し，それが内・外の労働市場で通用しうる能力であるか否かを視野に入れなければならない。

ここでは，ソーシャルビジネス支援の現状を概観する。

11.5.1 融資システム

(1) ソーシャルファイナンス

社会的責任投資（Socially Responsible Investment：SRI）の内容に含まれる「ソーシャルファイナンス」は，谷本（2008）において「投融資にあたり弱者の排除を行わない，社会的な事業をその対象とする資金の拠出，金融サービスの提供」と定義づけられている。その目的は，①社会的事業，②一般の金融機関がネガティブ・スクリーニングにより排除したマイノリティや女性の事業に対してファイナンスを実施することの2点に分類できる。

(2) 国民生活金融公庫「新創業融資制度」

普通貸付，新規開業資金などの融資を自己資金の2倍，最高1,000万円まで，無担保，無保証で融資する。2007年4月より，融資限度額が従来の750万円から引き上げられている。

(3) 日本政策金融公庫「女性，若者，シニア起業家資金」

女性または30歳未満か55歳以上とし，新規事業創業，または事業開始後おおむね5年以内が対象となる。融資額は，7,200万円（運転資金4,800万円以内）となっている。

(4) 「高年齢者等共同就業機会創出助成金」

45歳以上の高齢者等3人以上が，自らの職業経験等を活用することなどにより，共同で新規事業を創業し，継続的な雇用・就業の機会を創出した場合に，一定範囲の費用について助成される制度である。

(5) NPOバンク

NPOバンクは，市民が自発的に出資した資金により，主に地域社会の福祉や環境問題のための活動を行う市民事業に融資する非営利金融機関のことである。その特徴は，設立の趣旨に賛同する市民やNPOが組合員となり，1口数万円単位の出資を行い，それを原資として，NPOや個人に低利で融資するシステムにある。

> **参照：NPO法人日本リザルツ**
> 　日本リザルツは，貧困と飢餓のない世界を目指し，政策提言や普及啓発活動を実施している。その活動内容は，ODAによるマイクロクレジット機関への支援訴求や世界結核キャンペーンへの取り組みであり，政府や国際機関への政策提言やメディアにも働きかけることで，民意を反映させた国際援助活動に取り組んでいる。
>
> 資料出所：日本リザルツ，http://www.results.jp/

11.5.2　社会参画の契機としての支援活動

　ソーシャルビジネスの分野では，経験や技術を有する女性やアクティブシニアといった有為な人材を実際の社会参画へと導く方途が必要となる。そのような経験，技術を地域社会に活かす手段として，ワークショップ，セミナーを開催するなど，さまざまな形式で支援がなされている。たとえば，シルバー人材センターでは，自治体と協働で企画，提案した事業に関する支援を実施している。その内容は，教育，子育て，介護，環境など，いずれも地域社会に対する貢献度の大きなものばかりである。ここでは，このような社会参画に関する支援の一例を取り上げることにする。

(1) 地域密着型のインターンシップ

　地域密着型のインターンシップとは，内閣府の地域社会雇用創造事業であり，「地域で学び，活躍したい」という人材を対象に，30日間のインターンシップを実施している。ソーシャルビジネスの代表事例でもある株式会社いろどりが実施主体者であり，受け入れる組織は，企業，NPO，農家など多様である。また，他地域の「株式会社四万十ドラマ」（高知県，四万十川流域），「特定非営利活動法人素材広場」（福島県・会津地域），「農事組合法人伊賀の里モクモク手づくりファーム」（三重県伊賀市）などと連携をしている。この事業に関しては，募集年齢が18歳から65歳までで，地域での就業，起業を目指す人はもちろん，定年退職後のシニアなども参加できる。このようなインターンシップを通じて，地域活性化，雇用促進，人材育成などの課題に取り組んでいる。

(2) プロボノ

　「pro bono publico（公益のために）」の略であるプロボノ（pro bono）が，新

たな働き方として注目されている。プロボノとは，社会人が仕事を通じて培った知識，技術，経験などの自分の職能を活かしながら，社会貢献活動をすることを意味している。元は弁護士を中心とした活動であったが，現在ではその内容も多種多様である。たとえば，プロボノワーカーとNPOをマッチングさせることを支援している「NPOサービスグランド」では，①マネジメント，②マーケティング，③デザイン・クリエイティブ，④システム・ITなど，その活動内容も多岐にわたっている。

プロボノ活動を通じて，自分自身の仕事のスキルを試す機会となり，日常で接する機会の少ないNPOなどの人たちと接する契機ともなる。この活動を通じて，個人のスキルアップ，人的なネットワークの構築などはもちろん，ソーシャルビジネスを通じた社会参画への一歩となる可能性もある。

(3) ソーシャルメディアの活用

ソーシャルビジネスの情報発信をするための手段として，公的には内閣府NPOホームページ（特定非営利活動法人編）などがある。このホームページでは，NPOの，①基礎知識，②団体検索，③申請から設立までの手続き，④関連施策，⑤団体別情報などが閲覧できる。その他にも，地域ごとに行政や市区町村単位でも情報を発信している。

また，近年注目されているインターネット，ウェブなどの技術を用いて，ブログ，ツイッター，ソーシャルネットワーキングサービス（SNS）などを活用し，利用者が多くの人びとに知識や情報を発信する「ソーシャルメディア」がある。ソーシャルメディアを通じて，ソーシャルビジネスの担い手である事業組織，行政，中間支援組織，市民など，多様な人たちとの情報交流を行うことができる。この情報が社会参画の契機となる可能性もある。一方，ソーシャルメディアは匿名性も高く，プライバシー，情報の信頼性などの問題点も併せ持っている。

これらが，ソーシャルビジネスの独立開業への増加にもつながっている。一方，ソーシャルビジネスに対して，さまざまな支援が実施されてはいるものの，経済産業省の調査結果からも，まだ不十分である実情が見受けられる。ソーシャルビジネスの活動に興味を抱いている人，起業を目指している人たちを養成することはもちろん，スタッフの動機づけ，モチベーションを高めることが課

題である。そのためにも，中間支援組織などを媒介として事業成長を遂げることができるよう，信頼関係が構築できる場を提供すること，メンターとなる存在を確保することなども必要となる。また，その経営に対しては，透明性を重視し，さまざまな組織を通じた情報交換など，相互にネットワークを築くことも必要である。

> **参照：NECによるプロボノ**
>
> NECは，2002年よりNPO法人ETICと協働で，社会的課題を解決する事業を起業し，戦略的に事業が運営できる人材の育成に取り組む「社会起業塾」を開催している。その卒業生の中には，NPO法人フローレンスなどの人材もいる。2010年4月，国内企業で初めて，NEC社会起業塾ビジネスサポーター（NEC版プロボノ）」を開始した。その目的は，NEC従業員のプロフェッショナルスキルを活用するため，「NPO法人サービスグラント」と共同で，プロボノを通じた社会貢献活動を実施することである。具体的には，2010年夏より，若手チームにより，ワンコインで血液検査を実施する事業を展開する「株式会社ケアプロ」を支援し，利用者の検査結果のデータを永久保存する「モバイルカルテ」を開発・運営している。また，科学とビジネスの視点で農業に取り組む新たな農業を企画し，その実現を目指す「株式会社オリザ」に対しては，Webサイトのリニューアルなどに取り組んだ。
>
> 参考文献：NEC, http://www.nec.co.jp/index.html, オリザ, http://www.oryza-i.com/

> **参照：代表的な中間支援組織の事例「東京都のNPO法人コミュニティビジネスサポートセンター」**
>
> この組織の設立の目的は，「地域社会のコミュニティを基盤とした新しいビジネスの育成を目指す」という内容で，事業活動の定着と，実践者を支援する多様な機会の提供を目指している。具体的には，事業活動の支援のために，相談，地域社会のポータルサイト，メールマガジンなどを通じた，さまざまな情報発信とサービスを提供している。さらに，ソーシャルビジネスの支援制度として，自治体，中央省庁における支援制度がある。その支援制度の内容とは，資金面（融資や補助金など）が多く，その他には，普及啓発・情報提供，相談（窓口の設置や専門家を派遣など），人材育成（講座開催や起業家を育成）などの支援が挙げられる。

11.6 ソーシャルビジネスでのパートナーシップ形成

わが国においては、近い将来、ソーシャルビジネスが成長し、発展していく可能性を秘めている。ソーシャルビジネスが十分に活動するには、知識、能力をもった人材を育成し、NPO同士、行政、企業など、多様な連携をすることによる新しいパートナーシップが求められる。その際、パートナー間で知識連鎖を通じた組織間学習（interorganizational learning）によって、新しい協働が生まれる。松行・松行（2004）によると、パートナーシップに関する特性は、①補完性、②対等性、自立性、互恵性に基づく協力関係、③ゆるやかな連結、に集約することができる。

その一例として、JTは、「多くの人にゴミを拾うという実体験を通して、環境美化への思い、ポイ捨ての抑止やマナーの大切さを実感する」という目的で、「ひろえば街が好きになる運動」を実施している。この活動の特徴は、自治体、企業、大学などとパートナーシップを形成し、活動を展開していることである。さらに、有限責任中間法人環境パートナーシップ会議（Environmental Partnership Council：EPC）は、地域社会の環境団体や、政策提言を行う環境NGOを支援している。有限責任中間法人環境パートナーシップ会議は、企業や政府をつなぎあわせる役割も担い、パートナーシップを通じて、さまざまな問題を解決し、新しい力を生み出すことを目的に活動している組織である。その他にも、NPO等の市民団体とともに、国と地域社会を支えるソーシャルビジネスを通じたパートナーシップを目指し、取り組んでいる活動がある。

地域社会では、ソーシャルネットワークサービスを活用して、インターネットを通じた新しいコミュニケーション手段が生まれている。一例として、むらまち交流協会（奈良市）の「むらまちネット」が挙げられる。このサイトでは、ミクシィへの参加を通じたネットワークづくりを実験的に行っている。むらまち交流協会は、1997年に設立され、むら（農山漁村）とまち（都市）の相互交流により、お互いが抱える異なる問題や課題の解決を図ることを目的に活動をしている。そのホームページの中でも、農山漁村で地域活性化に取り組んでいる人たちとのパートナーシップを呼びかけている。パソコンの普及に伴い、物

理的な距離は離れていても，インターネットを通じてコミュニケーションを深めることで，パートナーシップを，また新しい協働を通じて，新たな価値を生み出す可能性がある。このように，あらゆる分野において，多種多様な商品やサービスを提供する組織が相互に連携を図ることによって，顧客満足度を向上させることができる。

ソーシャルビジネスが社会的な使命を達成するためには，地域社会のステークホルダーからも受け入れられる必要がある。ソーシャルビジネスは，地域社会から支持，支援されて初めて成立する。そのためには，市民に対しても，ソーシャルビジネスが社会的課題に取り組んで，さまざまな商品やサービスを提供しているという社会的なメッセージを提示することが必要である。そして，そのメッセージを受け取る市民が社会的課題に関心を高め，その社会的課題の存在を認識し，共鳴することによって，自らもその課題へコミットしていくことへとつながる（谷本 2008）。

このように，新たな価値を創発するためには，ソーシャルビジネスという枠組みに捉われず，政府や行政，企業，NPO，NGO，中間支援組織，大学，資金提供機関といったさまざまな組織との良きパートナーシップを構築することが求められる。

わが国は，諸外国と比較するとソーシャルビジネスの発展，認識には遅れが見られるが，それでも，NPO などに代表される組織は，地域社会の発展に向け，期待されていることはいうまでもない。これからのわが国では，人口減少型社会，超高齢社会に向け，限られた人的資源を活用し，個々人が新しい役割を果たしていくことは，持続可能な社会を実現するために不可欠である。

❏❏❏ 参考文献

ビッグイシュー，http://www.bigissue.jp/
コミュニティビジネスの豊かな展開，http://www.pref.hokkaido.lg.jp/ss/sum/academy/te-ma.html
Drucker, P. F., *Management Challenges for the 21st Century,* Harper Business, 1999（上田惇生訳『明日を支配するもの―21世紀のマネジメント革命』ダイヤモンド社，1999年）.
イーエルダーホームページ，http://www.e-elder.jp/public1/index.html
遠藤ひとみ「市民セクター形成と新しい女性の役割」『現代社会研究』第3号，東洋大

学現代社会総合研究所，2006年，56-67頁。
遠藤ひとみ「わが国におけるソーシャルビジネス発展の一課題」『嘉悦論集』第51巻第3号，2009年，59-77頁。
遠藤ひとみ「わが国のソーシャルビジネスに関する一考察」『嘉悦論集』第53巻第2号，2011年，45-62頁。
遠藤ひとみ・松行康夫「高齢社会におけるライフコースとアクティブシニアのアンペイドワーク」『地域学研究』第35巻，日本地域学会，2005年，493-450頁。
本間正明・金子郁容・山内直人・大沢真知子・玄田有史『コミュニティビジネスの時代—NPOが変える産業・社会，そして個人』岩波書店，2003年。
細内信孝『コミュニティビジネス』中央大学出版部，1999年。
藤江俊彦『コミュニティビジネス戦略　地域市民のベンチャー事業』第一法規，2002年。
JT，http://www.jti.co.jp/sstyle/index.html
女性起業家アントレウーマン，http://www.entre-woman.jp/index.html
女性と仕事の未来館，http://www.miraikan.go.jp/
株式会社いろどり，http://www.irodori.co.jp/
関東経済産業局，http://www.kanto.meti.go.jp/
関東経済産業局『コミュニティビジネス経営力向上マニュアル』2007年。
経済産業研究所『平成18年度NPO法人の活動に関する調査研究報告書』2007年。
経済産業省，http://www.meti.go.jp/
国土交通省，http://www.mlit.go.jp/index.html
厚生労働省『コミュニティビジネスにおける働き方に関する調査報告書概要』2004年。
桑原定夫「農業による人材育成と持続可能なまちづくりに向けて」『圃場と土壌』日本土壌協会，第42巻第6号，2010年，55-60頁。
町田洋次『社会起業家—「よい社会」をつくる人たち』PHP新書，2000年。
松行康夫・松行彬子『公共経営学—市民・行政・企業のパートナーシップ』丸善，2004年。
むらまち交流協会，http://www.channel-e.tv/muramati/office/link.html
内閣府『国民生活白書』2000年。
内閣府『平成14年度高齢者の健康に関する意識調査結果』2003年。
内閣府男女共同参画局のチャレンジサイト，http://www.gender.go.jp/e-challenge/
NEC，http://www.nec.co.jp/index.html
NPOバンク連絡会，http://npobank.net/
NPO法人高齢社会の食と職を考えるチャンプルーの会，http://members.jcom.home.ne.jp/npo-sarah/
オリザ，http://www.oryza-i.com/
ソーシャルビジネス研究会『ソーシャルビジネス研究会報告書』経済産業省，2008年。
ソーシャルビジネスネット，http://www.socialbusiness.jp/
谷本寛治編『ソーシャルエンタープライズ—社会的企業の台頭—』中央経済社，2008年。

谷本寛治・唐木宏一・SIJ 編『ソーシャル・アントレプレナーシップ―想いが社会を変える』NTT 出版，2007 年．
地域密着型インターンシップ研修，http://www.intern-irodori.net/
特定非営利活動法人コミュニティビジネスサポートセンター，http://www.cb-s.net/index.html
特定非営利活動法人サービスグラント，http://www.servicegrant.or.jp/
東洋経済新報社「彼らはビジネスパートナー」『臨増週刊東洋経済』No.6062, 2007 年，28-29 頁．
ワーカーズ・コレクティブネットワークジャパン，http://www.wnj.gr.jp/
ワーカーズ・コレクティブネットワークジャパン『さあがまだすばい地域世代をこえて働く場づくり』2008 年．
有限責任中間法人環境パートナーシップ会議，http://www.epc.or.jp/

学習を深めるために

細内信孝『コミュニティビジネス』中央大学出版部，1999 年．
町田洋次『社会起業家-「よい社会」をつくる人たち』PHP 新書，2000 年．
谷本寛治編『ソーシャルエンタープライズ―社会的企業の台頭―』中央経済社，2008 年．

コーヒーブレイク　ムハマド・ユヌス

　現代では，2006 年にノーベル平和賞を受賞したグラミン銀行総裁のムハマド・ユヌス氏，日本においては，ビッグイシュー（有限会社），フローレンス（NPO），いろどり（株式会社），スワンベーカリー（株式会社）などが代表的な事例である。
　ムハマド・ユヌス氏は，バングラデシュ生まれ，アメリカで経済学の博士号を取得した経済学者でもある。バングラデシュの農村で貧困層を対象とした事業，少額無担保融資とするマイクロクレジット事業を考え出した。1976 年に貧困層に融資を始め，1983 年にグラミン銀行として政府の公認を得ている。グラミンとはベンガル語で「村」という意味がある。彼は，農村の女性などを中心とした貧困層を対象として，生活の向上や自立を目指している。ユヌス氏は貧困の撲滅を目指し，その活動は，「貧困なき世界を目指す銀行家」と称され，自伝など数々の関連著作がある。

人名索引

あ 行
アーウィック（Urwick, L. F.）　80, 81
アージリス（Argyris, C.）　67, 68, 74
アダムス（Adams, J. S.）　76
アベグレン（Abegglen, J. C.）　159
アルダファー（Alderfer, C. P.）　75
アンゾフ（Ansoff, H. I.）　11, 140–142
ウェーバー，マックス（Weber, M.）　53, 54, 94, 98, 103
ヴォーゲル（Vogel, E.）　160
ウォーターマン（Waterman, R. H.）　128
ウッドワード（Woodward, J.）　102–104
エイベル（Abell, D. F.）　153
エヴァン（Evan, W. M.）　105
エリクソン（Erikson, E. H.）　202
エルキントン，ジョン（Elkington, J.）　14, 35
小倉昌男　173

か 行
カンター（Kanter, R. M）　95
ギルブレス（Gilbreth, F. B.）　47
グリーンリーフ（Greenleef, R. K.）　91
ケネディ（Kennedy, A. A.）　129
ケリー（Kelley, R.）　93
コッター（Kotter, J. P.）　95, 96, 130
コトラー（Kotler, P.）　6
ゴーン，カルロス　96
金剛重光　10

さ 行
サイモン（Simon, H. A.）　51, 98, 101, 102
サラモン，レスター（Salamon, L. M.）　209
サランシック（Salancik, G. R.）　106
シェアー（Schar, J. F.）　3

シェンデル（Schendel, D.）　152, 153
渋沢栄一　18
シャイン（Schein, E. H.）　127, 128, 175
ストーカー（Stalker, G. M.）　102, 103
ストックディル（Stogdill, R. M.）　80
スピアーズ（Spears, L.）　91

た 行
チャンドラー（Chandler, A. D.）　140
ディール（Deal, T. E.）　129
テイラー（Taylor, F. W.）　3, 44–47, 49, 55, 58, 98, 103
デミング（Deming, E. W.）　52
ドラッカー（Drucker, P. F.）　4, 5, 66, 209, 210, 235
鳥井信治郎　17

は 行
ハウス（House, R. J.）　94
バエツ（Baetz, M. L.）　94
ハーシー（Hersey, P.）　87, 89, 90
ハーズバーグ（Herzberg, F.）　67, 71, 72
バートン（Barton, L.）　151
バーナード（Barnard, C. I.）　98–102
バーニー（Barney, J. B.）　151
ハーバマス（Habermas, J.）　202
ハメル（Hamel, G.）　151
バーリ（Berle, A. A.）　24
バーンズ（Burns, T.）　102, 103
ピーターズ（Peters, T. J.）　128
ファイファー，ジュリアン（Fifer, Julian）　92
ファヨール（Fayol, J. H.）　49–51, 98, 103
フィードラー（Fiedler, F. E.）　87, 88
フェッファー（Pfeffer, J）　106

フォード，ヘンリー（Ford, H.）　47-49
フォレット（Follet, M. P.）　61
プラハラッド（Prahalad, C. K.）　151
ブランチャード（Blanchard, K. H.）　87, 89, 90
ブルーム（Vroom, V. H.）　76
ブレーク（Blake, R. R.）　86
ヘインズ，ジュリア（Hailes, J.）　35
ヘスケット（Heskett, J. K.）　130
ペタラフ，マーガレット（Peteraf, M.）　151
ペンノック（Pennock, G. A.）　56
ポーター（Porter, M. E.）　113, 147-149
ホファー（Hofer, C. W.）　152, 153
ホフステッド（Hofstede, G.）　130
本田宗一郎　18, 34, 131

ま　行

マグレガー，ダグラス（McGregor, D.）　61, 64-68, 74
マクレランド（McClelland, D. C.）　75
マズロー（Maslow, A. H.）　61-65, 68, 74
松下幸之助　18
マートン（Merton, R. K.）　54

三隅二不二　85
ミラー（Miller, J. G.）　61
ミーンズ（Means, G. C.）　24
ミンツバーグ（Mintzberg, H.）　145
ムートン（Mouton, J. S.）　86
メイヨー（Mayo, G. E.）　55, 56, 58

や　行

ユヌス，ムハマド　245

ら　行

リッカート（Likert, R.）　67, 69, 70, 84
リピット（Lippitt, R.）　81
レヴィン（Lewin, K.）　81
レスリスバーガー（Roethlisberger, F. J.）　56, 57
ロッシュ（Lorsch, J. W.）　102-104
ローラー（Lawler, E. E.）　76
ローレンス（Lawrence, P. R.）　102-104

わ　行

ワーナーフェルト（Wernerfelt, B.）　150

事項索引

数字・アルファベット

1％クラブ　17
3C 分析　154, 155
3R　32
CAO（Chief Accounting Officer：最高会計責任者）　31
CEO（Chief Executive Officer：最高経営責任者）　9, 31, 131
CFO（Chief Financial Officer：最高財務責任者）　31
CIO（Chief Information Officer：最高情報責任者）　31
CKO（Chief Knowledge Officer：最高知識責任者）　31
COO（Chief Operating Officer：最高執行責任者）　31
CTO（Chief Technology Officer：最高技術責任者）　31
DEWKS（Double Employed With Kids）　177, 190
DINKS（Double Income No Kids）　177, 190
ERG 理論（ERG Theory）　75
EVA（Economic Value Added：経済的付加価値）　38
ISO9001　33
ISO14001　33, 34
ISO22000　33
ISO27001　33
LBO（Leveraged Buyout）　155
M＆A（Merger and Acquisition）　9, 27, 109, 155, 156
M 字型労働　196
NPO バンク　238
Off-JT（Off the Job Training）　162, 171
OJT（On the Job Training）　162, 163, 171
PDCA サイクル　34, 52, 53
PDS サイクル　52
PM 理論　84, 85
POS システム　9
PPM　144, 154
QC サークル（Quality Control Circle）　161
R&D（Research and Development：研究開発）　33
ROE（株主資本当期純利益率）　27
ROI（投下資本利益率）　27
SECI モデル　12, 13
SPA（Specialty Store Retailer of Private Label Apparel）　59, 158
SWOT 分析　154
TOB（Take Over Bid）　156
VRIO フレームワーク（VRIO framework）　151
X 理論（性悪説）　65-68
X 理論・Y 理論　64, 74
Y 理論（性善説）　65, 66, 68

あ　行

アイオワ実験　81, 82
アウトソーシング　109
アクティブシニア（active senior）　234-237, 239
新しい公共経営（New Public Management：NPM）　110, 201, 203, 204, 206
アライアンス（alliance）　108
アンペイドワーク（unpaid work）　214-216
暗黙知　12, 13
委員会設置会社　29, 30
育児休業制度　180, 190, 191

育児休業法　181
意思決定　28, 31, 55, 70, 93, 100-102, 120, 121, 123, 124, 126, 132, 140, 141, 145, 159
移動組立方式　48
イノベーション（innovation）　5, 6, 11, 113
インカムゲイン（income gain）　28
インサイダー取引　26
インターミディアリー（中間支援組織）　237
インターンシップ　171, 239
インフラ（インフラストラクチャー：infrastructure）　5
インベスター・リレーションズ（Investor Relations：IR）　26
衛生要因　71, 72
エコファンド　36
エンプロイヤビリティ（employability）　237
近江商人　17
オハイオ研究　83-85
オープン・システム（open system）　102, 105
おみこし経営　159-161
オルフェウス室内管弦楽団　92

か　行

会計監査人　27
介護休業制度　180, 181, 188, 189
会社　22
会社法　22-25, 29, 30, 39
外食　8
改正NPO法　212
改正男女雇用機会均等法　181-183
外発的動機づけ（extrinsic motivation）　74, 77
買い物難民　20
価格戦略　146
科学的管理法　44, 46, 47, 58, 61, 98
課業（task）　45-47
課業管理（task management）　45, 46
カスタマー・リレーションシップ・マネジメント　7
価値前提（value premises）　101
金のなる木（Cash Cow）　144

ガバナンス　204, 206
カフェテリアプラン　72, 162
株式会社　22, 25, 27, 29, 30, 219, 222, 223, 225, 228, 234
株式相互持合い　111
家父長制　178
株主　27, 28
株主総会　22, 27-29
ガラスの天井（glass ceiling）　196
カリスマ　94
カルテル（cartel）　112
環境経営　31-35
監査委員会　30
監査役　27-29
監査役会　27, 29
監査役制度　30
監査役設置会社　29
監視・批判型NPO　213, 214
感情人（社会人）モデル　58
カンパニー組織　119, 122, 123
管理過程学派　51
管理過程論　98
管理原則　49-51, 101, 103, 104, 118
管理職能　49-51
管理的意思決定　141
管理人（経営人）モデル（administrative man）　101, 102
官僚制（bureaucracy）　53-55
官僚制組織　53, 55, 68, 98, 103
　　――の逆機能　54
関連多角化　142, 143
機械的組織　103, 104
企業の社会的責任（Corporate Social Responsibility：CSR）　15-17, 20, 26, 181, 186, 197, 206
企業間関係　109
企業集団　110, 111
企業集団内取引　111
企業戦略（corporate strategy）　152, 196
企業別組合　159-161
企業理念　19, 129, 139
企業倫理　13, 15, 17, 26

事項索引

議決案　28
議決権　28
期待理論（expectancy theory）　76
機能別戦略（functional strategy）　152
規模の経済　144
キャピタルゲイン（capital gain）　27
キャピタルロス（capital loss）　27
キャリアアンカー　175
キャリアデザイン　175
教育訓練　86, 161-163, 181, 192
競争環境　148
競争戦略　146, 147, 152
競争戦略論　146
競争優位　146, 148, 149, 151
　──の源泉　132, 149-151, 157
競争優位性　8, 152, 153
協働　80, 99, 204, 207, 239, 241-243
協働システム　98-100
京都議定書　32
業務的意思決定　141
近代組織論　98, 101, 102
グリーンインベスター　36
グリーンコンシューマー（Green Consumer: GC）　35, 36
グリーンコンシューマー活動　35
グリーンリーフセンター（Center for Applied Ethics, Inc.）　91
クレド　19
クローズド・システム（closed system）　102, 105
クロスファンクショナルチーム（Cross-functional Team）　96
グローバル企業　15, 37, 132
グローバル・スタンダード　38, 122
経営権　155
経営資源　9, 11, 12, 37, 106, 108, 109, 112, 121-143, 149, 151-153, 155, 157, 225, 226, 237
経営戦略論　140, 143, 145, 147, 150, 157
経営組織論　145
経営目的　18
経営目標　18

経営理念　18, 19, 47, 48, 78, 129, 152
経験曲線（Experience Curve）　144
経験と勘　46
　──による管理　45
経済人モデル　47, 58, 101, 102
形式知　12, 13
継続雇用制度　168
ケイパビリティ　152
系列　107, 109, 111
系列取引　159
権限受容説　100
コア・ケイパビリティ（core capability）　151
コア・コンピタンス（core competence）　151, 152
公益　202, 203, 221, 239
公企業　20, 21
合資会社　22-25
公式組織（formal organization）　53, 58, 99
合同会社　22-25
行動科学（Bavioral Science）　56, 60, 61, 67, 98
行動論　81
公平理論（equity theory）　76
合名会社　22-25
顧客の創造　5
顧客満足（Customer Satisfaction: CS）　6, 225
国際標準化機構（International Organization for Standardization: ISO）　17, 33, 38
国際労働機関（International Labor Organization: ILO）　181, 182, 184
コストリーダーシップ戦略　149
古典的管理論　58
コーポレートアイデンティティ（Corporate Identity: CI）　19
コーポレート・ガバナンス　25, 26, 29, 38, 39
コミットメント　93, 131
コミュニケーション　4, 8, 78, 95, 97, 99, 100, 104, 105, 108, 117, 120, 124, 136, 171, 242, 243
コミュニティビジネス（Community Business: CB）　220-224, 229, 234
コラボレーション　110

ゴールデンパラシュート 156
金剛組 10
コンサルティング・グループ（Boston Consulting Group: BBC） 143
コンツェルン（konzern） 112
コンティンジェンシー理論 87, 98, 102-104, 118
コンプライアンス（compliance: 法令遵守） 13, 14, 16, 17, 26, 27
コンフリクト 61, 104, 108, 120

さ　行

最高文化責任者（Chief Culture Officer） 133
再雇用制度 64, 195
財閥 111, 112
財務戦略 152
裁量労働制 164
作業研究（work study） 45
指図表制度 46
サステナビリティ（sustainability） 14
サテライトオフィス 192, 194
サーバント 91
サーバントリーダー 91
サーバントリーダーシップ 91, 92
サプライチェーン 112
サプライチェーン・マネジメント（Supply Chain Management: SCM） 112
サプライヤー（supplier: 供給業者） 15, 112
サーブリッグ（therblig）記号 47
差別化戦略 149
差別的出来高給制 45
サボタージュ（sabotage） 44
産業クラスター（Industrial Cluster） 113-115
三種の神器 159-161
三方よし 17
時間研究（time study） 45, 46
私企業 20, 21
事業型 NPO 213, 214, 236
事業戦略（business strategy） 152
事業ドメイン 153, 154
事業の再構築 9

事業部制組織 119, 121, 122, 140
資源依存パースペクティブ（resource dependence perspective） 105, 106
資源ベース論（resource-based view: RBV） 150
自己啓発（Self Development: SD） 162, 163, 171
事実前提（factual premises） 101
市場開発戦略（Development Strategy） 142
市場浸透戦略（Penetration Strategy） 142
市場占有率（market share） 19
システム 4　70
システム論 98, 102
資性論（特性論） 80, 81
慈善型 NPO 213, 214
下請け 109, 112
執行役 30
シナジー 153
シナジー効果（synergy effect） 9, 142, 143
シニアワークプログラム 168
市民活動団体 214, 222
市民セクター 110, 201, 205, 232
市民的公共性 202
指名委員会 30
社員 21, 22, 24, 25, 27
社会科学 4, 61
社会起業家（ソーシャル・アントレプレナー: Social Entrepreneur） 220, 224
社会的企業（Social Enterprise） 220
社会的責任投資（Socially Responsible Investment: SRI） 16, 36, 238
社訓 18, 19
社是 18, 19, 136
社長会 111
社内ベンチャー制度 126
集権の組織 118-120
終身雇用 64, 159-162, 178
終身雇用制 159, 163
集中戦略 149
状況適応理論（SL 理論: Situational Leadership theory） 87, 89

事項索引　253

条件適合理論（Contingency Model）　87
小集団活動（Small Group Movement）　160, 161
焦点組織（focal organization）　106, 107
情報公開（ディスクロージャー：disclosure）　26
情報通信技術（Information and Communication Technology：ICT）　236
職能別職長制度　46
職能別組織（ファンクショナル組織）　46, 119, 120, 140
職務拡大（job enlargement）　68, 185
職務充実（job enrichment）　73
所有と支配の分離　22, 24
新会社法　25, 28
人事考課　64
人事戦略　134, 152
シンボリックマネジャー　130
垂直的分化　118
垂直統合　154
水平的分化　118
スタッフ（staff）　120
ステークホルダー（利害関係者：Stakholder）　15, 16, 17, 153, 204, 220, 243
ストックオプション　64, 78
スパン・オブ・コントロール（span of control）　118
成果主義　164-166, 178
生活協同組合　211, 214
生活の質（QOL）　216, 221, 232, 236
制限利潤説　11
静止式組立方式　48
製品開発戦略（New Product Development Strategy）　142
製品戦略　146
製品ライフサイクル　123, 145, 146
性別役割分業　177-179, 185, 191, 195
セクシュアル・ハラスメント（sexual harassment）　182
　環境型——　182
　対価型——　182

世代生成継承性（ジェネラティヴィティ：generativity）　202
ゼロエミッション　33, 34
全人仮説　98, 99
専門経営者　22, 24
戦略的意思決定　140, 141
戦略的事業単位（Strategic Business Unit：SBU）　123
戦略的情報システム（strategic information system）　8
戦略的提携　109, 115, 155-157
総会屋　28
総合的品質管理（Total Quality Control：TQC）　161
組織学習　109
組織間学習（interorganizational learning）　109, 115, 157, 207, 242
組織間関係論　98, 105, 107, 108, 110
組織均衡論（theory of organization equilibrium）　99, 100, 102
組織構造　103, 104, 113, 117, 118, 120, 122, 124, 126, 132, 133, 135, 140
組織セットパースペクティブ（organization set perspective）　105, 106
組織的怠業（systematic soldiering）　44, 45
組織文化　125-136, 156, 177, 188
ソーシャル・アントレプレナーシップ　237
ソーシャルネットワーキングサービス（SNS）　240, 242
ソーシャルビジネス（Social Business：SB）　219, 220, 223-225, 227-230, 233-235, 237-243
ソーシャルファイナンス　238
ソーシャルメディア　240

た　行

対境担当者（boundary personnel）　106, 108
ダイバーシティ・マネジメント（Diversity Management）　187
代表取締役　22, 28, 29
多角化　9, 142, 155
多角化戦略（Unrelated Diversification Strate-

gy）　140, 142
多国籍企業（multinational company）　37
タックス・ヘイブン（tax haven）　37
達成動機説　76
ダブル・スタンダード　38
多目標論　11
単一目標論　11
単純出来高払い（piece rate plan）　43
男女共同参画社会　176, 179, 230
男女雇用機会均等法　176, 181, 184
地域課題解決型　225, 228
地域資源活用型　225, 226, 228
知識創発　109
知識連鎖（Knowledge chain）　109, 114, 207, 242
チャネル　6, 106
チャネル戦略　146
中間支援組織　240, 241, 243
中間法人　219
ツー・ボス・システム　123
定款自治　25
テイラーシステム　46
テイラーリズム（Taylorism）　45
敵対的買収　27, 155, 156
デファクト・スタンダード　38
デミングサイクル　52, 53
デミング賞　52
テレワーク（在宅勤務）　177, 192-195, 197
動機づけ-衛生理論　71, 74
動機づけ要因　71-73
統合（未成熟-成熟）理論　61, 67, 68, 74
動作研究（motion study）　45, 47
投資利益率（Return On Investment: ROI）　11
独占禁止法　112
特定非営利活動促進法（NPO法）　211, 212
特例有限会社　25
トップダウン　204
トップ・マネジメント　30, 31, 117-119
ドメイン　152, 153
トラスト（trust）　112

取締役　27-30
取締役会　27, 28
トリプルボトムライン（Triple Bottom Line）　14

な 行

内発的動機づけ（intrinsic motivation）　74, 77
内部請負制　43, 46
内部統制　26, 27
中食　8
成行管理（drifting management）　43-46
ナレッジ・マネジメント　12
ニート（Not in Education, Employment or Training: NEET）　170
日本的経営（Japanese Management Style, Japanese Management System）　111, 159, 160, 163, 164, 166, 175
人間関係論（Human Relations: HR）　55, 58, 60, 64, 69, 98
ネットワーク組織　125, 126
年功制　159-163, 178
年俸制　164, 165

は 行

配当金　12, 22
派遣労働　192
派遣労働者　192, 193
パックマンディフェンス　156
パートタイマー　192, 195
パートナーシップ　110, 207, 208, 242, 243
花形（Star）　144
パブリック・プライベート・パートナーシップ（Public Private Partnership: PPP）　208
バリューチェーン（価値連鎖）　147, 149, 150, 152, 154
万能職長制度　46
非営利組織（Non Profit Organization: NPO）　3, 4, 79, 110, 179, 201, 203-214, 216, 217, 219, 220, 222, 223, 230-232, 235, 238-240, 243
非関連多角化　142, 143

非公式組織（informal organization） 57, 58, 99
非政府組織（Non Governmental Organization: NGO） 14, 204, 242, 243
筆頭株主 22, 27
ピラミッド型組織 117
ファイブフォース分析（five forces analysis） 147, 154
ファミリー・フレンドリー 181
ファミリー・フレンドリー企業 187, 188
フィードバック 34
フィランソロピー（philanthropy） 17, 172
フェミニズム運動 176
フォーディズム（Fordism） 47-49
フォード・システム（ford system） 47-49
フォロワー（follower） 80-82, 86-91, 93-95
フォロワーシップ（Followership） 93, 94
福利厚生 161, 162, 181
フラット組織 124
フリーター 170, 171
フリンジ・ベネフィット 72
フレックスタイム制 72, 189
プロジェクト組織 124
プロダクティブ・エイジング（productive aging） 237
プロダクト・ポートフォリオ・マネジメント（Product Portfolio Management：PPM） 143
プロフィットセンター（独立採算制組織） 121
プロボノ 239-241
プロモーション 6
プロモーション戦略 146
分業（division of labor） 50, 54, 100, 117
分権の組織 118, 119
文鎮型組織 124
ペイドワーク（paid work） 215
ポイズンピル 156
報酬委員会 30
ホーソン実験（Hawthorne experiments） 55, 58, 61

ポジショニング・アプローチ（positioning approach） 148, 150
ポジティブ・アクション 181, 185, 186
ボトムアップ 160
ボランティア 202, 211, 219, 225, 237
ボランティア元年 211
ホワイトナイト 156

ま 行

マイクロクレジット 239, 245
負け犬（Dogs） 144
マーケティング 5, 6, 149, 240
マーケティング戦略 146, 152, 210
マーケティング・ミックス 6
マーケティングリサーチ 6
マージン 150
マトリックス組織 122, 123, 124
マネジメント・サイクル（Plan-Do-See） 51, 52
マネジリアル・グリッド（managirial grid） 85-87
ミシガン研究 83-85
ミシガン大学 69
ミシガン大学社会調査研究センター 84
ミドル・マネジメント 30, 31, 118
無関心圏 100
無限責任社員 21, 24
メインバンク 111
メセナ 17
目分量管理（rule of thumb method） 43
メンター 241
メンタリング 196
目標管理制度（Management by objectives：MBO） 66, 164, 165
持分会社 25
モチベーション（動機づけ） 3, 4, 62, 68, 72, 73, 76, 78, 95, 134, 164, 165, 196, 236, 240
モチベーション理論 61, 64, 67, 68, 74, 75
モラール（morale） 57, 58, 70, 85, 95, 110, 165, 166
問題児（Problem Child） 143, 144

や 行

有機的組織　103, 104
有限会社　22, 25, 219, 221-223, 225, 228, 245
有限責任事業組合（Limited Liability Partnership: LLP）　228
有限責任社員　21-24
友好的買収　27, 155, 156
欲求階層説（欲求5段階説）　62, 63, 65, 66, 68, 74, 75

ら 行

ライフコース（life course）　165, 177, 230, 235
ライン（line）　119
ライン&スタッフ組織　119, 120
ライン組織　119, 120
ラインとスタッフのバランス　120
リスクマネジメント（risk management）　14, 16, 26
リストラクチャリング　9
リーダー　127
リーダーシップ　3, 62, 70, 79-83, 85, 87-89, 92-95, 220
　カリスマ的――　90, 94
　カリスマ的――論　94
　参加的――　68, 90
　変革型――（Transformational Leadership）　95, 96
　変革的――　90
リーダーシップ論　61, 67, 69-81, 85, 87, 90, 93, 94
稟議制度　159, 161
連結ピン（linking pin）　70
ロハス（Lifestyles of Health and Sustainability: LOHAS）　14
ロワー・マネジメント　30, 31, 118
論理実証主義（logical positivism）　101

わ 行

ワーカーズ・コレクティブ　219, 225, 228, 229, 232, 233
ワークシェアリング　164
ワーク・ライフ・バランス　164, 186, 187

著者略歴
東洋大学大学院経営学研究科博士後期課程修了．博士（経営学）
嘉悦大学短期大学部専任講師などを経て，現在，嘉悦大学経営経済学部准教授．東洋大学現代社会総合研究所客員研究員．
嘉悦大学大学院ビジネス創造研究科で「ソーシャルビジネス論」等の科目を担当．
専門分野：経営学，経営組織論，ソーシャルビジネス論

経営学を学ぶ

2011年8月15日　第1版第1刷発行
2023年3月20日　第1版第6刷発行

著　者　遠藤ひとみ

発行者　井村寿人

発行所　株式会社　勁草書房

112-0005　東京都文京区水道2-1-1　振替　00150-2-175253
（編集）電話 03-3815-5277／FAX 03-3814-6968
（営業）電話 03-3814-6861／FAX 03-3814-6854
本文組版　プログレス・日本フィニッシュ・中永製本

©ENDO Hitomi　2011

ISBN978-4-326-50351-3　　Printed in Japan

JCOPY　〈出版者著作権管理機構　委託出版物〉
本書の無断複製は著作権法上での例外を除き禁じられています．
複製される場合は，そのつど事前に，出版者著作権管理機構
（電話 03-5244-5088、FAX 03-5244-5089、e-mail: info@jcopy.or.jp）
の許諾を得てください．

＊落丁本・乱丁本はお取替いたします．
　ご感想・お問い合わせは小社ホームページから
　お願いいたします．

https://www.keisoshobo.co.jp

雨宮寛二
図でわかる経営マネジメント
事例で読み解く 12 の視点

A5 判　2,970 円
50483-1

板倉宏昭
新訂 経営学講義

A5 判　4,180 円
50441-1

山本飛翔
スタートアップの知財戦略
事業成長のための知財の活用と戦略法務

A5 判　3,960 円
40375-2

佐藤博樹 編著
ダイバーシティ経営と人材マネジメント
生協にみるワーク・ライフ・バランスと理念の共有

A5 判　2,530 円
50466-4

日本政策金融公庫総合研究所 編著／深沼　光・藤田一郎
躍動する新規開発企業
パネルデータでみる時系列変化

A5 判　3,850 円
50446-6

ジェームズ・ラム／林　康史・茶野　努 監訳
戦略的リスク管理入門

A5 判　6,600 円
50417-6

鷲田祐一 編著
未来洞察のための思考法
シナリオによる問題解決

A5 判　3,520 円
50424-4

――― 勁草書房刊

＊表示価格は 2023 年 3 月現在。消費税（10%）が含まれています。